ちくま学芸文庫

山岡鉄舟先生正伝

おれの師匠

小倉鉄樹 炉話
石津寛 牛山栄治 手記

筑摩書房

山岡鉄舟先生真影（42 歳、山岡家所蔵）

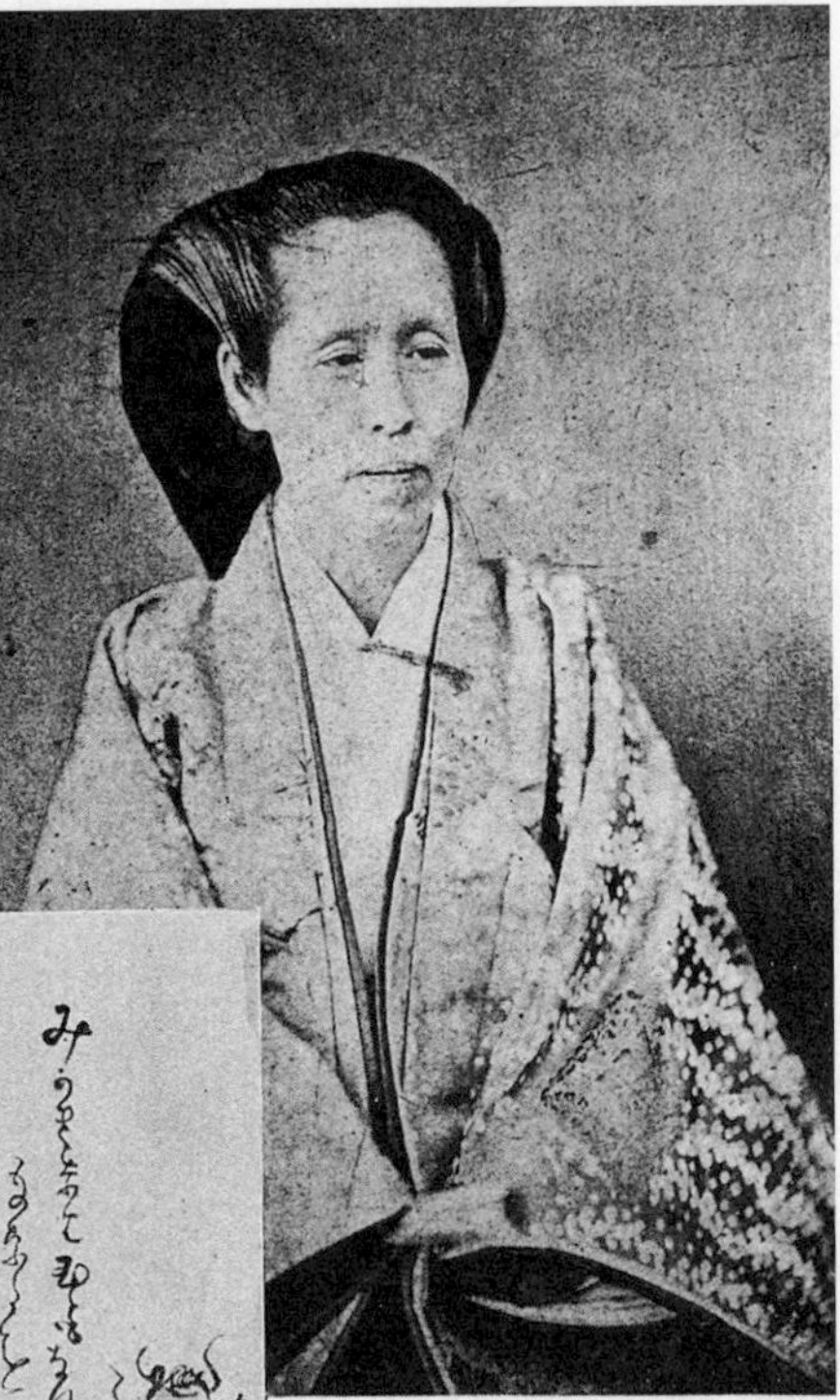

山岡鉄舟夫人英子刀自
(山岡家所蔵)

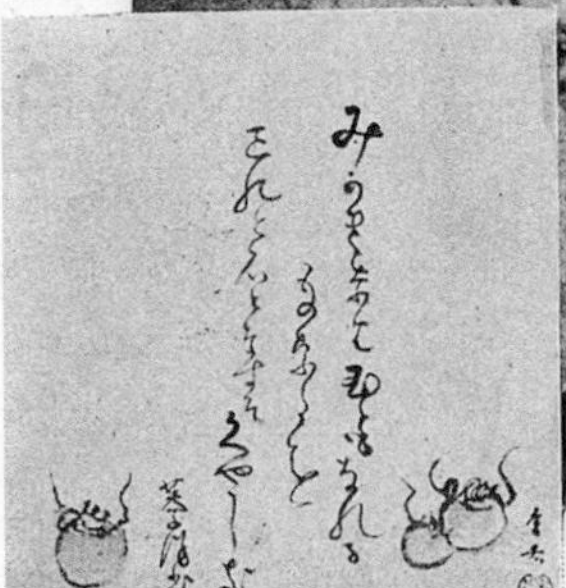

英子夫人筆蹟
(絵画は長女松子刀自の筆)

鉄舟先生坐脱の図（明治 21 年 7 月 19 日）
門人　中田誠実謹写。讃は南禅寺毒湛和尚
（全生庵所蔵）

鉄舟先生筆「誕生仏」

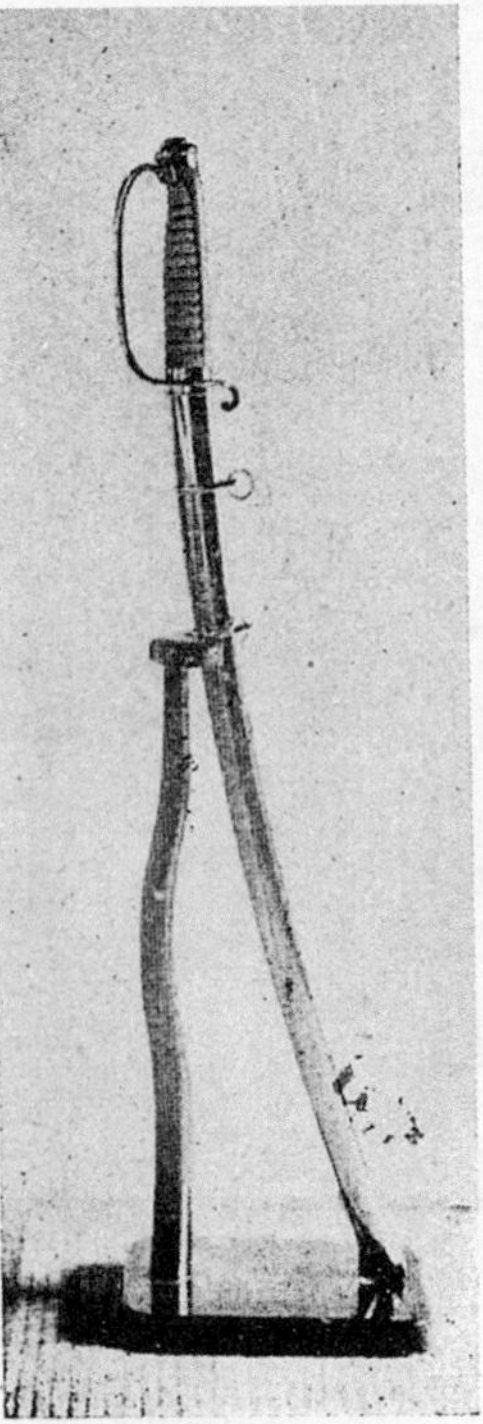

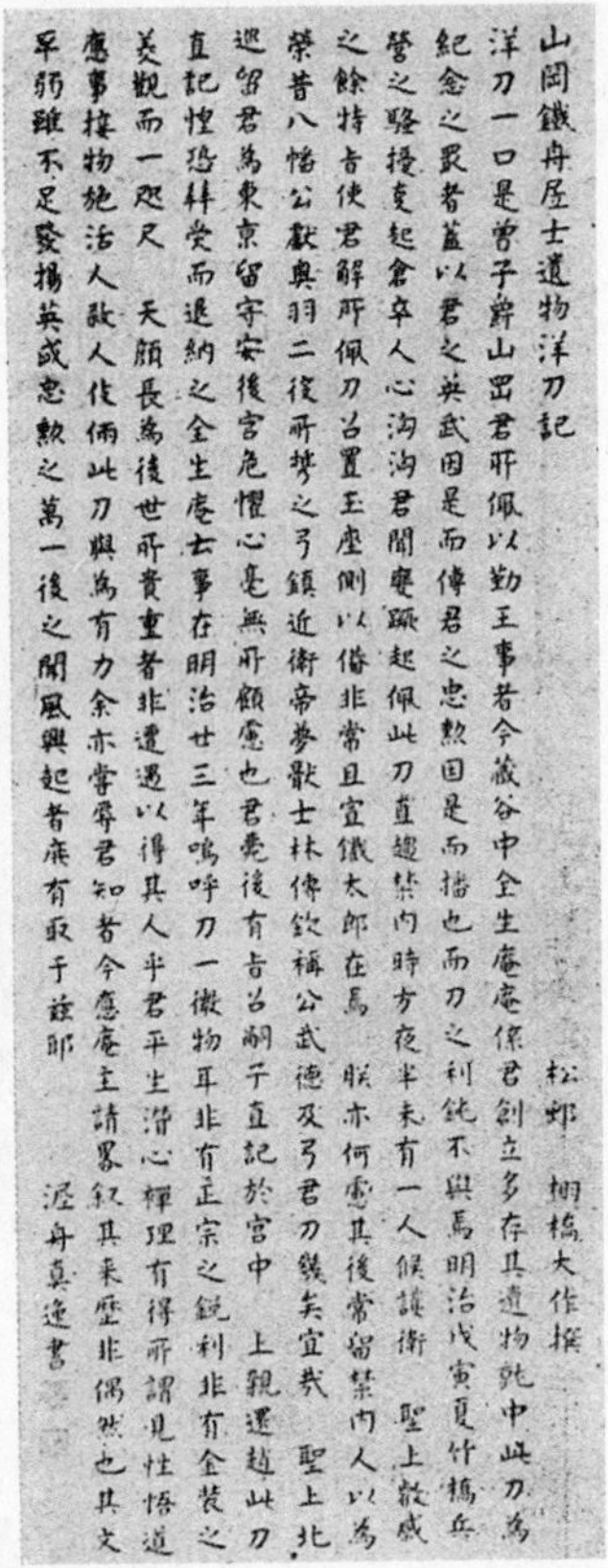

山岡鐵舟居士遺物洋刀記　　松邨　栂橋大作撰

洋刀一口是曾子爵山岡君所佩以勤王事者今藏谷中全生庵々係君創立多存其遺物就中此刀為紀念之最著蓋以君之英武因是而傳君之忠勲因是而播也而刀之利鈍不與焉明治戊寅夏竹橋兵營之騒擾變起倉卒人心洶洶君聞變蹶起佩此刀直趨禁内時方夜半未有一人候護衛　聖上叡感之餘特旨使君解所佩刀命置玉座側以備非常且宣鐵太郎在焉　朕亦何慮其後常留禁内人以為榮昔八幡公奥羽二役所帶之弓鎮近衛帝夢魘士林傳欽稱公武徳及弓君刀幾矣宜哉　聖上北巡留君為東京留守安後宮危懼心毫無所顧慮也君薨後有旨召嗣子直記於宮中　上親還賜此刀直記惶恐拜受而退納之全生庵云事在明治廿三年嗚呼刀一微物耳非有正宗之鋭利非有金装之美觀而一咫尺　天顔長為後世所貴重者非遭遇以得其人乎君平生潜心禪理有得所謂見性悟道應事接物施治人啟人作倆此刀與為有力余亦嘗辱君知者今應庵主請畧叙其來歴非偶然也其文卑弱雖不足發揚英武忠勲之萬一後之聞風興起者庶有取于茲耶

泥舟真逸書

鉄舟先生遺物護皇洋刀並記
（高橋泥舟筆、全生庵所蔵）

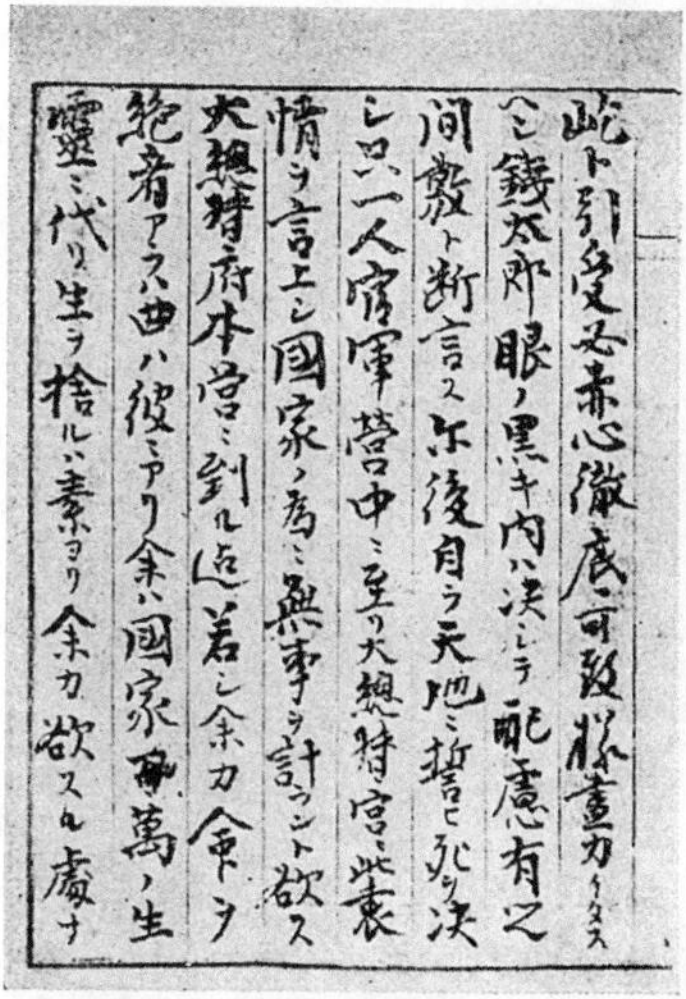
此ト引受テ赤心徹底可致様盡力イタスヘシ銕太郎眼ノ黒キ内ハ決シテ配慮有之間敷ト断言ス爾後身ヲ天地ニ誓ヒ死ヲ決シ只一人官軍営中ニ至リ大総督宮ニ衷情ヲ言上シ国家ノ為ニ無事ヲ計ラント欲ス大総督府本営ニ到ル迄若シ余カ命ヲ絶者アラハ曲ハ彼ニアリ余ハ国家百万ノ生霊ニ代リ生ヲ捨ルハ素ヨリ余カ欲スル処ナリ

鉄舟先生筆『戊辰解難録』の一節
（全生庵所蔵）

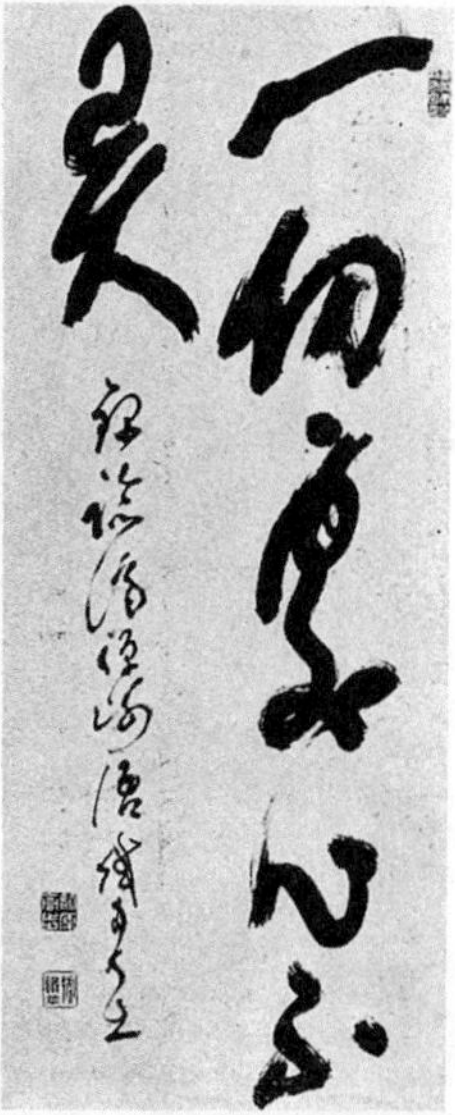

鉄舟先生筆「一切処の語」
（全生庵所蔵）

鉄舟先生の墓　人物左より、天田常正（愚庵和尚ノ兄ノ孫）
山岡竜雄（鉄舟令孫）同まさ子（鉄舟嗣子
直記氏未亡人）同しま子（鉄舟二女）
牛山栄治（筆者）

鉄舟霊所「全生庵」

小倉鉄樹老人とちか子夫人
(18歳の頃)

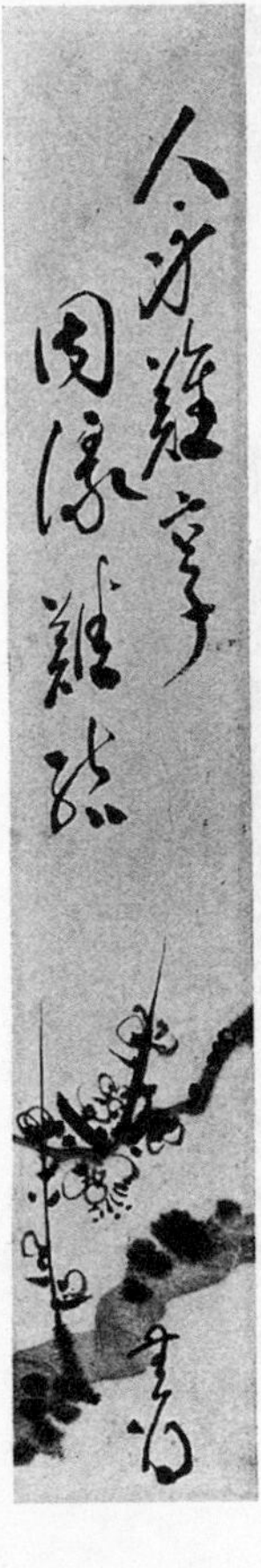

医学博士石津寛氏（筆者）と
その筆蹟（自筆自画）

序

二十余年前、予《よ》鉄樹《てつじゅ》老人と鎌倉に在り、親炙《しんしゃ》して其《そ》の風貌に接すること三年。時々其の見聞するところを記して自家《じか》啓蒙《けいもう》の資《し》とせるもの積んで数寸、頃日《けいじつ》道友《どうゆう》来《きた》って滋味を分《わか》てと云う。道心鈍く文拙にして、老人の真意を汲み難く、誤り伝うる所亦《また》多からん。幽玄の道話は予之《よこ》れを解せず。唯道の正しきを踏まんとする者に一点箴となるものあらば乃《すなわ》ち足る。幸《さいわい》老人猶《なお》健在す。就《つい》て謦咳に接せば得る所又自ら別ならん。

石津無得

緒言

横須賀線を北鎌倉駅に下車し、円覚禅寺の蒼然たる老杉を左に見て行くこと三丁、金宝山浄智寺の奥、幽邃絶塵のところに一茅舎あり。鉄樹庵と号す。門を入って数十歩、玄関を上り右折して仏間に隣れる一室に入れば、赭顔光頭の七十四翁炉辺に坐す。慈眼愛腸人をして親しましむ。此の茅舎を訪う者あらば、智愚を問わず、喜び迎えて此の炉辺に引き、高談清話時の移るを覚えざらしむ。これ我が小倉鉄樹老人なり。

鉄樹老人は本名を伊三郎と云い、諱は高踏、鉄樹は其の号なり。慶応元年四月三日、越後国西頸城郡青海村大字橋立の豪家渡辺太郎氏の三男に生れ、小倉姓を称するは明治三十年、三十四歳の時、出でて小倉庄之助氏の養嗣子となられしによる。

老人年少より気象高邁にして覇気強く、辺陲の山間に陋居するに堪えず、明治十二年（十六歳）単身東京に出で、神田淡路町共立学校に入学して洋学を学び、後二松学舎に転じて漢学を修む。其志すところは軍人となり、国家の柱石を以て任ぜんとするに在りしが、惜しむらくは士官学校入学試験に身長短尺の故を以て不合格となり、雄心長えに伸ぶるに由なき事情に遭遇せしなり。

是に於て決然青雲の志を捨て、内的方面に転向し、男子須く人格を陶冶し、以て一世に臨むべしと為し、当時至誠無双の大人格者として上下の尊崇を専らにせる、鉄舟山岡鉄太郎先生を四谷仲町春風館道場に訪れ、其切なる志を述べ、許されて内弟子となる。これ明治十四年十二月三十一日のことなりき。

鉄樹老人、もと小軀なりと雖、満身是覇気、未だ他人に負くる事を知らず。鉄舟先生、もとより其の修行に当りては一歩も仮借することなかりしかば、鉄と鉄とは触れて火を呼び、老人の辛苦は一方ならざりき。今日「春風館《しゅんぷうかん》道場の誓願」と呼ばるる猛修行は、実に鉄樹老人鍛冶の一方法として、はじめて鉄舟先生の試みられしものなりと云う。

春風館に起居すること五年、鉄舟先生は更に鉄樹老人の大成を思い、当時天下の名僧として其名を擅にせる京都在八幡円福寺在住の伽山老大師に老人を依託し、三年禅門に参究することを命ぜらる。

鉄舟先生の入定せられしは実に此の間也。

鉄舟の死後、老人は更に其の志を改めず、進んで当時の傑僧潭海・峨山・滴水・毒湛和尚等を歴訪して法味の吸収に没頭せられ、日夜恩師の顧撫に背かざらんことを是れ努む。

其間日清の役あり、日露の役あり、鉄樹老人は其の都度従軍して皇軍を鼓舞し、又各種の事業を試みられたり。

明治四十五年、明治大帝の崩御とともに、美濃国甘南美寺奥院にこもり、風雪猿鹿を友として八ヶ月に亘る独接心を修せられしより、全く名利を解脱し、覇気を収め、玲瓏たる今日の小倉鉄樹老人は生れぬ。

是に於て老人は、一意専心青年教育に力を傾けんとし、老人の門下当時帝国大学在籍の千葉四郎氏等にはかり、今日の中野区野方町一丁目一五八九番地に五百坪の地を求め、一九会道場を建設し、風を望んで集る青年の教育法としては、徒来のみそぎ修行に大斧鉞を加え、一九会独特の猛修行法を試みて青年を鍛冶されしなり。左に記するは一九会道場に於けるみそぎ修行の信条たる「垂示」にして以て、老人の修行に対する意気を窺知するを得べし。

我が此の美曽岐は生死脱得の修行なれば、勇猛心を奮起し、喪心失命を避けず、一声一声正に吐血の思を為して喝破すべし。苟も左顧右眄、徒らに嬌音を弄して他の清衆の修行を妨ぐること勿れ。

至嘱々々。

然れども老人は猶之を以て満足せず、会員の有志に参禅を勧め、現今毎月現京都紫野大徳寺管長太田常正老大師を一九会道場に拝請して、大接心を行うこと既に十数年、未だ一ヶ月と雖廃したることなし。

今や一九会に修行せるもの七百、社会の一線に立ちて華々しき活躍を為すもの枚挙にいとまあらず。実に鉄樹老人は一世の大教育家なりとも称すべく、又真に山岡鉄舟先生の遺鉢を継ぎし人なりとも断ずべし。

小倉老人曩に（明治四十一年）相州鎌倉に巡遊し、円覚寺仏日菴に寄寓せしことあり。鎌倉の風物は老人の意に叫い、間もなく、仏日菴より正伝菴に移り、此処に滞留すること数年に及びたり。都門に近き円覚寺なれば、学生居士等の参禅者多く、それ等の半は老人と接触の機会を得たれ共、峻烈なる老人の舌端に懸りて辟易し、能く其の卓抜なる高風を味得するまで親交を続け得る人は真に尠かりき。

中に第一高等学校出身にして東京帝国大学医学科在籍の一学生あり、白面瀟洒たる美青年にして、細身の洋杖を携え、頭髪に油して、全く其の出身校を思わしむる蛮風なし。老人之を引見し屢々会談するに及び、其の柔弱に見ゆる半面には、未だ汚れを知らざる純情の掬すべきものあり、才はじけたる半面には、溌溂進取の勇猛心の潜めるを看破して、次第にこれが育成に力を注ぎ、青年亦よく老人の嗔拳《しんけん》に耐えて修行に出精し、居ること三年にして、心境頓に一転し、稀に見るの偉丈夫は打出されしなり。この青年こそ本書の手記者たる後年の医学博士石津寛其人なり。

石津氏は明治十七年三月一日、千葉県銚子町（現在は銚子市）今宮三軒町はノ六十八番地に眼科医を業とせる石津俊斎氏長男に生る。長ずるに及び独逸協会学校中学より第一高等学校に進み、更に東京帝国大学医学科に学ぶ。此の頃より人生に対し深き疑念に逢着し、医家として身を立つる志を失い、凡ど学業を廃して悶々遂に酒色にふけりしが、一日円覚禅寺に来り、釈宗演老師に相見して、一挙に年来鬱積せる疑念を決断せんと欲す。此の時小倉鉄樹老人に相会せしなり。

老人其の純一無雑なる性情を深く愛し、之が教導に渾身の力を尽せば、石津氏も捨身になりて老人の懐に飛び込み、仮借なき嗔拳に、或は怒り或は泣きつつも克く耐えて、全く理窟をさしはさまず、善悪の批判を離れて片言隻句の末に至るも遵奉して背くことなかりき。

余嘗て石津氏より当時の述懐を聞きしことあり。石津氏は其両内股に残れる数条の深き火傷を撫して曰く、

「これ老人と相対して連日徹宵坐禅せる頃、火を点ぜしままの線香を内股に横たえて燃ゆるに任せ、纔に睡魔を退くることを得たり」

と、其の見性悟道に精進せし頃の猛烈さを窺うに足るべし。

其後小倉氏は銚子に石津氏の厳父を訪ね、これが委託を受けて失いし書籍を買求め与え、身辺の小負債を整理せしめて再び学業につかしめたり。

此の度は昔日の石津氏に非ず、真剣に勉励して、大正元年十二月大学を卒業し、直ちに見習医官として麻布聯隊に奉職し、翌年二等軍医に任官せり。其の間小倉老人に随従する

こと旧の如く、時に老人は飯炊を共にして石津氏の勉学を督励し、遂に大正十二年四月二十五日「脚気の眼症状につきて」なる近来の名研究を作して、医学博士の学位を得、現帝大教授石原忍博士の後を受けて、陸軍々医学校眼科主任教官に抜擢せられたれど、大正十五年二月二十七日素志を貫き、依願予備役被仰付（当時正六位勲六等陸軍三等軍医正）牛込薬王寺町八番地に家をもとめ、独立して眼科医院を開業したりき。

其の颯爽たる高風と、入神の技術は忽ち世人の認むるところとなり、畏くも高貴の宮方の治療を仰せつかりしことも数次に及び、門前は患者踵を接し、名医の誉漸く高かりき。嗚呼、然るに思わざりき、突如病魔の侵すところとなり、昭和十一年二月七日、忽然として逝去せらる。真に惜しむべき限りと云うべし。

石津氏は鉄樹門下第一の高弟として、当然其の遺鉢を継ぐべき人なりき。其の感ずべきは名医としての半面よりも寧ろ高潔なる心操の保持者たりし点に在り。

曩に牛山堂書店より出版せる『鎌倉夜話』は、石津氏が鎌倉なる小倉老人の膝下に在りし際、其の日常炉辺に於ける不用意なる話頭を、ひそかに記録にとどめ自家啓蒙の資とせるものなり。以て修養に対する用意の尋常にあらざりしことを知るべし。

小倉老人の座談は一種云うに云われぬ風格を有し、其の大人格より迸る滋味は、片言隻句にも現われて、空しく聴き棄つるに忍びざる思いあり。殊に其の炉話中には、老人の師匠鉄舟先生に関するもの多し。故に鎌倉夜話編纂に際し、老人の鉄舟談は之を除き、他日更に原稿を整えて一冊とし『おれの師匠』と題して出版せむと計画し、昭和八年秋、之を鎌倉夜話に発表予告なしたりき。

然るに突如石津氏は病に倒れて再び立たず、計画は空しく画餅に帰せんとせり。一日余、牛込薬王寺に石津氏の未亡人徳子《やすこ》刀自を訪れ、談此の事に及びしに、「傾日筐底を整理してこれを得たり」とて、一束の古き原稿を示さる。はからざりき、これぞ『おれの師匠』の草稿の一部にして、紙数四百字詰原稿用紙として三百四十九枚、優に四六判二百頁を越ゆる書籍となすを得るなり。余、直ちに未亡人より之が出版の許諾を受け、携えて家に帰る。

爾来約半歳、是が整理に没頭して、幾多思わぬ困難に逢着しぬ。其一は石津氏の原稿は未定稿にして、幾多の事実に対しては将来の調査に残して仮に記述し、或は空欄となしたるところ各所に存することなり。故にこれを精査して訂正を加え且空欄をうずめざるべからず。

其の二は、石津氏は本書を執筆し、中道にして突如逝去せられたり。故に其の記録されたるところは、よく小倉老人の談話を写して遺憾なく、鉄舟先生の風貌躍如たるものあれども、鉄舟先生の事蹟にして、全く筆を染めるに至らざりし箇所も多く、是を一冊の伝記として編纂するときは勢不完全なるものとなることとなり。故に是を出版せんと欲せば、更に未記の箇所に付原稿を補わざるべからず。

此に於て余は幾度か躊躇せしかども、他にこれが整理に対し適当なる人を求むるに由なく、又百年石津氏を待つも、再び執筆を託する能わざるを知りて不敏を不顧、石津氏の遺業を継ぎて加筆せんことを決意せり。蓋し、余も鉄樹老人を大正四年郷里に近き、野火止平林禅寺に知りて既に二十数年随従し、いささか老人の真意を忖度するを得べきを知る。又山岡鉄舟居士の令孫竜雄君を託されて数年間余が許に置き、従って鉄舟先生遺族の人々と交際の機多く、維新当時の事情につきても直接問尋するの便あり。更に小倉老人の斡旋によりて鉄舟門下の錚々、松岡万《よろず》氏の日記桑原知末《ちま》太《た》氏の手記等を借覧するを得たる等々の便宜ありて、更に原稿四百二十枚を書加えたり。

其間上野帝国図書館に籠りしことも数十日、努めて史実に忠ならんことを期し、又幾度か鎌倉鉄樹庵に老人を訪ね、其直接の談話ならざる箇所は訂正を乞い、遂に本日上梓の運びに立ち至りぬ。

従来巷間に流布さるる鉄舟伝は数十冊に及ぶ。余之を通覧するに、其の全部が全く鉄舟先生を知らざる人の著述なれば、記述多くは真を失い、鉄舟先生の風貌を知るに由なきもののみなり。

鉄舟先生は必ずしも経世家にあらず。然も其の蓋世の功業は克く江戸百万の生霊を救いて、維新の大業を円満に遂行せしめたりき。鉄舟先生は必ずしも教育家に非ず、而も明治大帝の侍輔として大功を建て、又春風館道場に幾多英才を教育して、不朽の足蹟を止めたりき。書家と称せられずして、入木道五十二世の伝統を継ぎて一世に其の健筆をうたわれ、坊主に非ずして、天竜寺滴水和尚の印可を受けて一世の師家を瞠若せしめ、又撃剣を学びては、一刀流正伝を受け更に無刀流の一派をたてて明治の剣聖と称せられたり。蓋し鉄舟先生は努力大成せる、玲瓏玉の如き一個の偉大なる傑人にほかならず。

本書未だ不備の点多しと雖、鉄舟の遺鉢を継ぐ小倉老人と、老人の印可(?)を受けし石津寛氏の協力になるものなれば、一読颯爽たる大鉄舟の全貌を仰ぐに足るべく、断じて類書の追従を許さざるところなるを信ず。然れども、小倉老人もとより史家にあらず、石津氏も然り、余も亦然り、つとめて記述の正確を期したれ共、多少の点に関しては誤りなきを保しがたし。誤りあらば皆余が不敏の責なり。これ他日愛読者諸賢の訂正を待って再版すべし。

本書が遇然にも大鉄舟大悟の日なる三月三十日に校了し、小倉老人の誕生日なる四月三日発刊のはこびに至りしは一奇と云うべし、唯私かに憾とするところは、石津寛氏既に幽冥境を異にせられ、本書の出来栄を語り、共によろこびを分つ能わざるの一事なり。

本書発刊の由来を述べて緒言とす。

昭和十二年三月三十日

鉄舟先生大悟徹底の記念日に

𢊘涼書屋主人　牛歩　牛山栄治　謹識

目次

蓋世の功業

静岡の韜晦

山岡鉄舟先生正伝　おれの師匠

一、本書は一九三七年四月八日に、春風館より刊行された。

二、本書には、今日の人権意識に照らして不適切と思われる語句や表現があるが、時代的背景と、作品の歴史的・資料的価値にかんがみ、加えて著者が故人であることから、そのままとした。

三、本書二〇八頁には欠落が一行あるが、その内容は前後の文脈から判断されたい。

鉄舟の生立

鉄舟の伝記

一

おれの師匠（小倉老人の呼称に従い、山岡鉄舟先生を以下総てかく呼ぶ）には逸伝は随分多く出ているが、信憑するに足る正伝は無い筈だ。師匠自身が他の人のように大部の自叙伝等を書いて、手柄を後世に残そうなんて色気がまるでないのだから、そんな伝記があろう筈が無い。

おれが師匠のところに内弟子でいたころ、何故か師匠に可愛がられて、食事の給仕やら身のまわりの世話等とりしきってしていたので、いきおい師匠日常の挙措《きよそ》動作《どうさ》から受ける教訓も多く、又のべつに出入する有名無名の人々から隠れたる師匠の事蹟を聞くことも多かった。そこで、こうした豪傑の事蹟を煙滅《えんめつ》させて仕舞うのは真に惜しいものだと考え、幸友人の佐倉孫三（現二松学舎教授）が筆がたつので、いまのうちに師匠の自叙伝を筆記させようと思って、此事を師匠に相談したら、

「そんなことはしなくともよい。書かなくったって残るものなら後世に残るし、残らぬものならいくら詳しく書いたって消えてしまう」

と言って、てんで相手になって呉れない。

「なるほど大きにそうだ」と、おれも師匠の見識に感心して再び強いなかった。なにせ師匠ときたら、他人の毀誉褒貶なんかまるっきり眼中になく、真に透徹した心境に到り得ていたのだから、自分のある事ないことを書いたり書かせたりして、名を後世に留めようなんてケチな了見は全く持ち合せないのだ。ここが師匠の尊いところで、此の心境から万事が出発しているのだから出処進退が常人の域からはるかに超脱していたのである。

家康の帷幄にあって黒衣の宰相と言われた天海僧正には、大部の伝記はあるがどうも本当ではないと、曽て友人の三田村《みたむら》（鳶魚《えんぎょ》氏）から聞いたことを覚えているが、天海とか鉄舟とかいった傑物になると、畢竟盲目者のさぐりあてで、伝記等書こうとしても手がつけられぬものと見える。

二

数多い鉄舟伝の中で比較的信用の出来るものは円山牧田《まるやまぼくでん》（全生庵《ぜんしょうあん》三代目住職）の書き残した『鉄舟居士の真面目』（大正七年六月全生庵発行）である。牧田はおれが師匠の死後奥

さん（英子刀自《ふさことじ》）にたのまれて山岡の家政整理にいって居った頃、夕食時になると毎晩やって来たが、色々な都合から一時出入を断ったら、京都林丘寺《りんきゅうじ》の滴水《てきすい》和尚のところへいって大変おれの悪口を言っていたそうだが、兎《と》に角《かく》記載されているところの出処は確かなものである。

三

又おれはよく見ぬが、佐倉（孫三氏）が師匠の死後間もなく『山岡鉄舟伝』（明治二十六年五月神田普及舎発行）と云うのを出している。俺が師匠の死後谷中の家に家政整理に行って居った頃、佐倉は牛込で警部をしていたが、其の頃俺がした話を集めたものであるから信用は出来る筈だが、此の間誰か来て、多少俺の話とは違っていると言って居た。

此の外、師匠の自筆になるものに、『戊辰解難録《ぼしんかいなんろく》』と云う本がある。これは師匠が宮内省を辞職の際書き記した、「慶応戊辰三月駿府大総督府ニ於テ西郷隆盛ト談判筆記」と「慶応戊辰四月東叡山に屯集する彰義隊及諸隊を解散せしむべき上使として赴き覚王院と論議の記」との原稿を刀鍛冶の大森宗綱《むねつな》が、資を得る為に、師匠に願って書肆金田某から木版に起して出したものである。

師匠が自分でしたことを、自分で書いたものはあとにも先にもこれ一つである。安部と云う人の『鉄舟言行録』と云う書物には、大分師匠自叙の記録というのが載っているが、よく見れば師匠の文とは違い、又云うことにも師匠の意見とも思われぬふしぶしが多いので俺は信用せぬ。

元来師匠は書はよくしたが、文はあまり学んではいないからあれほど巧みではない。然《しか》し、三田村（鳶魚氏）等も自分達には真似出来ぬ名文であるといっている通り、師匠独特の風格があるのでよく読むとすぐにわかる。

四

維新の志士で師匠と事を共にした幕臣松岡万《よろず》（鉄門の四天王参照）は維新後も常に山岡に出入し、師匠もよく面倒を見ていたが、松岡は若い時分から日記を丹念につけていた。其の中には維新前後の事情が詳細に書き込んであり、師匠に関する事柄も大分載っているそうである。

おれが師匠に昔の事をきくと、「其の事なら松岡の日記に詳しく書いてある筈だ、松岡に訊いて見るとよい」と話されたものだが、何故か松岡は日記を秘密にして絶対に他人には見せなかった。それは一時盛んに辻斬りをやったので、其事が書いてある為であろうか。松岡が嘗《かつ》て岩倉具視《ともみ》さんの知遇に感激して自殺を企てたことがあった。其の折幾冊かの日記は火中に投ぜられていた。かけつけた師匠が、「それを燃してはいけない」というので、おれが火鉢の中からもえさしを取出したのを覚えているが、それがあると面白いのだがね（本書筆者石津氏は、牛込余丁町に松岡氏の養子某の住むことを知り訪ねて手帳形日記二十冊ばかりを借りて来たが、其の中にはもえさしの日記はなく本編に重要な記事は少かった。ただいくつかを本書の諸所に掲げる。牛歩)。

五

師匠の内弟子で今生き残って居るものは、俺の他には茨城県大貫町に住む権田雷山《ごんだらいざん》だけになってしまった。最近まで桑原知末太《ちまた》と云うのが生きていたのだが、それも昭和八年の春立川で死んでしまった。晩年になってよく中野(小倉老人創始の一九会道場)へ遊びに来たが、何か師匠の身辺記録を持っていると云うことなので未亡人に借りて置いた。師匠の大往生された晩年の二年余、俺は師匠の命で三年の期限をきられて京都八幡円福寺の伽山《かざん》和尚のところへ修行にやらされていたので、残念ながら御臨終の模様は知らぬ。これは桑原が側につききっていたのだから、小部のものだが、桑原の手記が一番たしかだ(師匠危篤の項は桑原氏記録による)。

もっとも伽山老師は暖かいお方だったので師匠の病気が悪いときいて、途中でもかまわぬ帰れ帰れ、と云うので、俺も師匠なつかしさに夜に日をついで、飛んで帰って来たのだが、修行の点になると一点容謝のない師匠だけに、「三年の期日の前、中道で帰るとはもっての外」と云う、きついおしかりで、お目にもかかれず泣く泣く京都に戻ったのだ。

京都で師匠の訃を聞き、せめてもの心やりに、鉄舟門下の京都府知事北垣国道《きたがきくにみち》、京都地方裁判所長河村善益《よします》、後に俺の養父となった小倉庄之助、それに愚庵天田鉄眼《ぐあんあまだてつげん》和尚とおれの五人が発起で師匠の大法要をやった。来衆千五百、非常に盛大な法会だった。

六

右にあげた以外のもので、なかなか詳しいのや要領よく編輯されてあるものが数多あるが大部分真を失っている。殊に後世に出来たものは徒らに数多い前著の逸事と称するものを考証もなく拾い集めてあるので、師匠自身も恐らく知らぬであろうと思われる所謂逸話も多く、中には贔屓の引倒しとなって居るものさえ少くない。

かように真を失う訳は、一つは偉人に眩惑されて、其《その》真髄を捕捉しきれないのと、一つには後世の崇拝家が徒らに鉄舟を偉いものにしようとする誇張が伴うからである。偉い者は何としても偉いのだし、偉くない奴はいくら偉がらせようとしてもやっぱり偉くないのだから、余計な礼讃なんかせずに、ありのままを記録した方が却《かえ》って其《そ》の人の真面目が明かになってよいのだ。師匠が死んでから何十年もたたぬのにもう此の態《ざま》じゃ、今後百年二百年の後には、殆《ほとん》ど其真相を失うことであろう。慨かわしいことだ。兎角逸伝等言うものは得てそうなりたがるものだから、余程気をつけて、不明なことは不明にし、何でも、ありのままなのが一番いい。

牧田の『鉄舟居士の真面目』に、師匠の自叙伝というのが載って居る。これとて肉も血もない骨ばかりのものだ。

鉄舟居士自叙伝

山岡鉄太郎、姓は藤原。名は高歩《たかゆき》。字《あざな》は曠野《こうや》。鉄舟と号す。父は旧幕府飛騨郡代小野朝《あさ》右《え》衛門《もん》。母は常陸国鹿島神宮社人塚原石見《いわみ》二女《め》磯《いそ》。天保七年六月十日江戸に生れ、山岡家を継ぐ。旧幕府大監察を勤め、朝廷に徴されて侍従に任じ、累遷して宮内少輔と為る。

九歳にして撃剣の道に志し、久須美閑適斎《くすみかんてきさい》に真陰流《しんかげりゅう》を学び、後井上清虎《きよとら》の門に入り、北辰一刀流《ほくしんいっとうりゅう》を学ぶ。猶一刀流正伝を極めんと欲し、浅利義明《よしあき》に随学数十年。明治十三年三月三十日、元祖一刀斎《いっとうさい》の所謂無想剣《むそうけん》の極処を得たり。自レ是無刀の一流を開く。

幼少書を飛騨国高山人岩佐一亭《いわさいってい》に従学し。弘法大師入木道五十三世の伝統を続ぎたり。

十三歳の頃より禅学を好みたり。此志を起す所以は、武家に生れ、非常の時敵に向い、死を視る帰するが如きの不動心たらんには、丹を練るに在り。丹を練るは何を以て最第一とするかと。父高福《たかよし》君に問う。父君曰祖先高寛《たかひろ》君は、伊藤一刀斎直弟小野次郎右衛門並《ならびに》小《こ》太刀《だち》半七《はんしち》と云える両士の門に入り、剣法に達せられ、又禅道の蘊奥《うんのう》を極められたる人なり。東照公に仕え数度の戦功あり。是則ち不動心の為すところなり。常に戦場に赴くに、吹毛曽不レ動《すいもうかつてどうぜず》と云うことを記したる背旗を帯して働かれたり。此吹毛曽不動と云えることは禅語なり。我も此の句を深く信じ、禅道を心掛たりと語られたり。爾来丹を練るは斯道に如かじと思い、武州芝村長徳寺願王《がんのう》。豆州沢地村竜沢寺星定《せいじょう》。京都相国寺独園《どくおん》。同嵯峨天竜寺滴水《てきすい》。相州鎌倉円覚寺洪川《こうぜん》の五和尚に参じ、遂に天竜寺滴水和尚の印可《いんか》を得たり。

備考　本伝に入木道五十三世を続ぐとあれど、鉄舟の書には五十二世の印あり、師一亭の書に五十一世の印あるところより見れば本伝も亦《また》他人の筆になりたるものにあらざるか

―牛歩―

父母と同胞

一

師匠の父は小野朝右衛門高福と云って六百石取りの旗本であった。旗本と云えば天下の御直参で地方大名にも劣らず幅のきいたものであるから、禄高こそ少いが、師匠も先ず立派な家柄に生れたものと云えるわけである。

師匠の生れたのは天保七年六月十日、本所大川端《おおかわばた》四軒屋敷の官邸である。時は明治維新前三十二年、日本は未曽有の大変革を寸前にして、風雲次第に急なる時であった。

鉄舟の先祖高寛《たかひろ》は剣法を小野次郎右衛門と小太刀半七とに学び、又禅学にも達し、将軍家康、秀忠の二君に仕えて屢々戦功を樹てた人である。

父朝右衛門高福は、あまり聞かぬところをみると尋常の人であったらしい。弘化二年七月一日師匠十歳の時、江戸御蔵《おくら》奉行から飛騨の郡代に任ぜられ、約七年の後嘉永五年二月二十七日、師匠が十七歳の時突如として高山陣屋で没して居る。

武道についてはたしなみも深く、当時北辰一刀流の達人として知られていた井上八郎清虎をはるばる飛騨に招聘して、幼い鉄舟に猛稽古せしめたのは此の父である。

井上八郎清虎は、お玉ヶ池千葉周作の門弟中、海保帆平と共に玄武館竜虎の名剣士と称せられ、出藍の誉れを以て後には（慶応二年）幕府講武所剣術師範役の筆頭となった。世に幕末の四八郎といわれ勇猛を称えられているのは、清川八郎、伊庭八郎、天野八郎、それにこの井上八郎である。小野郡代の急死については当時色々の取沙汰があったが、朝右衛門が盛んに武道を奨励し、幾度か陣立を行った為に、幕府にうたがわれ、遂に違法として咎を受け、自刃したと云う説がある。然し師匠自身は「父は脳溢血で死んだのだ」と言われている。発喪せられたのは死後四ヶ月もすぎた六月五日で其の時の廻状等今も残っている。遺骸は宗猷寺に葬られ、法諡は、徳照院殿雄道賢達大居士である。

母は鹿島神宮の社人塚原石見の二女磯で、なかなかしっかり者であったらしい（腹を切ったのは師匠の母磯の兄で其子は英子夫人の子にして秋月家へ養子にやり現に大阪商大の勅任教授をしている)。嘉永四年八月二十五日行年四十一歳をもって病歿している。師匠の大人格に及ぼした此《こ》の母の感化はなかなか大きく、それだけに悲しみも深かった(当時師匠と同門だった富田某の日記に「名は磯、年四十一、至って丈高く色黒く気分鋭し」とあるところから見ると師匠の六尺二寸二十八貫の体軀も母に似たものと思われる)。師匠は毎日真夜中に陣屋を抜け墓前に拝座して勤経《かんきん》につとめ夜の白々と明けるまで続けた。そういう事が五十日もつづいたので伝え聞く人々で感動しないものはなかったとの事である。師匠は後に、山岡静山《せいざん》の死んだ時も毎夜墓参をかかさなかった話がある。純一無雑な真情の前には生死の区別もなく、此の精神が師匠一生の行動の根幹を為しているのだからおそろしいものだ。

母の死後半年にして更に突如父を失った師匠の悲嘆がどんなものであったかは云うを待たぬ。父は死ぬ直前に鉄舟を側近く呼寄せ、小判参千五百両を渡して幼弟五人の養育を托した。

師匠は父の葬儀をすませるとじきに遺族一同を引伴れ、当時江戸にいた異母兄小野古風《こふう》をたよって高山を去った。そして其の年七月二十九日無事に江戸に着いたことは其《そ》の当時、書道の師岩佐一亭にあてた書簡で明かである。

井上清虎は其《そ》の後まで高山に残り、山岡家の後仕末等をし、九月二日江戸に帰った。

二

異母兄小野古風は凡庸の資で、取立てて云うほどのこともない。晩年には師匠の人格に深く傾倒して、弟を「先生、先生」と呼んでいた程の好人物であったが、飛驒から多勢押しかけた事については、お互の不幸を嘆く前に一方ならず迷惑視したらしく、冷やかな待遇を与えている。

師匠の弟とは、酒井極《きわむ》・芝忠福《ただよし》・小野駒之助《こまのすけ》・小野飛馬吉《ひめきち》・落合務《つとむ》の五人であるが、当時末弟の務は生後僅かに二歳で、しきりに乳を求めるので、鉄舟は兄に乳母を雇って貰い度いと懇願したが、とんと取りあっては呉れなかった。仕方がないので、鉄舟は務をいだいて、近所に貰い乳をしてあるき、夜は重湯に蜜をといて、枕辺にあたためて置き、毎夜自分が添寝をして育てたと云うことである。

十七歳の若年鉄舟を鍛練したものは決して剣禅のみではなく、幸福なるべき六百石の若殿は、早くも浮世の辛酸と雄々しくも戦闘を開始して、不退転の心情を陶冶《とうや》していたのである。

古風からこんな冷やかな待遇を受けながらも、師匠は克《よ》く忍んで逆らうことがなかった。そして二、三年のうちに、父に譲られた黄金をつけて弟達を相当の旗本に養子にやり、残った金は大部分古風に贈り、自分は金百両だけ持参して、山岡家に入ったのである。古風は維新後もずっと東京に住み、師匠の世話になっていた。

師匠の弟達は師匠が偉かったに似ず、たいした人物ではなかった。

第一弟の酒井極はやはり静山について槍術《そうじゅつ》を稽古していた。其《そ》の後どうしたか知らぬが、第二弟の芝忠福は大政奉還後他の旗本と一緒に金ヶ谷原で開墾して居た。たいへん妻君思いで大事にしていたが、却って妻君が不行跡でひどく夫を苦しめ、それがもとで忠福は精神に異状を来してしまった。然し人に危害を加えるといったようなのではなく、一種の誇大妄想狂で、

「おれの体には鞍馬の大天狗が乗り移っているから、おれが正眼に構えるとあにき（鉄舟）だって打ちこめない」

など云うので、門人が立ち合って見ると、まるで隙だらけだ。ぴしり打ち込むと、忠福は不思議がって、

「こんな筈はないのだが……」

などと小首を傾げるのであった。さりとて相手に害を加えはしなかった。

小野駒之助（第三弟）は、おれが師匠の家に居た頃ははなしかをやっていた。頤鬚《あごひげ》を房々生やし、口髭があって、風采は師匠そっくりであった。師匠が死んでから出入するようになった。

小野飛馬吉（第四弟）は維新当時から師匠に随従して多少国事に骨を折った仲間である。後には師匠の推挙で宮内省に出ていた。

このほかに千葉県で炭屋をしていたのがあるのだが、それが多分第五弟の落合務ではな

かっただろうか。おとなしい男であった。

三

師匠が山岡静山の没後入って山岡姓を名乗ってから義理ある兄妹が二人出来た。一人は高橋泥舟《でいしゅう》であり、他は石坂周造《しゅうぞう》である。

泥舟は山岡静山の次弟で師匠の室英子《ふさこ》の兄である。天保六年二月十七日、小石川の邸に生れ、嘉永四年十七歳の時、母の生家高橋家を嗣いだ。なかなか槍術にはすぐれていて、静山の死後は山岡家が女ばかりで、槍法を伝える者が無いので、毎日来ては、静山門下の指導を引受け自らも切磋していた。年二十九歳にして畏《かしこ》くも孝明天皇の御認めにあずかり、槍一筋で従五位下伊勢守に任ぜられた程の者である。

戊辰前後に於ては、或は浪士取締として京師《けいし》に活躍し、或は徳川慶喜に恭順を説いて幕議の大勢を決し、或は上野籠居の慶喜の側近を警固して江戸城明渡しを円満に解決せしめた等、其の功績はまことに大きい。

事実上、大政の奉還を無事に実行し、徳川家の存続を全うしたものは、幕府側から見れば鉄舟・泥舟・海舟の三人即ち所謂《いわゆる》幕末の三舟《さんしゅう》の功績であるのを見れば、泥舟も亦一廉《またひとかど》の人傑たるを失わぬのである。

然《しか》し畢竟《ひっきょう》技倆の人で、其《そ》の人物を師匠とくらべると其の足もとにもよれるものではなかった。

師匠が結婚後数年間ひどく放蕩に耽ったのを憤慨して、妹の英子に「離婚してしまえ」としきりにすすめたが、奥さんは頑として師匠を離れなかった。後師匠が宮内省に出るようになってから、泥舟はよく師匠のところに出はいりして居たが、或るとき酒に酔ってよい機嫌になり、師匠の奥さんをつかまえて、

「お前も幸福もんだ」

といったら

「そんなこと云ったって、兄さんはさんざ私に、山岡と離縁しろと、迫ったじゃありませんか」と笑って云われたことがある。そんなことを思うと、泥舟には師匠の心事が読み切れなかったことは確かである。

師匠が宮内省へ出るようになってから、或る時師匠が泥舟にも出仕しないかと云ったら、「忠臣は二君に仕えない」と云って出なかった。然《しか》しこれは泥舟が間違っている。幕末にはこうした所謂《いわゆる》「忠臣」がいくらもあって、屢々《しばしば》事を破ったのだ。

師匠は死ぬまで毎月三十円宛泥舟に送ってその一家を扶助していた。

然し泥舟を師匠と較べるから気の毒なことになるので世間的に見れば相当の傑物だったには違いない。殊《こと》に座談はなかなかうまい人で、大抵の人は傾聴させられたものだ。あまり話が上手で時々脱線することもあって、あとからとんだ襤褸《ぼろ》を出したものだ。何時かも俺が、天竜寺の峨山《がざん》和尚を訪ねた時、峨山さんが、

「先日高橋泥舟が遊びに見えたから、鉄舟居士在世当時の話をきいたら、泥舟が色々居士の逸話を話してくれた。聞けば泥舟は鉄舟が小さいとき、小便までさせてやったと云うではないか」

と云うので、それはひどい大脱線だと笑った。何故なら鉄舟の幼時は六百石取りの若様であり泥舟の生れた山岡家は、たしか其当時は二人扶持金一両かの軽輩なので一寸近よれたものでない。仮りに何かの因縁で近寄っていたとしても、泥舟は、天保六年二月生れ、鉄舟は天保七年六月生れで、大して年齢もちがわず、それに師匠はああした人並はずれた大男なので、小便させようたって、させられる筈が無いのだ。

石坂周造の事については山岡の四天王の項に詳記する。

鉄舟の同胞

父　小野朝右衛門高達惣領
　　小野朝右衛門高福

長男　母　小川新九郎正祐女　小野幾三郎（早世）
長女　母　小野吉之助春英女　みつ
二女　母　同　りょう

三女	小川新九郎正祐女		たか
二男	母 鈴木氏女	小野幾三郎養子	小野古風
三男	母 同	小野勘解由養子	小野録太郎
四男	母 その女	石塚沖見養子	石塚鍒太郎
五男	母 塚原石見女磯	山岡信吉養子	山岡鉄太郎
六男	母 同	酒井主水養子	酒井金五郎
七男	母 同	芝与一右衛門養子	芝 忠福
八男	母 同		小野駒之助
九男	母 同	家名相続	小野飛馬吉
十男	母 同		落合 務

鉄舟の師匠

一

師匠の一生を通じて苦心されたのは剣と禅の二道で、初めは武士としての人格養成に出発し、後には人間としての完成に移って行った。二つとも精神の鍛冶《たんや》が主眼であるから、ほかの人々の陥り易い業の末技に止まって居ないで、ほんとに徹底して剣禅の真髄を会得することに努力したのだ。この外書《ほか》が好きであったがこれは余技に過ぎなかった。

禅は十三歳の頃から始めて武州芝村長徳寺願王《がんのう》和尚、伊豆沢地村竜沢寺星定和尚、京都相国寺独園和尚、同嵯峨天竜寺滴水和尚、相州鎌倉円覚寺洪川和尚などに参じたが、その外にも数師家に相見したらしい。この中一番ひどく鉄舟を絞め上げたのは滴水和尚で、真に鉄舟をして大悟《たいご》徹底せしめた。師匠は滴水さんから印可を得た。然し滴水さんもほとんど命がけでやったのだ。

それは鉄舟の機鋒が鋭いので、滴水さんもぼやついて居られなかったので、「おれは鉄舟のお蔭で却って大いに啓発された」と、容易に人を許さぬ滴水さんが告白されたのでも其の間の消息が窺われる（「鉄舟と禅」参照）。

二

剣は九歳の時から始めて死ぬまでやっていた。最初は真陰流を久須美閑適斎に学び、後北辰一刀流を井上清虎に学んだ。それから一刀流の極意を極めようとして当時其《そ》の伝統の継承者たる浅利義明に就て骨を折った。浅利義明は技倆及心境が遥かに鉄舟より進んでいたので、鉄舟の苦心は一とおりでなく、昼でも夜でも客があると立合を申込み、道を歩いていても竹刀の音がすると飛び込んで仕合を試みなどしたのであったが、どうしても浅利には圧せられて自由を欠いた。それが明治十三年三月三十日豁然大悟徹底すると同時に浅利の偉大な影が消えて眼中一物もない無凝の境に達したのである。

鉄舟が此《こ》の至上境を剣に得て後浅利と立合った時、浅利は驚いて刀を引き鉄舟に一刀流の免許皆伝を授け、且《か》つ元祖一刀斎以来の無想剣の極処を伝えて伝統を継ぐことを許し、自分はその時以来は再び剣を手にしなかったのである。

鉄舟がこれほど骨を折った浅利も、鉄舟から見るとまだ足りないところがあったと見えて、鉄舟は浅利の剣を「まだほんとでなかった」と云って居られた（「鉄舟と剣」参照）。

三

書は好きで若い時から書かぬ日はなかったらしい。幾つ頃のことか知らぬが、後年鉄舟が、「一日に千字丈《だ》けは屹度《きつと》書くということにして、一日の仕事が終えてから手習しはじめると、書き終えない中に夜があけてしまうことが屢々《しばしば》あった」といって居られたことがある。飛騨に居るころには岩佐一亭から稽古を受けたのだが、後には王羲之《おうぎし》が好きで之に就て手習していた。

四

この外に鉄舟が真に心を傾倒した師匠が一人ある。それは槍術の師、山岡静山その人である。静山は当時日本で一か二かと推奨せられた槍術家であったが、鉄舟はその技倆に感服したのではなくて、その人格に心服したのである。このことは後に鉄舟が小野姓から山岡姓を名乗る因ともなったのである。そんなら静山という人はどんな人であったか。

静山は号で、通称は紀一郎《きいちろう》、名は正視《まさみ》、字《あざな》は子厳《しげん》と云い、旧幕臣の極く軽い身分であったが、槍法では天下を鳴らしたもので、当時関西槍術の雄築後柳川の南里紀介《なんりきすけ》と立ち合って、四時間も勝負がつかず、二人の槍先が砕けて一寸余りも短くなったという話がある。けれども静山の優れたところは、かかる技倆の問題よりも寧《むし》ろその人格にあった。親には大変孝行で、たった一人の母のいうことは、どんなことでも聴き、また母の用事はなんでも自分でやった。母の肩が凝るので、毎晩その肩を按摩してやったのだが、段々弟子も増えて身辺が忙しくなり、按摩をして居る暇が無くなって来たので、一六の日は母の按摩と定め、どんな用事があっても屹《きっ》とこの日は母の肩を揉むことにしていた。二十七歳で有望な前途を懐いて亡くなられたのだが、その死因についても静山の人格を偲ばしめるものがある。

それは静山が脚気《かっけ》に罹《かか》って寝ていると、静山の水泳の師匠が、仲間から嫉妬を受けて今日隅田川で謀殺されるということを、母がどこからか人の話を聞いて来て静山に話した。静山はおどろいて、是非師匠の急を救おうと、褥《しとね》を蹴って起き出で、病を推して隅田川に到り、水泳中、衝心《しょうしん》して死なれたのである。

然しこれは自宅で病気で死んだと云う説もあり、師匠の奥さんにきいて見てもそういうが、水泳中死んだというのが本当らしい。

昔の武士は武芸十八番の中特に自分の長所とする所があると同時に、他の武芸一般に就ても一と通りの心得はあったものだ。今の医者が、内科だから外科や眼科は知らぬというのとは大分違う。そんな訳で鉄舟は剣に専念した傍ら、静山に就て槍術を学んだ。それが師匠の二十歳の時でその年に静山が亡くなったのであるから、静山に親炙《しんしゃ》したのは実に僅かな間であった。それにも拘《かかわ》らず師匠は静山の人格に服して身を以て許し、静山も鉄舟を愛して多大の望を嘱して居た。

師匠が如何《いか》に静山の死を悼んで景慕の情の切なるものがあったかは、次のような話があるのでも分る。

それは静山が亡くなると、鉄舟は毎晩人知れず其の墓参りをしていた。ところが寺の和尚が怪物だと思って、そっとそのことを静山の実弟の高橋泥舟に伝えた。泥舟は怪物の正体を見届けてくれんものと宵から寺へ行って物蔭に隠れて様子を窺っていた。ちょうどその晩は天気模様が悪るかったが、段々に空が怪しくなり、果ては陰惨な風が颯と吹いて来るとともに電光閃き霹雷《へきらい》天に轟いて、物凄い大夕立となった。その時一人の大男が風雨を衝いて走って来て、静山の墓前に立ち止り恭しく礼拝すると、羽織を脱いで墓にかむせ、墓に向って恰も生きてる人に物言うように、

「先生、鉄太郎がお側に居りますから、どうぞ御安心遊ばせ！」

と云いながら身を墓にすり寄せるようにして雷雨の過ぐるまで守護していた。これは静山がひどく雷が嫌いであったから鉄舟はそれを知って墓を守護したのである。泥舟は此《こ》の様子を見て鉄舟の心をいじらしくも又有り難く思い、蔭で感涙に咽んだということである。

今の人なぞ「馬鹿気た話だ。死んだ者にそんなことしてたってつまらぬことだ」と一笑に附するだろうが、そこは何事も精神的に活きていた鉄舟のことだから生死の区別が眼中にないし、また尊師の一念は生一本の師匠の行動を至純なものにしたので、そこに師匠の有り難さ、尊さがあるわけだ。

これ等の事情から見ると、師匠と静山とは互に肝胆《かんたん》相許した間柄で、師匠には静山は技術の上ばかりでなく、同時に心操《しんそう》の師匠でもあったものらしい。そんなことが師匠が入って山岡姓を名乗る原因にもなった訳である。

次の静山伝は中村正直《まさなお》（文博・敬宇《けいう》）の書いたものでよく静山の人と為りが現われている。

山岡静山先生伝（原漢文）

近来槍法の絶技なるもの山岡先生に踰ゆるなし、名は正視、字は子厳、通称は紀一郎、静山と号す、江戸の人家世々幕府に仕う。人と為り剛直阿らず質朴を重んじ気節を尚び人倫に篤く家甚だ富まざるも食客門に満つ。後多く名士を出す。親に事えて孝なり。父歿し母多病なれば先生看護懈らず書室に牌を掲げて曰く七の日省墓三八聴講一六按摩と按摩を以て課を立てしは古今絶無とする所なり。毎夜武芸を談じ間に雑うるに忠孝節義の事を以てす。先生幼時刀槍射騎泅水読書習字発奮勉励せざるなし。年十九の時省悟する所あり。慨然として曰く我今より専精槍を学ばんのみと。二十二歳に及んで名都下に轟く。用うる所の長槍を刀心槍と曰い其源は菅烝相道真より出ずと云う。是時に当って筑後柳川の人南里紀介技を以て海内に鳴る。其江戸に遊ぶに及んで先生に就て問う。南里将に国に帰らんとし先生と一較して以て別を告げんと欲す。是に於て法を試み相較ぶ。辰に起きて午に至り神出鬼没輸贏未だ判ぜず操る所の各槍鋒摧破して寸余を短くす。世の槍術者流精神活潑の妙機を失し血戦の実境を遺れ徒らに花法美観を務むる者之を先生の技に比せば真に児戯に等しきのみ。嘗て疔を患い鼻下に発す痛甚し。操技常の如く衆医之を止むれども聴かず月余にして癒ゆ又瘧を患い顫起する毎に場に入り弟子と技を較し此を以て瘧を去る。先生操る所の木槍重さ四斤、七斤、十五斤あり。安政乙卯六月晦暴かに卒す年二十七。卒するに先つ一日、母氏先生の長槍を使うを視るに其甚だ憊れるを患う。先生曰く児之を操ること易々たるのみと。翌日暁より午に至るまで諸弟子と操習すること常の如し。但だ肉色頗る白く肌膚沢なきを見て弟子以て告ぐ先生笑って言わず是日卒す。先生の技既に神妙と称し又徳行を以て聞ゆ嘗て母氏に代り西郊仏寺に賽す。衆二十人ばかり一人を囲繞して拳撻交々下り鮮血淋々死に垂んとす。先生衆に謂て曰く何物の狂奴ぞ敢て殴撃を行う。地に仆るるもの哀叫して曰く山岡先生請う我を救え と先生衆に向い懇諭すれども聴かず。是に於て群中に突入し喝して曰く窮鳥懐に入れば猟夫も殺さずと況や士人の救を求め而して我れ坐視するに忍びんや汝の敵は即ち我なり請う来り闘わんと。衆敢て動かず先生地に仆るるものを視るに乃ち嘗て贄を執て技を習い後背き去れる者なり。其人金を衆に借て還さず故に今此厄に遭う。先生為めに此金を償い別に敷金を取て其人に与え規戒を加えて而して之を遣る。先生嘗て曰く凡そ人に勝たんと欲せば須く先徳を己れに修むべし。徳勝て而して敵自ら屈す是を真勝となす。若し技芸撃刺に由て而して得べしと謂わば則ち大なる謬なり。技に精ならんと欲せば須く先ず飲酒遊行を禁ずべし。必ずや時として精神を技に存せざるはなく事として誠美の心より出でざるなければ則ち妙境に臻ること庶幾すべきなり。又曰く人宜しく戒むべき所のものは驕傲なり。一驕心に入れば百芸皆廃す。既往を回視すれば我亦免れず。一念此に至るごとに慚悔汗下ると。先生槍を学ぶ勉強凡に非ず。嘗て昇平日久しく士風柔惰なるを慨し自ら古の士に鼓及せんことを期し緩急の用に応ずるを庶幾う。厳冬寒夜縄を以て腹を約し氷を敲て水を灌ぎ満身淋漓東日光廟を拝して叩頭黙禱丑の時場に入り十五斤槍を操り突勢の勢を作すこと一千回三十夜を究めて而して止む。毎年此の如し。平居昼は門人に教授し夜は即ち突衝の勢をなし或は三千、或は五千或は黄昏より鶏鳴に至るまで三万嘗て竹七尺許を斫り之を把り高履を踏み子弟を試較するに槍に異らず。或は鉄扇を操て以て槍手に敵す。一夜月明先生起臥安からず。母氏怪み之を問う。先生曰く此の如き良夜豈慈母を捨て而して眠る可けんやと。母氏と並び坐して月を玩び賞心楽事安ぞ其の再びすべからざるを知らんやと。母氏凄然として曰く何ぞ此の不祥の語を得るかと、後旬余にして先生果して歿す。小田又蔵なるものは奇男子なり。先生の風を慕い其行状を著わすこと甚だ備れり。
賛に曰く余先生を知らず其同胞弟高橋泥舟君を知る君槍法の妙海内無双なり友于切瑳薫陶の効にあらざるなきを得んや君が居余と近く止だ一水を隔つ昕夕過従す吾師佐藤一斉翁曰く一芸の士皆語るべしと余既に君の武事を談するを聞き得る所あり今又君に従て先生の行状を借り約して而して之が伝を作る庶乎くは世の少年之を読み而して感奮興起する所あらんとす
文学博士　敬宇　中村正直謹識

鉄舟の結婚

一

鉄舟は小野家の長男ではなかったけれど、兄さん達が亡くなったり、家を出たりして結局鉄舟が世取りになったのだが、それだのに小野家を出て山岡姓を名乗ることになったに就ては、誰でもそこに何かなくちゃならぬと思うことだ。両親に死なれ当時は居候の身で、昔程の格式はなかったとは云え、兎に角小野家は六百石、微禄な山岡家とは身分からいえば提灯につり鐘だ。

前にも述べたとおり鉄舟は山岡静山の人格に推服し、静山は鉄舟の人物に感心していたので、僅か一年に足りない間に二人は既に肝胆《かんたん》相照す仲となったのである。当時鉄舟は二十歳、静山は二十七歳だから年齢から云っても師弟関係の外《ほか》に猶お交友的情誼も混って居たことと想像される。

静山には二人妹があった。長女は英子といって、当時十六歳であった。この英子さんが鉄舟に思を寄せた。兄の静山が鉄舟を賞めると英子さんの心は妙に躍った。静山と鉄舟との交友が益々親しくなると共に英子さんは愈々《いよいよ》鉄舟を男の中の男と思い込んで若い血を沸かした。

英子さんが、そんなに思い焦れた相手の鉄舟は当時「ぼろ鉄《てつ》」と称されたほど身辺の修飾を怠っていた。鉄舟は剣と心の鍛冶に専念して居るので、そんな形似の問題はてんで頭になく、自らも「ぼろ鉄」を以て満足していた。

この「ぼろ鉄」に英子さんが惚れたのだから面白い。年端もゆかぬ娘の生一本なのもあろうが普通の娘ならも少し容姿のいい男に眼が移るものなのだが、そんなことを頭に置かなかったところが面白い。この辺は兄の静山の血を分けただけに、女ながらも一隻眼備えていたもので、また静山の家庭が、そういう浮わついた気風はなく、精神的に統御されていたことが窺われもする。

こうして静山の歿する頃は英子さんの鉄舟熱は最高潮に達していた。静山が歿すると、直ぐ山岡家相続の問題が起った。泥舟は静山の弟だが既に出て高橋家を継いでいるので、当時四歳の末弟信吉《しんきち》をさしあたって後嗣にしたが、信吉は生来唖なので誰か人を迎えて山岡の家を継がせなくちゃならない。遺族親戚の間には門弟中の誰れ彼れが撰に挙がった。勿論《もちろん》鉄舟も其《そ》の中の一人ではあったが、身分が違うので到底ものになりそうもないことだからとあきらめていた。

女も一生懸命になると恐ろしいものである。色々と人撰が進んで評議が白熱して来たとき、英子さんが突然鉄舟でなくちゃいやだと云い出した。

母君も泥舟も英子さんのこの言葉をひどく叱った。それは英子さんが主張しないだって、鉄舟が欲しくてならないのだけれど、申出してもだめなことだし、また云い出して断られるのも師家として面目を潰すことを知ってたからだ。

けれども初恋のお英さんはだまっていられない。みんなの話がだんだん進んでゆくと、恥しさも何も忘れてしまって、

「ほかのひとをお婿さんにするなら死んでしまいます」

ときっぱり云い放って座を立って行ってしまった。

みんなはこれにはほとんど閉口した。ふだんから男勝りのあの娘の云うことだから、鉄舟以外の人を迎えるとなったら屹《きっ》と死ぬに違いない。無論鉄舟ならば故静山の志にも添うし、山岡家はこれに越した幸福はないのだけれど、小野と山岡とはかけ離れた格式の間柄でどうにもならぬ、困ったことになってしまったと、一同は途方に暮れてしまった。

こうしてその年の秋も過ぎ冬に入った。月日が経ったら英子の心も薄らぐかと思って荏《じん》

苒日《ぜんひ》を送っていた。けれども英子さんの心は鉄よりも堅かった。そして折々遺族を見舞に来る鉄舟の心事をますますやさしいものと思った。

二

静山逝いて既に半歳になるがまだ世継も極まらぬことは母君は元より泥舟其他《そのた》一族の者の心をさみしいものにした。とうとう堪えかねて、一日泥舟は鉄舟の弟金五郎《かねごろう》に懇々と事情を話して山岡家遺族の困惑を述べた。金五郎はおどろいて直ぐ鉄舟にこのことを告げた。聞いて鉄舟も聊《いささ》かおどろいた。

「そうか、それほどまでおれを思ってるのか」

鉄舟の心はこの時もうきまってしまった。

二、三日経つと鉄舟は突然山岡の家を訪れた。

「私のような者をお英さんがそんなに思って下さるのなら、婿に参りましょう」

と一諾に及んだ。母君は勿論、泥舟も涙を流して悦んだ。本望遂げたお英さんのうれしさは云うだけ野暮である。

年も押し詰って結婚式が挙げられた。その時から鉄舟は小野姓から山岡姓に移ったのである。安政二年鉄舟二十歳の時である。

「おれも若い時、今の家内に惚れられて、おれでなくちゃならぬというから、そんなら行こうと山岡へ行ったんだ」

といつか師匠が話されたことがあるが、当時の「ぼろ鉄」もこれでめっきり男をあげたわけだ。

師匠が貧乏して洗うが如き世帯を維持し、志士浪人の往来絶え間ない間に処して、千辛《せんしん》万苦《ばんく》内助の功を納めて、師匠の名を辱めなかった英子さんには、新婚の出発からこうした決心、並外れた眼識があったからである。師匠が入婿した頃は山岡家は米にもこまり、落《おち》菜《な》を漬けて食べて居たと云うことである。師匠が大監察になったとき、妹婿の石坂周造が来て

「お英さん、安心なさい。もう米に困ることはない」

と云ったというのをおれは耳にしている。

鉄舟は直接静山のあとを嗣いだのではなく、形の上は静山の末弟信吉の養子になっている。信吉は生来の唖で、これが養育には師匠も随分苦労している。然し血筋は争われぬもので、槍をとっては相当の達人になった。後年宮内大輔の杉孫七郎《すぎまごしちろう》氏と御前試合を行ったことがあった。余程腕前が違ったとみえて忽《たちま》ち杉さんは突きまくられてしまった。「参った。参った」と、しきりに杉さんが連発したのだが、唖であるのと、御前試合で興奮しているので益々猛烈に突き立てるので杉さんが危険になってしまった。びっくりして師匠が槍先をくぐって飛込み、大事に至らずして済んだと云うことだ。一本気なおとなしい男だった。鉄舟の養父であると云うので従四位かを贈られている。

山岡英子夫人

英子夫人が日本一の花婿を射止めた時は、纔に十六歳だった。此の花婿は、家庭では至極物優しく、大きな声一つたてたことがなく、其上、鉄舟程の豪傑がよくもと思われるほど細かいところに気をつけてよく夫人を労わられたが、決して世間一般の新婚の夢に酔う甘い夫ではなかった。殊に国事と修養の外、物質のことなぞはてんで念頭になく、又食客はいつもごろごろして居る有様なので貧苦の味は一通りや二通りのものではなかった。(「山岡と貧」参照)

然し夫人はよく此の貧苦に耐え、繊弱な腕によく家政をととのえて不平顔の全くなかったのは、女として決して凡傭の資ではなかった。「此の点は実に傑物だった。これが男なら相談相手になるのだが……」とよく中條景昭が語ったものだ。

○

夫人は家庭の事情から読書にいそしむ余裕なく、十九歳迄無学であったとのことだ。然し後読書、習字等を一心不乱に学び、晩年字はなかなか上手になって、手紙等みると師匠と間違える程であった。絵も上手になった。明治二十一年十二月三日の大阪毎日新聞の記事に、「山岡紅谷女史は故鉄舟居士の未亡人なるが頗る写生画に巧みにして来春を期し当地に来り揮毫せんと、即今其の支度中の由に聞く。」とあるが、これはにせ物で当時鉄舟の名声が高かったので、こういうにせ物が各所に出没したのである。長女松子刀自は香谷と号し高林芳谷・野口小蘋等について相当絵を学んでいる。

○

夫人は家事や学問の寸暇を窃んでは紙捻《かみより》をつくる手内職をおこたらず、又屋敷のまわりに野菜等をつくり、勝手元の費用を極度に節約された。「俺のような者に連れ添った為、人十倍の苦労をする」といって、師匠もよく夫人を労った。「妻は四十六私しゃ五十ならば手がらにおいで鬼さん」と節分の晩冗談に鬼の絵をかいた楽書を俺に呉れたことがあるのをみると年は師匠が四つ上であると覚えている。仲はよかったが。全く治産に心のない夫をのびやかに振舞わせて、よく師匠の偉大を為さしめた夫人の功労も相当なものである。

○

もっとも夫人は天性気前よく出来ていて、貧乏を意とせぬところがあった。いかなる日でも勝手元には顔も見しらぬような食客が居て、御馳走こそないが、食事代も容易なものではなく、普通一般の気象ではこんなことはなかなかだまって居られるものではない。師匠が死んで後いろいろの事情から生活が不如意になって来たので、たのまれておれが家政整理にいったときも、苦しい中に、下僕一人に女中の二人も居るのですぐに第一着手として暇をやってしまった。師匠が死ぬとき、直紀《なおき》さんに「おとなしゅうして居れ喰うには困らぬようになっているから」と云われたそうだが、山岡家伝統の、此の明るい貧を苦にせぬ性質が一面山岡家を困窮におち入らせた原因でもある。

○

夫人のなくなられたのは、明治三十一年七月十九日で、師匠のなくなられた満十年目の同月同日であるのは奇とすべきである。行年は五十八歳であった。

鉄舟と禅

修禅の動機

一

　山岡の禅は、当時の錚々たる師家《しけ》が舌を捲いたもので、あの近代の名僧と呼ばれた滴水《てきすい》さんも「鉄舟は別物じゃ」といい、独園《どくおん》さんも、「ありゃ、一世や二世の人じゃない」と云って居たぐらいで、其《そ》の境地は遠く褒貶の域を超脱したものであった。一体禅宗の坊さんは見識が高くて、容易に人に許さぬものなのだが、山岡だけには兜を脱いで、師家という師家が誰でも敬意を払った。

　山岡が、こうした優れた心境に到り得たのは、一には剣術に負う所が尠くないのだが、そのまた剣術も禅に依って完成せられたので、剣禅倶《とも》に心境の開発を致したものである。それに山岡なぞは、禅でも剣でも、心の用い方が、ひととは違って、何時も捨身で、どんなことでも命がけで徹底的にやったのだから、進歩のしかたも自ら別だ。天稟《てんぴん》の大物が、こうして磨きをかけられたのだからたまらない。

二

師匠の父、小野朝《あさ》右衛門《えもん》も、多少禅に志のあった人らしいが、山岡が真に禅をやる気になった動機は、若年の頃、大灯国師《だいとうこくし》の遺誡を見て、「こりゃ、いいものだ」と感心してからだと、いつか師匠が云ったことがある。この大灯国師の遺誡は、いろいろの人の遺誡の中で、一番いいものといわれている。

汝著諸人来此山中《なんじらしよじんこのさんちゆうにきたつて》、為道聚頭《どうのためにこうべをあつむ》、莫為衣食《いじきのためにすることなかれ》、有肩無不著《かたあつてきずということなく》、有口無不喫《くちありてくらわずということなし》、只須十二時中《ただすべからくじゆうにじちゆう》、向無理会処《むりえのところにむかつて》、究来究去《きわめきたりきわめさるべし》、光陰如矢《こういんやのごとし》、慎而雑用心《つつしんでぞうようじんすることなかれ》、看取《かんしゆせよ》、看取《かんしゆせよ》。老僧行脚後《ろうそうあんぎやののち》、或寺門繁興《あるいはじもんはんこう》、仏閣経巻《ぶつかくきようかん》、鏤金銀《きんぎんをちりばめ》、多衆閙熱《たしゆうどうねつ》、或誦経風呪《あるいはじゆきようふうじゆ》、長坐不臥《ちようざふが》、一食卯斉《いちじきぼうさい》、六時行道《ろくじぎようどう》、直饒雖恁麼去《たとえいんもにしさるといえども》、以仏祖不伝妙道《ぶつそふでんのみようどうをもつて》、不掛在胸間《きようかんにかざいせずんば》、忽撥無因果《たちまちいんがをほつむし》、真風堕地《しんぷうちにおつ》、皆是邪魔種属也《みなこれじやまのしゆぞくなり》。老僧去世久矣《ろうそうよをさることひさしくとも》、不許称児孫《あいてじそんとしようすることをゆるさじ》、或有一人《あるいはいちにんあり》、綿絶野外《やがいにめんぜつし》、一把《いつぱ》茅底《ぼうてい》、折脚鐺内煮野菜根《せつきやくしようないにやさいこんをにて》、喫過日《きつしてひをすごすとも》、専一究明己事底《せんいつにこじをきゆうめいするていは》、与老僧日々相見《ろうそうとにちにちしようけん》、報恩底人也《ほうおんていのひとなり》、誰敢軽忽《たれかあえてきようこつせんや》、勉旃々々《べんぜんべんぜん》。

何事でも、いいと思ったら、やることにきめていたので、是に於て師匠は、剣の傍ら、禅に骨を折り出した。若い時のことはおれはよくも知らないが、折々聞いた師匠や奥さんの話に拠るとなんでも当時昼は剣術、夜は坐禅ときめていたらしい。維新のあの混乱の際に、東奔西走していながら余程の心がけでなくちゃ、昼の疲れで、なかなか夜までも坐禅など出来るものじゃない。奥さんの話では、師匠はどんな夜でも二時を過ぎないと寝たことがなく、それまでは坐禅をし、またそうして夜を徹することが少くなかったということだ。とにかくこうして二十代には坐禅に余程骨を折ったものらしいことは次のような話があるのでも分る。

鉄舟の得力

一

それは師匠が牛込鷹匠町に居られた貧乏時代のことで、家はあばらや同然なものだから、鼠が昼から出て来、夜は灯す油がないことが屢々《しばしば》あるので、そんな時なぞ一層鼠が暴れた。ところが師匠が坐禅を始めると、鼠が何時か、ひっそりして出なくなってしまう。しまいには師匠が坐禅していて、ぐっと睨むと、棟の鼠がばたり落ちるようになった。いつか小野飛馬吉《ひめきち》（山岡の実弟）がこの話をして、「不思議なものだ。おれが坐禅して、いくら鼠を

睨んでも、鼠が平気で歩き廻るが、あにきが睨むと直ぐ落ちる」というので、おれが、

「そんなことがあるものか。虚言《うそ》だ」

というと、

「いや虚構《うそ》じゃない。ほんとに落ちるから妙だ」

と、堅く云い張るので、そんならと、おれが師匠にこの話を確めると、

「落ちるよ。やって見い」

と首肯されたことがある。ひとに虚言をいう師匠じゃないし、又近くは蘇山《そざん》和尚（京都在八幡の伽山《かざん》和尚の師）が、幽霊を一喝して、化けていた日蓮宗の僧を喝殺した例もあることだし、師匠ごとき大物が、命がけ坐禅したなら、或はその睨みで鼠が棟から落ちたかも知れないと思った。師匠が小石川に居たのが、二十代のことだから、既に此の時分に、これだけの得力が備わっていたのである。当時の師家は、芝村長徳寺の願王《がんのう》和尚であったと思う。

二

蘇山和尚が、幽霊を喝殺したことは有名な話だ。それは蘇山さんの檀家に新に這入った某という人があった。もとは日蓮宗に属していたのであったが、日蓮宗の坊さんがあまり慾深なので、愛想をつかして禅宗に宗旨換えをしたのである。すると間もなく、その檀家の妻君が亡くなった。そこで檀家では新に禅寺の墓地へ葬ることとしたところ、誰いうと

なく、その墓へ亡くなった妻君の幽霊が出て、「先祖伝来の日蓮宗の墓へ改葬して貰いたい」という噂が立った。某は念のため、幽霊の出るという時刻、それは真夜中の丑三つ時に、そっと物影に身を潜めて様子を覗ったところ、噂のとおり白衣の幽霊が墓影から現われ出たので、蒼くなって逃げ帰り、翌朝匆々《そうそう》蘇山和尚を尋ねて見聞の次第を物語り、亡妻のため修法を懇請した。

蘇山さんは右の話を聞くと、「それでは今夜、わしを墓場へ案内しなさい」と、某と約し、時刻を計って墓地へ行くと、案の如く白衣の幽霊が墓から現われた。之を見た蘇山和尚は、矢庭に「喝！」とやった。蘇山さんの声に応じて、ばたりと音がして白衣の姿は闇に消えた。「これでいい。もう幽霊は出ないから、夜が明けたら墓場を改めてごらん」と、そのまま和尚は寺へ帰った。

某は翌朝、和尚の命ずるままに墓を訪れた。ところが其所《そこ》には、日頃自分を恨んでいた日蓮宗の坊さんが、頭から白い衣をかぶったまま殪れて、冷たくなってしまっていたのであった。

三

山岡が棟の鼠を睨み落したのと、似た話がまだある。それは美濃の大垣の剣士で何とかいう人があった。相当腕もたしかだったので、剣術の道場を出したのだが、稽古が烈しいので門人が居付かず、段々さびれて来てしまった。大きな家に人気がないので、宵から鼠が出て、食い余りの食膳にたかり、その物音に屢々ごろ寝の夢を覚まされるのであった。「しっ！」というと一寸鼠が静まるが、暫らくすると、また出て来て、睡りかけた某の目をさます。某は憤慨して、

「鼠如きに大の男が馬鹿にされて堪るものか」

と、それからは夜通し起きていて、出て来る鼠と戦った。

こうして幾夜か鼠と対戦している中、某が「しっ！」と叱すると、鼠がそれきり出なくなって来た。しまいには、某が「しっ！」とやると、ころり鼠が死んでしまうまでになった。

ある時某が用事で、飛騨の高山へ旅立つことになった。途、山中で日が暮れて、夜道を一人とぼとぼ行くと、突然一匹の狼が襲いかかった。びっくりして突嗟に、覚えず大喝一声をくらわした。すると狼はどうしたのか路傍に蹲まったまま続いて飛びかかって来そうにもない。様子が変なので星明りに近寄って窺うと、狼は死んでしまっていたのであった。

師匠が小石川時代に既に、これほど得力のあったことと思い合せて感心することは、当時に於ける師匠の態度のことである。それは師匠が、尊皇攘夷党の筆頭（二十四、五歳）の頃でありながら、少しも表面に立って居ないことだ。清河でも、石坂でも、益満《ますみつ》でも、共に手を取って国事に奔走しながら、師匠のみは少しも表に立たず、みんなひとにやらせて、自分は一歩退いて居た。こんなところを見ると、二十代から既に功名心を抑えて、唯

国事のみを図って、少しも私心を挿まなかったことが窺われる。青年客気の盛んな時代としては、こういうことは出来難いものだ。これが師匠が、あの難局に処して、能く命を全うして来た所以であって、当時既に師匠の修養が、凡境を脱する程度にまで進んで居たことが窺われもする次第である。

鉄舟と星定

一

維新後宮内省へ出るようになってからは、三島の竜沢寺へ参禅した。当時宮内省は一六の日が休日だったから五十の日の晩飯を済ますと握飯を腰へ附けて草鞋がけで歩いて行った。東京から三島までは三十余里あるが、それを山岡は歩いて行ったのだ。今のひとがそんな話を聞いても、虚構《うそ》だと一笑に附してしまうだろうが、まったくほんとの話で、また山岡の健脚は有名なものでもあった。

山岡の脚の達者なことは、『戊辰解難録』にも、載って居る。それは山岡が西郷との談判に静岡へ昼夜兼行で行った時、薩藩の村田新八《しんぱち》が、陣営を山岡に踏み破られたのを怒って、山岡を斬って捨てようと追いかけたが、師匠の足が早くて、追い着くことが出来ず、とうとう山岡は西郷の宿舎へ入られたと聞いて、残念ながら引き返してしまった。村田は余程これが口惜しかったものと見えて、和議成ってから村田が師匠に、このことを話すと、師匠が「おれは江戸ッ子だし、あなたは田舎者のノロマだし、到底おれの足の早いのには叶いやしない」と、大笑いしたということだ。とにかく師匠は、こうして晩飯を済ますと、夜通し歩いて三島へ行ったものだ、なんでも師匠の話では、箱根を越し終える頃、ほのぼの夜が明けるそうだ。この参禅が三年続いた。

序《ついで》だが、独園さんの続僧宝伝には、山岡が夜箱根を馬で越したように書いてあるが、ありゃ虚構だ。独園さんは漢学に達していた方だから、故人を讃美するつもりで、そう書いたのかも知れないが、やはり何でもありのままがいい。尤もこのことは安部正人《まさんど》編の『鉄舟言行録』一五二頁にも鉄舟二十九歳の自筆として「騎《き》して函嶺《かんれい》を越ゆ」とあるが、あそこに出ている文は師匠自筆のものとは受けとれぬふしぶしが多く信がおけぬ。師匠は宮内省へ出ても、貧乏で、馬車にも乗れなかった位だのに、公用なら兎に角、私用で三島へゆくのに、馬に乗って行く筈がないし、また乗れもしない。石坂（周造、山岡の義弟）の話でも、山岡は武芸の中、馬は、あまり好かなかったと云っていた。然《しか》し三年通う間のことだから、たまには傭馬位に乗って、箱根越えをしたかも知れないが、そんなことは例外で、ふだんは何時でも草鞋がけで行ったのだ。

師匠がこんなに苦心したところから考えると、星定《せいじょう》和尚は余程しっかりした人であったに違いないが、然しこうして三年三島へ歩いて通ったということ、そのことだけでも、どれほど師匠の心境を開拓したか想像に難くない。

徒歩で箱根越する頃に面白い話がある。参禅の帰途時に夜道になることがある。明治初年でまだなかなか物騒な時代であったが、修行に張り切っている師匠には夜も昼もない。其の日も泊りつけの世古と云う宿屋の主人のとめるのをふりきって暮れきった寂しい山路をずんずん歩いて行くと道ばたに、いかにも人相のよくない雲助が十四、五人焚火を囲んで暖をとっている。避けて通るのも却っていけないと思った師匠は、

「煙草の火を貸して貰い度い」とわざと、焚火に近づいた。

「さあおあがんなさい」

と云うので、一ぷくつけて、しばらく暖をとってから立去ろうとすると

「だんな！　夜箱根山を越すからにはここの掟を御承知でしょうね」

と一寸どすのきいた声で一人がじろじろと師匠の顔を見上げながら云う。かねて此の事ありと察していた師匠は、静かに煙草入れをおさめてから、

「ああよく存じて居る。ここはお前達のなわ張りだが、此の山路でわしに追いついたら望み通り何でも進上しよう」

と返事をするなり、あっけにとられている一団の人々をしり目にどんどん駆け出した。三、四人立ちあがって追いかけて来た模様だが足の早い師匠には追いつくことが出来なかったそうである。

二

三年目に星定和尚が、初めて山岡に、「よし」と許した。ところが山岡自身では、とんとよいとは思わない。「なんだつまらぬ。こんなことでよいなら三年通って馬鹿を見た」と、和尚の許を辞去して引き返して箱根に差しかかると、ふと山の端からぬっと現れ出た富士を見て、覚えず、「はっ!」と、豁然大悟《かつぜんたいご》した。機縁というものは誠に妙なものである。

喜びの余り、山岡は直ちに踵を廻らして、星定和尚のところへ走った。和尚は山岡の姿を見ると、にこにこして、

「今日はおまえが、間違なく、帰って来るだろうと、待っていた」

と、云われたそうである。してみると、星定和尚には、山岡の心機一転の様子が、既に見えていたものらしい。

晴れてよし曇りてもよし富士の山
　もとの姿はかはらざりけり

という和歌は、山岡が、この大悟の心境を現わしたもので、よく富士山の自画賛に書いたものである。

鉄舟と滴水

一

これで大道は会得出来た訳で、あとの仕上げは天竜寺の滴水和尚、相国寺の独園和尚、円覚寺の洪川和尚などに就て、やったが、終に滴水和尚に、五位兼中至《ちゆうし》頌《しよう》の「両刃交《りようじんほこさき》レ鋒 不レ須レ避《をまじえてさくるをもちいず》」で印可を受けた。それが明治十三年三月三十日で、これで始めて、心地の開拓が完成せられ、同時に師匠の無刀流《むとうりゆう》が創造せられたのである。滴水さんは、なかなか手厳しい方で、ひどく山岡を拗じ上げ、ひっぱたいたが、然し師匠の機鋒が烈しいので、滴水さんも並大抵の骨折りじゃなかった。後に師匠が、

「おれは滴水和尚の嗔拳《しんけん》で、厳師《げんし》の有り難いことが、身に泌みた」

といい、滴水さんは滴水さんで、

「鉄舟のような者は復《ま》たとない。わしが鉄舟を接した時は、一回一回命がけであった。わしは鉄舟の為めに反て磨かれた」

と賞めていた。

二

師匠が滴水さんの悪辣手段で別生涯を得た如く、鳥尾《とりお》(小弥太、得庵と号す。陸軍中将正

二位勲一等子爵・陸軍の先輩）さんなども滴水さんにひどい目に逢わされたものだ。然《しか》し鳥尾と師匠とは人間の柄が違う。鳥尾は才気一片の含蓄の乏しい男で坐禅などは師匠の足もとへも寄れない程度の浅いものだったが、それでも大分鼻にかけて吹き散らしたから、ひとは案外買いかぶっている。尤《もっと》もそれは鳥尾の才気を諸方の老師が賞めそやしたので、ついお天狗になってしまったせいもあるが、坐禅などいうものは内省の学問で、人に賞められたからって自惚《うぬぼ》れるような態じゃだめだ。然し鳥尾さんはいい気になってしまって、一世の大居士の積りで、自ら公案めいたものを作って他の師家を試みようとした。ある日鳥尾さんは滴水さんを自邸へ招待した。鳥尾さんは得意然と、

「私に公案があるのですが、あなた一つやって見ませんか」

と滴水さんに問いかけた。滴水さんは鳥尾の自惚れてるのを知ってるから、「こいつ、天狗の鼻をへし折ってやろう」とでも思ったのか、

「そりゃおもしろかろう、出して見なさい」

と云うと、鳥尾さんはいい気になって、やおら口を開こうとする矢先、滴水さんは立ってぐんと鳥尾さんを蹴飛ばした。鳥尾さんは面喰って身を起そうとすると、滴水さんはまた蹴飛ばした。こうして数回滴水さんが鳥尾さんを蹴とばしたものだから、鳥尾さんはとうとう縁から庭へころげ落ちてしまった。

庭には植木屋が数人いて、鳥尾さんのこの様子を見てびっくりし、「や！　坊主が御前

様を殺すぞ」といって手に手に得物を持って駆けつけ、滴水さんに打ってかかろうとするのを、鳥尾さんはやっと起きあがって、職人共を押え、滴水さんを招じて、もとの席に即いた。滴水さんは、

「おまえさんなぞ、まだ禅の何たることもよく解っていない癖に、一ぱし大家気取りで手製の公案など振り廻すなんて、とんだ心得違いだ。以後は慎みなさい」

と懇々諭した。鳥尾は表面それに服したが、腹では滴水さんのいまのしうちが無念で堪らない。何とかして意趣返しをしてやりたいという下心があった。そこで滴水さんを御馳走してから共に相携えて庭園へ出た。滴水さんは数奇を凝らした庭園の様に興味を持ち、いろいろ鳥尾さんと庭の話を交している心の隙を見澄まし、庭下駄で飛石をぽんと踏鳴らして、

「老師、こりゃ何です?」

と不意にやった。若しも滴水さんが疑議したら、がんと一発横ッ面なぐって、先刻の腹癒せをしてやろうと思ったのだが、そんな手に乗る滴水さんじゃない。ひょいと足許の橡《とち》の実を拾って指示された。鳥尾さんはまんまと滴水さんにしてやられたので、残念でたまらない。すると近くで、ことんことんと何か音がしているので滴水さんが鳥尾さんに、

「ありゃ何の音ですか」

と訊くと、鳥尾さんは額に八の字寄せて、

「あれは水車なのです。絶えず廻ってるのじゃないのですが、時々あんな音をさせるものですから、坐禅の邪魔していけません」

とこぼした。すると滴水さんは隙かさず「衆生顚倒《しゅうじょうてんとう》迷己《おのれにまようて》逐物《ものをおう》」と云われた。

　重々の失敗に流石の鳥尾さんも、ぐうの音も出ず、兜を脱いで滴水さんに師事する気になった。山岡さえも引きずり廻し、きゅっきゅっ云わせた滴水さんだもの、鳥尾さんが鯱鉾立したって、足許へも寄れたものじゃない。

三

滴水和尚のことでは、河村（善益、元京都地方裁判所長）との話がある。河村は鉄舟門下で剣の外に修禅の心がけも厚かった男だ。

　この河村が京都で判事をしていたとき、暇を得ては滴水さんのところへ坐禅に行った。当時滴水さんは京都の林丘寺《りんきゅうじ》に居たのだが、林丘寺は門跡《もんせき》で、寺格がよいので政府からお手当が下っていた。話のまに河村が滴水さんに、

「政府が若し林丘寺のお手当を取り上げたら、あなた、どうなさいますか」

と尋ねた。

「そうなりゃ、托鉢でもしよう」

と滴水さんの答。河村が、

「若し政府が托鉢も封じたら、どうなさるつもりですか」

「そうなりゃ、死ぬだけじゃがな。――おまえは何とか云う大学校を出たとかいう話だが、ものの道理の分らん男だな。食えなけりゃ死ぬだけじゃないか」

と、滴水さんが河村の頭のわるいのを不思議がったという話を、河村が云った。食えなけりゃ死ぬ。――何でもない話だが、滴水さんは真にそう思って云ってるのだから強い。

河村と滴水さんとではまだ話がある。

林丘寺の庭に滝があって、滝の水が和尚の寝ている部屋の下を貫いて流れているので、河村がそれを気にして、

「水が寝所の下を流れていては、からだのためによくない。水の流れを家の外へ導くようにしなくちゃいけません」

と注意すると、滴水さんが、

「寝ている下を水が流れて悪るけりゃ、舟乗りはみんな病人になる筈じゃ。馬鹿じゃな、おまえは……」

と相手にしない。

またあるとき、河村と滴水さんと酒を飲んでいた。酒が地酒で河村はうまくない。河村が、

「こんな悪い酒を飲んでいては、頭にさわります。もっと吟味していいのを飲んだ方がいいでしょう」

と注意した。すると滴水さんが、

「この酒が悪るけりゃ、この村の者はみんな頭が悪るくなってる筈じゃが……この酒が気にかかるならおまえは飲むな」

と独酌をはじめたので、河村も二の句がつげなかった。

河村はしっかりした男だったが、滴水和尚に逢っちゃ、歯が立たなかった。

四

師匠が滴水さんに印可を受けられたとき、滴水さんは折よくも京都から上京して、江川鉄心《てっしん》の宅に滞在して居られたのである。江川鉄心は師匠と同時代に修行した滴水門下の錚々たる一人である。

大悟した師匠は直ちに馳せて老師に面会したのである。相見《しょうけん》後滴水さんは、いかにもうれしそうな様子で、鉄心に向い、「鉄舟居士にビールでも差上げて頂きたい」と云った。師匠は此頃もう胃がよくなくて、医者から日本酒をよして、少量のビール位にするように云われていたのを、滴水さんが承知していたからである。

鉄心がビールを出すと師匠は意気衝天忽《たちま》ち一ダースを平げ、なおまだ欲しそうな様子なので、また半ダースほど出すと、これも見る見る飲みほし、意気まさに天地を圧する慨があった。滴水さんは師匠が飲み過ぎることを心配して、「少し加減した方が胃によくはないか」と注意すると、「少し過ぎましたかな」と笑いながら、酒杯を下へ置いた。

この時の山岡の元気な様子がしみじみ鉄心に印象されて、「おれも、どうかあの位な悟りをひらきたいものだ」とよく人にかたって参禅に骨を折ったそうである。

悟後の鉄舟

一

とにかく。こうして完成せられた後の師匠は、一段と立派なものになって、実に言語に絶した妙趣が備わったものだ。性来のたいぶつが、磨いて磨き抜かれたのだから、ほかの人の、形式的の印可とはまるでものが違う。師匠が稽古場に出て来ると、口も利かずにただ座っているだけだが、それでもみんながすばらしく元気になってしまって、宮本武蔵でも荒木又右衛門でも糞喰えという勢いだ。給仕でおれなぞが師匠の傍に居ても、ぼっと頭が空虚になってしまってただ颯爽たる英気に溢れるばかりであった。客が来て師匠と話をしていると、何時まで経っても帰らない者が多い。甚だしいものになると夜中の二時、三時頃までいた。帰らないのは師匠と話をしていると、苦も何もすっかり忘れてしまって、いい気持になってしまうものだから、いつか帰るのをも忘れてしまうのである。

二

既に印可を受ければ、宗門に於ては立派な師家《しけ》なわけだが、師家ぶって禅を振りまわす山岡じゃない。何かの本に、山岡が禅に親しんだもので門人には誰でも坐禅させたように書いてあったが、そりゃ虚構《うそ》で、師匠は、「是非坐禅しろ」とは決して子弟に勧めなかった。「やりたけりゃ、やれ」と、全く本人まかせであった。禅のみならず剣でも同じことで、決して無理に勧めることはしなかった。実際参禅は大丈夫の仕事で、小根の者の能くする所でないし、つまり人が禅をやって、禅に負けて身を誤ることもあるのだから、余程人を見て勧めないと、とんだことになる。然し師匠そのものが、人物からいっても、剣からいっても、ずばぬけて優れていたから、師匠を敬慕する者が山岡にならって禅に親しもうとした傾向のあったことは事実だ。内弟子で剣の傍ら師匠に就て禅をやった者は、おれの外に小南《こみなみ》(易知《やすとも》、旧幕臣)、香川(善治郎、後住友家の撃剣の師範になった)などで、あとは一寸師匠に相見した位の程度のものばかりだ。

或る日訪ねて来た今大路道斎《いまおおじみちなり》が師匠に、

「先生の奥様やお子様方は定めし皆禅がお出来で御座いましょう」

と云うと、

「いやわしの妻子は其の器でないから禅はやって居りません、雲照律師(目白の僧院に住む、真言宗の大徳)に帰依させて居ります」

と言われたので、今大路氏はすかさず

「禅は男女賢愚に係らぬものと承わっていますが」

とっこむと、師匠は
「其通りですが禅は根気仕事だから、根気のないものにはどうしようもない。それに無理《むり》強《じい》に禅をやらせても、おれのような胃病者に牛肉を丸呑みさせると同様有害無益です。古人が禅は大丈夫の事だといったのは此《こ》の辺のことですね」
と諭されたと云うことである。
又或る時一人の士《さむらい》が
「先生について禅をやって見たいと思いますが、何分御手引を願い度い」
とたずねて来た。
「あなたは何の目的で禅をやろうと思いますか」
と訊かれた。士は
「拙者は洒々落々円転滑脱《しゃしゃらくらくえんてんかつだつ》の境涯を得たいと思います」
と云う。すると師匠は
「わしの禅は士がやれば士道となり、商人がやれば商法となる。あなたの目的のような禅なら幇間露八の禅に参じたらよいでしょう」
と手きびしくやられた。

三

師匠は禅に対して、真剣な考え方をして居るのである。

印可を受けたからって、師匠が禅かぶれをしなかったことを物語る一つの話柄《わへい》がある。それはある居士で、既に旧くから禅に親んでいた男が山岡の所へ来て、「是非先生の臨済録の提唱を聴きたいものである」と懇請した。師匠は、

「提唱のことなら洪川さんにやって貰った方がいいだろう」

とことわった。洪川さんは鎌倉円覚寺の管長をしていた方で当時関東での学者でもあった。

「洪川和尚の提唱は私も伺ったことがありますので、是非先生にやって頂きたいと思うのです」

としきりに頼んだ。

「そうか、そんなにおれの提唱が聴きたいなら、やろう。こっちへ来なさい」

と居士を伴って稽古場へ来た。居士は喜んで、山岡に随った。

師匠は稽古着に着替え、居合せた門人を相手に一としきり一流の烈しい稽古をし、終って、着物を換えて居士を顧み、

「どうです、私の『臨済録』の提唱振りは……」

と訊いた。

居士は山岡が撃剣をやって元気をつけて、それから『臨済録』を提唱するのかと思って居たところへこの言葉なので、呆れて山岡の顔を見詰め返事もしなかった。師匠は励声一番、

「おれは剣術が好きだから剣術で『臨済録』の提唱をして見せたのだ。坊主の真似して禅書の講釈なんか真平だ。君は長らく参禅しているようだが、『臨済録』を書物と心得てるような参禅のしかたじゃ死ぬまでやったって、道楽半分の骨董禅だ。もっと活かして使わなけりゃ、いくら坐禅したってなんにもならぬ」

と諭され、居士も大いに恥じて去った。

四

山岡が禅に対していかに真面目な考を持っていたかは次のような話があるのでも分る。それはある禅僧が、山岡に、「あなたと鳥尾さんのお蔭で、禅も段々盛大になります」

と云った。

師匠は之を聞いて、

「禅が盛んになるって、そりゃ何を云うのだ。なるほど近頃はほうぼうで提唱や独参が行われるようだが、どれもこれも内容の空疎な安売禅だ。そんなものがいくら殖えたからって禅の維持発展にどれだけの助けになるものか。おれはそんなものよりも真個禅の根源に立ち入って、正法の維持を図る者が一人でも出てくればいいがと日夜心配しているのだ。おまえさんのように、禅の門前のみを張ることを喜んでるのとは大きに考が違う」

と云ったので、僧も二の句が続けなかった。

五

しかし、師匠は気根のある人物だと見込むと手きびしくしこんだものである。三遊亭円朝は一代を圧した名講釈師で技妙に入り真に迫るものがあった。円朝のこうした妙技は坐禅に負う所が多かった。その坐禅はまた師匠に啓発せられたものであった。

山岡の家へいろいろな者が出這いりし、講釈師の円朝も、役者の九代目団十郎も、角力《すもう》の先代高砂浦《たかさごうら》五郎もよく来た。

円朝が坐禅をするようになったに就いては面白い話がある。

それは円朝が師匠に初めて会ったとき、師匠が、

「君は講釈がうまいそうだが、一つやって聞かせないか」

と云った。円朝は承知して、「何をやりましょうか」と訊いた。

「そうだな。おれの家に子供等がいるから、みんなに桃太郎の話をしてきかせてくれ」

と山岡が註文した。

円朝は困った。今まで随分講釈もしたが、まだ桃太郎の話は高座でしたことがないしそれにあまりに話題が平凡なので困ってしまった。けれども山岡の註文なので思いきって、得意の弁舌を振って兎も角も一席話し終った。

ところが師匠は少しも面白がらないで、

「おまえの噺は口で話すから肝心の桃太郎が生きて来ない」

と云った。

師匠のこの言葉は円朝に不思議な感じがしてならなかった。――口で話さないで何で話すのだろう、と絶えずそれが頭を去らなかった。寄席の高座で何か話している時にもひょっこりこのことが頭に浮いて来ては円朝を苦しめた。

とうとう円朝は師匠のところへ来て、日頃の心の苦しみを述べ、坐禅してみたいと云い出した。

「そりゃいいところへ気がついた。早速やった方がいい」

と師匠は即座に賛成した。

「いずれ家の方を都合しまして……」

と円朝がいうと、師匠は抑えるように、

「そりゃだめだ。おまえの、いそがしい体で、何時都合がつくものか。今日から直ぐやった方がいい」

と、承知しない。

「でも、先生……」

「でもじゃねー。直ぐやることにしよう。――いいことをするのに、ぐずぐずするやつがあるか」

と叱りつけられて、無理やり二階の一と間に入れられ、屏風で囲われてしまった。

円朝は大小便の用の外、一歩も、二階から出ることを禁じられた。三度の食事は下から女中が二階へ運んでやった。

円朝の家では、主人が出たきり帰って来ないので、心配して、何か山岡に不調法なことでもしたのではないかと、門人どもが集まって詫びに来て、「どうか師匠をもどして貰いたい」と嘆願した。寄席からは「なぜ休むか」と叱るように頼みに来た。円朝が閉口して泣ッ面すると、山岡が怖い顔して睨みつける、進退全く谷まって、どうにもならぬ窮地に陥り、「ままよ、どうでもなれ!」と捨身で無字に参じたところ、僅か一週間ばかりで、豁然大悟の域に達した。

之を見て師匠は即座に、円朝に命じてまた桃太郎の話をさせ、円朝は直ぐ之に応じて一席弁じ立てた。

ところが今度の桃太郎は前日の桃太郎ではなかった。元気旺盛な潑溂たる桃太郎が、躍出で鬼退治をするのであった。

師匠は喜んで、

「今度の桃太郎は活きてる。この気持でやり抜ければ屹《きっ》と名人になれる。役者が其《その》身を無くし、剣術使いが剣を無くし、講釈師が口を無くしなけりゃ、ほんとの名人にはなれぬものだ。おまえも今の気持を忘れないで、進むようにすれば、大成すること請合である」

と諭した。

円朝はこうして生れ変ったのであった。円朝の妙技に人が恍惚として身を忘れるようになったのも、彼が大悟徹底してからのことである。

円朝が無舌居士《むぜっこじ》と名乗ったのも、こうした師匠との因縁話からで、この居士号は師匠が滴水さんと相談して、撰んでやったのである。

序《ついで》だが円朝が師匠に困らせられた話がも一つある。

それは師匠の持病が段々重くなって、愈々《いよいよ》臨終も近づき、門人初め親戚故旧が詰め切り、円朝も亦《また》之に交っていた。

すると師匠が円朝を呼んだ。円朝が傍へゆくと、

「円朝、おれももう直にあの世へ旅立つが、大分人が集まってるから、退屈しのぎに何か一席面白いものを話してくれ。おれも一所に聞くから」

と云われた。

恩師の臨終を眼の前へ控えて、この註文は円朝に、せつないものであった。けれども臨終に於ける恩師の望みなれば、何とかしてやらなくちゃならぬ、と決心し早速話しに取り掛った。話している中に幾度か胸が一杯になって知らずに目に涙が溜り、言葉が詰ってしまうのであったが、ふと、前方を見ると、師匠が褥《しとね》に靠《もた》れて、うれしそうに話を聞いているので、我と我心を激励しつつ、兎にも角にも話し終った。円朝はあとで「火事場で講釈をするより骨が折れた」とこぼしていたそうである。

六

円朝と似た話で陽明学者の山崎勇三郎のことがある。山崎は下総の匝瑳《そうさ》郡の人で、郷里で相当の尊信を受けていた人であった。

山崎は山岡の禅に於ける盛名を聞いて、山岡が宮内省なぞに出ているから偉そうに、ひとが過信しているので、実質は乏しいに相違ないと考え、山岡と斯道の商量をし、屁古《へこ》ましてやろうと山岡を尋ねて来た。

山崎が師匠に会って二、三議論すると、直ぐ山岡に押し詰められて閉口してしまった。それは山岡に「陽明の知行合一《ちこうごういつ》の真諦《しんてい》はどうだ」と問われて、ぐっと参ったのであった。

「出直して更めてお答えする」と山崎が云うのを、

「そんな暢気なことで、陽明学の真髄が会得出来るものか。直ぐ返答しろ」

と追い詰められ、とうとう円朝同様、虜になってしまって、二階の一間に屏風で囲まれ、きゅっきゅっ云わされた結果、終に知行合一の真骨頭を悟った。

七

明治十二、三年の頃、飛驒の高山から行者（この行者は四、五年前にまだ生きているときいていた）が来て、「火に入っても焼けぬ法があるので、天覧に供したいから、是非取次いで貰いたい」とのことであった。山岡の父小野朝右衛門が飛驒の高山に居り、山岡も少年時代、高山に居た縁から、彼地よりはよく人が訪ねて来たものだ。

聞いて師匠は、「そんなべらぼうな話があるものか」

と、相手にならなかった。

然《しか》し行者は堅く取って動かなかった。仕方がないので、「山岡がそんなら家の庭でやって見ろ」と許した。

早速庭へ穴を掘って炭俵二俵あけてかんかん炭がおこされた。家の者は、みんな庭へ出て様子を見物し、師匠は縁側に立って見ていた。

行者は衣裳を着換えて白衣となり、何か一生懸命念じていたが、やがて、「やっ！」と一声、右腕を火の中へ突込んだ。

すると忽ち行者の顔が真赤になり、眼を釣りあげ、口を喰いしばって泡を吹き出し、今にも卒倒しそうな様子になった。之を見た山岡は、縁から声をかけて、

「早く救い出せ！」

と云ったので、ばらばらと三、四人行者に近寄ったが、その時もう行者は気を喪って、横ざまに倒れてしまった。

行者は、みんなに担がれて、二階へ寝かされた。程なく気は確かになったが、ひどく興奮し、火に突込んだ手はめちゃめちゃに焼け爛れてしまっていた。

夜になって行者が少し落ちついた時、隠岐の国から来た高梨と云う書生が行者を慰め

「いくらなんでも、火の中へ手を入れちゃ熱かろう？」

と訊いたら、

「火に手を入れて熱かろうなんて訊くやつに法力の話をしたって分る筈がない」

と答えもしなかったが、独りごとのように、

「しかし妙だ。今日はいくら念じても念力が天へ通じなかった」

と不審がっていたということであった。

「正法に不思議なし」と云うが山岡のような明鏡のごとき人の前へ出ては、法力も消えてしまうものと見える。

この行者は、とうとう手が腐ってしまって、順天堂へ入院させて、左手を切断し、山岡が、八十円かの治療費を払ってやった。

八

渡辺昇《のぼり》（渡辺清の弟、会計検査院長をやり、元老院議官にもなり、晩年には武徳会の会長などもした。撃剣は斎藤弥九郎の門人であった）が宮内省の済寧館《さいねいかん》を建てる時、山岡へ来て「どんな風にやったらいいだろう」と相談を持ちかけた。

「どんなふうにするかって、撃剣やるなら、野ッ原が一番いいだろう」

と、なぜか相手にならなかった。

済寧館が出来あがって、その開場式というとき、山岡へ招待状が来た。陛下も御臨幸になるということなので、おれも師匠の伴をして見に行った。

まだ陛下の御臨幸にならぬ前のことである。渡辺さんが師匠のところへやって来て、

「あなたは禅学を大分おやりになるそうだが、ありゃ私も若い時やって見たが、つまらぬものだな」

と、冷やかしにかかった。そしたら師匠が言下に、

「そりゃ、あなたのはでんがくでしょう」

と云って澄ましていた。渡辺さんは気がつかず、

「でんがくって何ですか」

と訊いた。

「はア、でんがくっていうのは、味噌付け坐禅のことで、あんたなんかの、やったのは、大方そんなもんだろう」

と、師匠も江戸ッ子だけに口が悪るい。

渡辺さんは、山岡に、してやられたと気がつくと、青筋立てて真赤になった。なにせ山県さん始め、歴々の連中が居並んでるところで、大きな声で山岡にやられたのだから渡辺さんも癪に障ったのだろう。籠手田《こてだ》（名は安定《やすさだ》、山岡門下当時滋賀県知事）がおれの傍に居て、此の様を見て二人の間に、摑み合いでも始まらなけりゃいいがと、ひどく気を揉んだ。然し師匠が、平気な顔して撃剣やってる方を眺めているので、渡辺さんも手の下しようがなく、それっきり引き込んでしまった。

渡辺昇さんも、またその兄の清《きよし》さんも、よく山岡のところへ来たが、師匠には兄の清さんの方は好遇されたが、昇さんの方はどういうものかうけが悪るかった。

宗門の大恩人

一、静寛院宮の御葬儀

禅宗の坊さんは広く山岡へ出這入りし、山岡も亦能《またよ》くその面倒を見てやった。禅宗ばかりでなく、諸宗の僧侶も山岡を尊敬して出入が絶えなかった。維新後世を挙って欧風に化し、善いことも悪いことも西洋風でなくちゃ幅が利かないもののように思って、宗教なども在来の仏法を廃して耶蘇《やそ》教を国教にしようなどとまで伊藤（博文）さんが騒ぎ出した。尤《もっと》も伊藤さんは宗教心が乏しかったから、真に宗教を理解せず、唯之を政略上に応用しようとしたので、条約改正について外人の機嫌を取るために目論んだのであった。

和宮親子《かずのみやちかこ》内親王（孝明天皇の皇妹、将軍徳川家茂《いえもち》に御降嫁）が、明治十年に脚気《かっけ》で薨去《こうきょ》遊ばされたとき、宮の御遺志を奉じて、朝議の神葬を排して増上寺に仏葬したのは葬儀委員長の山岡の力であった。宮は生前から「決して皇室の方へ葬るな、必ず亡夫家茂とともに徳川家に埋めてくれるように」との御遺言であったのだが、排仏論の盛んな時代、殊《こと》に宮内省の顕官《けんかん》は皇族を仏葬するなどとは夢にも思わず、豊島ヶ丘に神葬するつもりであったのだ。それを宮の御信仰を熟知していた師匠が極力反対して御遺言どおり増上寺に葬ったので、宮の御志も徹り、またそれが当時廃れかけた仏法の掩護にも少からぬ力を与えたことは事実である。

二、白隠和尚の徽号宣下

明治十七年に山岡が臨済宗各派の管長を勧告して、白隠《はくいん》和尚に国師号追賜《ついし》の連署出願をさせた。和尚は徳川中葉に於て人も知る如く廃れかけた臨済禅を復興せしめた高僧で、臨済宗の今日あるは白隠の力であらねばならぬ。師匠は禅に親しんで以来深く禅師の徳を慕い、こうして各管長を勧誘したのである。師匠は諸老師の連署を持って、陛下にお目にかかり、禅師の高徳を奏聞し、当路者《とうろしゃ》をも説いて終に翌十八年五月、正宗国師の徽号宣下の御沙汰となった訳である。

禅僧では滴水、独園、洪川の諸老師は素より、無学《むがく》、越叟《えつそう》、宗演《そうえん》、南天棒《なんてんぼう》、南隠《なんいん》など当時錚々たる師家《しけ》で山岡に出入しない者は殆どなかった。こんな点から見ても、山岡の宗門上の得力が凡常でなかったことが想像出来る。滴水さんはきびきびした方で、山岡とは殊に意気相投じたようであった。山岡が滴水さんを慕っていたことは、山岡の臨終の際勝《かつ》が「誰か話相手になる坊さんでも呼んだらどうだ」といったら、「それもいいが、今遠方に行っていて留守だ」と答えたのは、暗に滴水さんを云ったもので、滴水さんは当時出雲国雲《うん》樹寺《じゆじ》の法会に赴いて居られたから師匠も逢えないとあきらめていたのである。

独園さんと洪川さんとは、関西及関東に於ける禅門の学者である。越叟さんは越中、国《こく》泰寺《たいじ》を再興した人で、それには山岡の庇護も与って力があった。全生庵が谷中に出来たとき、その第一世の庵主となったのは、この方で、四十八で亡くなられたが、山岡は「竜《りゅう》眼《がん》」の号を書して塔を建て、厚く葬った。どっちかといえば才気の勝った方で、一とかど、やりてであった。南隠さんは越叟さんの後を承けて全生庵の第二世になり、山岡臨終の際には大導師の役を勤めた方である。若い時ひどく道楽をしただけに、酸いも甘いも知りぬいて、腹の据った方であった。南天棒は酒を飲んでは、折々横車を押すので、ひとが困ったものだが、師匠は之を牛込市ヶ谷の道林寺《どうりんじ》に入れて、山岡門下の監督に当らせていた。道林寺は四畳半に三畳位で寺と云って形ばかりのものであったが、山岡の門下が段々多くなって、四谷の家に置ききれなくなって来たので、貧乏大名の菩提寺で維持の出来なくなったこの寺を貰って宿舎に宛てたので、南天棒がその監督になったのは、一面から見れば山岡に封じ込められたようなものである。南天棒も師匠にはてんで頭があがらず、猫みたいであった。

三、国泰寺の再興

師匠が仏教再興の為に尽した功績は大きい。排仏論の盛であった当時、敢て時流に逆らって法灯の維持に万全を致した仏教中興の恩人であると云っても過言ではあるまい。それだけに仏教界に於ける人気も素晴らしいものがあった。晩年隅田川で催した千僧会《せんそうえ》に、一無官の師匠の発起に全国の管長はじめ、名僧知識千五百が集って隅田川畔に読経したと云うことを見てもこの事がうなずけるのである。

山岡が越中国国泰寺天皇殿再修築のために屛風一千二百双《そう》、額半折《はんせつ》合せて一万枚を書いて寄進したことがある。

この国泰寺というのはもと足利尊氏が、後醍醐天皇の勅を奉じて建てた名刹で、当時は七堂伽藍完備していたのだが、永禄十二年に上杉謙信が国泰寺の檀越神保長純を攻めたとき火を放って焼いてしまってから、再び旧態に復せず、纔に由緒ある古寺として其跡を留めていた。明治七年に越叟和尚が住職となるとともに、ひどく之を慨嘆して、何とかして昔の姿に復帰させたいものだと東奔西走し、明治十二年には山岡へも相談を持込んで来た。山岡はその前年聖上に扈従《こじゅう》して北巡の際、国泰寺の名刹であることを聞いていたので立寄って実状を知ってもいたものだから、直ちに越叟和尚の請を容れた。

「しかしおれは見られるとおり金はないから腕で行こう」というので、屛風一千二百双額半折一万枚書く約束をしたのである。

越叟和尚は国泰寺には中興の人で、後には山岡が招待して谷中全生庵の開山にもした。四十八かで死なれたが、兎に角やりてで山岡もよく面倒見てやっていた。

国泰寺は後醍醐天皇の外に、猶《な》お光明、後奈良天皇の勅願寺《ちょくがんじ》でもあった。そんな関係から、山岡などの肝煎りで明治十二年には独立して本山になった。

山岡が約束の書をかき終えたとき、湯島の麟祥院《りんしょういん》で祝宴をやった。たぶん明治十四年の二月かで道楽会と命名し、隠し芸のある乞食二十人を正客とし、家中の者が出て接待し、主客無礼講ということであった。接待員には関口隆吉《たかよし》（当時山口県知事）、田辺蓮舟《れんしゅう》、石坂周造、其《そ》の外《ほか》千葉立造《りつぞう》（医博慎一《しんいち》氏の父）、床次正精《とこなみせいせい》（元政友本党総裁竹二郎氏の父）、円朝なども交り、山岡の奥さん、お嬢さんから家の子郎党までも総出で相伴した。その時の廻状がこうである。

千双屛風落成為供養、芸人二十人を以て芸尽し相催《あいもよおしそうろう》候。右人数周旋の面々、一人にて芸人三名を引受、当日正午十二時迄に、湯島麟祥院へ相会し、人々持前の芸を尽し、午後三時退散す。

但し正午折詰赤飯料理、莚《むしろ》一枚、茶碗一個、小皿一個を用意し、各芸人に相贈《あいおくりそうろう》候事《こと》。

そこで芸人担当の連中は、朝から下谷浅草をうろつき廻って、乞食をつかまえては、芸の有無を尋ね、何かいい掘り出しものを見つけようと苦心した。宴会に出席の紋付袴で乞食を探すのだから甚だ奇抜千万である。三味線など持ってる奴は勿論、何芸でも出来そうな顔つきしたやつは片っぱしからつかまえて調べる。調べられる乞食は大まごつきで何が何やら見当がつかない。いよいよ合格の見込がつくと、それを伴れて湯島へゆく。盛装した男ときたない着物を着た乞食との道行だから振ってる。中には自分の乗って来た俥《くるま》に乞食を乗せ、自分はその傍について話を交えながら乗り込んで来る者もあった。なにせ乞食が正賓なのだからね、威張ったものさ。

麟祥院——今でも本郷の帝大の所にある寺——では新調の座布団に一人前二円五十銭の精進料理、当時二円五十銭の精進料理は立派なもので分量も沢山あった。酒は無尽蔵という趣好。

乞食が玄関に着くと、美しく着飾った山岡のお嬢さんや、奥さんが出迎えて丁寧に「どうぞこちらへ」と挨拶する。乞食だからって、今日はお客さまだから大切だ。乞食はびっくりしてピョコピョコお辞儀ばかりしているのを切角《せっかく》招待して奥へ通す。きたない三味線や尺八を持って順々に所謂《いわゆる》芸人が広間の設けの席に即かせられる。

こうしてずらり二十人の芸人が正座に並んだところは実に珍妙で、めっかち、かったい、びっこもある。若いものもあれば年寄もいる。いずれも大道や観音の境内でつかまえたままなのだから揃いも揃って汚ないやつ等ばかりだ。そこへ盛装したお嬢さんや奥さんや羽織袴の接待員が出てお茶を出す、菓子が出る。料理が並ぶという有様、お客は眼をぱちくりさせて、狐にでも摘まれたかのよう。酒を注いでやってもへいへいお辞儀ばかりしていて埒が開かなかったが、もともと無礼講の前振れなので、お客が飲まなけりゃこっちが飲むという格好だから、しまいには釣り込まれてみんな飲み出した。段々酒が廻って来ると主客ともに色々な懐旧談が出る。話はそれからそれと身の上話に花が咲いて興はますますつのる。その中どこかでピンと三味線が鳴ると、それをきっかけにこっちでも、あっちでも三味線を弾く、尺八が響く、それにつれて誰か一人とび出して踊ると、次ぎ次ぎに様々な者が出て芸の限りを尽す。それをこっちが声援する。声援した者が唄い出す踊り出すという次第で、何が何やら滅茶苦茶になってしまってほんとの無礼講だ。何せ乞食も不意打に御馳走になって、そして酒は限りがないのだから悦んだのもあたりまえで、いい、しんからきじを出してはしゃぎ合い、その賑やかなこと迚《とて》も一と通りでなかった。

ふと見ると、もうぐでんぐでんに酔って、しだらなく膝を崩した物乞いの若い女に金時のように赤くなった乞食の男が威丈け高になって何か懸け合っている。

何かと思って聞いてると、男は憤慨に堪えぬような面をして、

「いつもいつもおれを振りやがって……。今日という今日は承知しねえ」

とあたり忘れた大きな声。

これはえらい談判だと、

「そう怒るな」と酒を持って行って男に注いでやったが、おかしかったのなんのって……。

主人側の連中もみんな徹底的に酔ってしまって、呑み助の今川貞山《ていざん》和尚（妙心寺管長等をなす後鉄舟寺開山となる）が座敷の真中で小間物屋を出し始めた。山岡が之を見て、

「なんだ、こら！　切角食ったものを出すという法があるか、食え食え！」

と貞山に詰め寄った。

　貞山苦しき声を絞りあげ、

「やーア、先生、食えったって、先生、そいつは……」

と閉口するを、

「なんだ、食わねーのか。そんなべらぼうなやつがあるか。てめいが勝手に出しておいて。さァ食え食え！」

「やーア、先生……でも……」

「でもじゃねー。坊主の癖に食い物を粗末にするという法があるものか。食え食え！　食わなけりゃおれが食おうか？」

とあわや山岡が吞物《へど》に手をつけようとした。

「食います食います」

と、とうとう貞山、涙を拭き拭き吞物をみんなまた食べてしまった。

　帰りは料理を折に詰めて、金三円の包と、敷いていた新調の座布団とを添え、一人一人俥に乗せて送り帰した。

「旦那、どちらまで？」

とくるまやが訊くと、俥の上から乞食が、

「おれか？」

と大きく出たのはいいが、

「むむ、その……鮫ヶ橋の……その……橋の下だ」

と、行く先のない宿なし坊がいくらも出て来て、送り出した面々、玄関で笑いこけたことであった。

四、大人気の川施餓鬼

山岡が書をかいている席で、そこに集まっていた中の誰かが「今年は天保の大飢饉から五十年目になる」といったら、ほかの一人が「それでは屹度《きっと》なにか凶事があろう」などと話していると厄除の施餓鬼でもやったらどうだということになり、師匠に相談したら、「よかろう」ということで忽ち準備が始まった。明治十八年の八月で、隅田川へ千僧を招待し維新及それ以後の変死者を葬おう（山岡の恩師静山も維新前ここで死んで居ると伝えらる）というので、大導師は妙心寺管長無学禅師に頼み、各宗の僧侶へも通牒を出し、また一人二十銭ずつで広く寄附金を募った。

この企てが喧伝されて途方もない人気を呼び、申込みが大変なものであった。各宗の僧侶が無慮二千人も来て、何れもお布施はいらぬからお経をあげさせてくれとのことであった。当日は師匠は両国の稲村楼《いなむらろう》――当時東京で有数の大料理屋で、書画の大展覧会や演説会は大抵ここでやった。――へ陣取って、家の者総出で受付をやり施餓鬼人名を帳面につける。押すな押すなの騒ぎで申込者が殺到するので、稲村楼の入口に杭を打って縄を張り出入の道を分けるという始末。両国橋はこれ等の人と見物の野次馬で埋まってとうとう往来が出来ずに橋止めになってしまい、隅田川は人と塔婆を乗せた舟でぎっしり詰まり、これもとうとう川止めになってしまった。

楼上から川を見渡すと、いろいろさまざまな名を書いた塔婆が舟に押し立てられ、一面見ゆる限り塔婆の林だ。一番大きかったのが西郷隆盛の塔婆で、また首斬り浅右衛門が出した吉原の花魁花鳥《かちょう》や、鼠小僧の塔婆もずばぬけて大きかった。村上（信政《のぶまさ》）がつるべ首の霊などというのを持出す、その外《ほか》小さな塔婆は数限りがない。段々人が聞き伝えて、われもわれもと知人、縁者の塔婆を持ち込んで来て、終日川は塔婆で埋まっていた。持って来た塔婆は各宗の坊さんが舟で、一々お経をあげて川へ流してやる。

この人気騒ぎはひどく当路者に気を揉ませた。それは山岡が何か企む所あって人心の帰向を試みたのでないだろうかとか、いやそうじゃない、世道の興廃を窺うのだとか、さまざまの噂が立った。なにせ宮内省を退いて間のないことなのだからね、山岡の心が測りかねて色眼で見たのは無理のないことでもある。然《しか》し山岡はなにもそんな計画なんかあったものじゃない。書をかいてた席で誰かが云い出したのを賛成したまでのことなのだ。けれどもおれは、師匠が当時あんなに人気を背負っていたとは夢にも思って居なかった。

此の時の光景は薩人床次《とこなみ》某（床次竹二郎氏の先考）が横二間竪五尺の大額面に描かして

あった。

当日無学禅師の香語をはじめ多数僧俗より寄贈せし詩歌は皆全生庵に蔵していたが、同庵火災の時焼失してしまった。


千僧会即事（居士施《ス》二親書普門品一万巻《ヲ》一故《ニ》云《フ》）

浄土宗管長　養鸕徹定《うがいてつじょう》

万巻《ノ》金経字々新《タニ》。鉄舟居士筆如レ神。

要《セバ》レ知《ント》二菩薩円通《ノ》意《ヲ》一。見《ヨ》此《ノ》豪雄千臂《ノ》人。

千僧会の日　舟にて

増上寺貫主　福田行誡《ぎょうかい》

さして其、数ならねとも、今日はとて、
かすに入江の、蘆の一むら

五、全生庵の建立

谷中の全生庵も師匠が建立した寺である。明治十三年師匠は維新の際国事に殉じた者を弔う為め、一寺の建立を思い立ち、地を谷中三崎町に相した。

此地は曽て鎌倉建長寺開山隆蘭渓《りゅうらんけい》大覚禅師の居したる全生庵の旧趾で、禅門にゆかりの深い名蹟であった。師匠は、荊叢《けいそう》を抜き破屋《はおく》を修し、隣地を購いて境域を広め、国泰寺越叟を以て開山となし、之を普門山《ふもんざん》全生庵と号し、葵正観世音《あおいのしょうかんぜおん》を安置して本尊に請じた。そして故あって師匠が愛蔵して居た隆蘭渓の揮毫にかかる「全生庵」の扁額を堂内に移した。

普門山全生菴の寺号は本尊葵正観世音が曩《さき》に奉祀してあった普門山大慈寺の山名と、此の扁額の寺名とを併せ撰したものである。

尚明治十七年に藤堂侯の書院を購入して本堂を建てたが、明治二十七年火災に罹り蘭渓の扁額をはじめ幾多の貴重なる資料を焼失したことは真に惜むべきである。

現在再建された本堂には小松宮親王の御染筆による「全生庵」の扁額がかかげられてある。

此の全生庵には、師匠の墓碑をとりまいて、越叟禅師をはじめ石坂周造、松岡万、村上政忠《まさただ》、三遊亭円朝、千葉立造、荒尾精《せい》、東条治三郎、小野古風（師匠の兄）、山岡宗之助《そうのすけ》（周造の息山岡長女松子の夫）、依田雄太郎、清水武二郎、中村余所吉《よそきち》、桑原知未太、三神文弥《みかみぶんや》、内田三郎兵衛、鈴木寛長《かんちょう》等、鉄門の士が、静に眠ている。

此の人達には夫々愉快な思い出話しがあるが、別のところで話すこととしよう。

全生庵扁額記（原漢文）

此扁額の三大文字は、本《も》と隆蘭渓（鎌倉建長寺開山大覚禅師）の書するところなり。寛元年中（後深草帝の御代約六百九十年前）蘭渓宋より来航、颶風に遇い、武州谷中三崎《さんさき》に漂着す。（太宰府より鎌倉に到る途中の事ならんか）一茅舎を築き、自ら題して全生庵と曰う。庵の傍に角谷某なる者あり、蘭渓に親炙《しんしゃ》す。蘭渓去るに臨み、先に題するところの扁額を以て之に附与す。某受けて而も珍蔵して子孫に伝うと云。明治七年、鉄舟居士淀橋駅に住す。駅に角谷の裔孫あり。彦三郎と曰う。既に老い、餅菓を鬻《う》りて以て業と為す。壚頭《てんとう》常に一の古額を掲ぐ、筆力遒勁《しゅうけい》、典雅愛すべし。居士一日公退の途次、見て以て異とす焉。時に彦三の隣人、梅五郎居士の家に出入す。居士偶《たま》ま扁額の事を語り深く之を賞賛す。梅五以て彦三に告ぐ、彦三欣然備《つぶ》さに其来由を述べ、且つ曰く、世道陵夷人情軽菲高僧の名蹟恐くは煙滅に帰せん。故に之を壚頭に掲げ、其人を持って之を遺らんと欲する也。子幸に之を居士に介せよと。居士辞して受けず。彦三之を強う。遂に受く焉。嗚呼居士は真に扁額の好知己。蘭渓も亦以て泉下に首肯すべし矣。此に於て居士将に大に酬ゆる所あらんとし、其欲する所を問う。彦三曰く、陋巷の小人餅を鬻りて余資あり、唯だ居士の手書を得て之を壚頭に掲げば即ち吾願足る耳と。居士益す之を奇とし、輒《すなわ》ち揮毫して以て之を与う。爾来扁額を書斎に掲げ、因て其斉《さい》に名く。或人曰く、其書を愛するは則ち可なり、其斉に名くるは則ち不可なりと。居士曰く、以て死すべくして而して死し、以て生くべくして而して生く、之を全生と謂う。豈徒らに瓦全を之れ謂わん耶と。十三年居士国泰寺越叟（富山県氷見郡太田村国泰寺五十四世越叟禅師）と一宇を谷中三崎国泰寺院の地に創立し、隣地を購入して、乃ち其附近一帯本と角谷氏に属することを知る。居士愈よ其奇縁に感じ、十八年扁額を堂内に移して以て寺号と為す。後又自ら三大字を書して之を堂外に掲ぐ。両々相映じて一双の美観たり。二十七年、本寺災に罹り、二額併せて灰燼に帰す。不肖牧田乏《ぼう》を住持に受け、慨歎措く能わず、遂に居士の未亡人を介し、小松宮親王に此の三大文字を書せられんことを請い、以て木に刻《きざ》み、之を再建本堂に掲げ其来由を記して後人に示すと云。

全生庵本尊葵正観世音由緒

葵正観世音は、南天竺毘首羯磨《びしゆかつま》の作にして、欽明帝の朝西天より伝うる所の霊像なり。爾来転旋して鎌倉右大将及室町氏に伝え、代々の将軍深く尊崇を加う。後日向の大慈寺に留まり、又洛の東福寺支院長慶寺に在りたり。我東照宮崇敬最も厚く、竟に之を江戸城に遷し、毎月十八日観音懺法を修行して、天下泰平を祈願し、殊に徽号《きごう》葵の字を以て冠せらる。慶安二年天寿院殿、普門山大慈寺を大塚上街に建立し、刑部卿の局を以て之が開基と為し、香花久しく薫ず。然るに維新の際廃寺と為る。故に之を余の家に奉迎して供養懈《おこ》たらず。明治十六年一月、一宇を北豊島郡谷中村に創草し、普門山全生庵と号す。乃ち葵正観世音を安置し其来由を概挙して後の渇仰者に告ぐ。

明治十六年五月　　　正四位　山岡鉄太郎誌

六、鉄舟寺の建立

駿河の鉄舟寺《てつしゅうじ》も亦、師匠の建立に係るものである。これははじめ補陀落山《ふだらくせん》久能寺《くのうじ》といって推古天皇の御宇《ぎょう》創建《そうけん》（本尊は閻浮檀金《えんぶだごん》千手観世音・後これを胎内仏として行基菩薩、千手観音を木彫安置す）され、後徳川家康が天海《てんかい》僧正を開山として建てた総持院《そうじいん》のあとで、附近にはもと大応国師《だいおうこくし》誕生の井戸もあり、一千年以上も続いた由緒正しい寺であったが、維新の際廃仏棄釈の災に遇って久しく廃寺となっていた。そして山上の観音堂、山下の仁王門、鐘楼等が破壊の儘残って狐兎の住家になっていたのを、明治十六年から師匠が再興に着手して、名を補陀落山鉄舟寺と改め、自分の家で久しく崇敬していた東照宮護持の愛染明王《あいぜんみょうおう》を勧請し、京都妙心寺《みょうしんじ》の今川貞山を招じて開山としたのである。今川貞山は妙心寺の管長までやった相当の師家《しけ》であったが、如何にも酒呑みであり道楽が過ぎて、評判が悪く、東京に置かれぬので此処に鉄舟は封じたのである。

七堂伽藍の再建には清水の次郎長が尽力していたが、師匠は二十一年に薨去し、次郎長は二十六年に死んだので、其儘中絶の姿となっていた。明治三十三年後住三浦自覚《じかく》及高橋泥舟の発願により次郎長の兄弟分である清水港の俠客魚商柴野栄七《うおしょうしばのえいしち》（大正九年七十七歳にて死去）等の献身的努力によって今日の堂宇が出来た。

寺は駿河国清水の西方山麓、清見潟を隔てて富士の霊峰を望む眺望絶佳の地にある。

其《そ》の外《ほか》仏教界に師匠が尽した功蹟は枚挙にいとまがない程である。当時の新聞紙に散見している記事をひろって見ても、池上本門寺が維新の際寺領を返還して維持に困っていたとき、十万人講の賛成人となり、鉄舟の顔で資金をあつめることが出来た（明治十六年十二月一日朝野新聞記事）。同じ頃、鉄舟は又、石坂周造にはかつて、千葉県手賀沼を埋めたてて数千町歩の田地を開墾し、仏教拡張の為に教田院《きょうでんいん》を設けんと発願している（明治十六年十月二十日郵便報知所載）。又明治十九年には一人一枚十万枚の美濃紙の喜捨で大涅槃像揮毫を発願し、東福寺の兆殿司の涅槃像と東西一対の大幅をのこされんとしたが完成せぬうち薨去《こうきょ》された（明治十九年六月二十五日東京日日新聞所載）。兎に角廃仏棄釈で見るかげもなく衰えた仏教を再興したのは、全く鉄舟の獅子奮迅の努力によるものである。

「僧侶不浄の輩入るを許さず」（永平寺管長北野元峰禅師談）

耳は聞えぬし眼はソコヒで片っぽまるで見えぬ。わしも八十七歳（大正十五年）じゃ、なに？　五十年前の昔話かね。五十年前はわしは芝の青松寺の住職をやりおったじゃ。三十二の年から六十四歳までじゃから、三十二年間やったじゃ。それも明治十年前後というが、われわれ坊主の一番虐待された時代でひどいもんじゃったよ。

＊

何しろ例の兵部省というのが寺をぶっ潰す考えで神仏合体ということをやりおった。そこで世間はすべてが神徒で坊主は飯の食いあげさ。わし等坊主どもが伊勢大廟に参拝すると、坊主はまかりならぬということで、先ず一張羅の衣を脱がせられる。それだけならいいが、坊主頭が気に食わぬといってチョン髷《まげ》のついたかつらをかぶせられる。その又かつらというやつが、子供の手習草紙で作った急製かつらだったのには泣くにも泣かれぬ虐待じゃ。

熱田神宮へ参詣したが鳥居の前の立札に「僧侶不浄の輩入るを許さず」と書いてある。つまり坊主は不浄者扱を受けて居っただ。

（昭和二年日々新聞より）

鉄舟と剣

負け嫌いの鉄舟

一

師匠は子供の時からひどく負け嫌いで、どんなことでもやり出したら屹《きっ》とやり徹してしまわぬと気が済まなかった。この気象が「鬼鉄《おにてつ》」の綽名《あだな》を受けた原因で、事の大小に拘《かかわ》らず、面と向ったが最後、死んでもあとへは退かぬこととときめて居た。

「悪いと気がついても、乗りかかったらぐっと目をつむって辛抱するんだ。その中にひとりでに片づいて来る」というのが山岡の筆法だ。けれども普通の人にはこの辛抱が出来ないから、中途で逃げ出したり、泣言いったりするようになる。こんなことを今時の人が聞いたら、馬鹿だと一笑に附してしまうが、それだけ今の人は腰がないからいざという時、間に合う力が乏しい。何も修行だ。乗りかかったが最後文句ぬきにして捨身でやり抜く気象がなくちゃほんとに間に合う人間にはなれやしない。山岡なんかは死ぬまでこの心を変えなかった。それで門人や友人などにも何時も此の調子で事ごとに捨身でぶっつからせる方針を取った。こうして万事に捨身でぶっつかってる中に、自然と智慧や分別の交らない純一無雑な颯爽たる超脱的の心境が養われるのだ。この心境で行くのでなくちゃ快刀乱麻を断つ、きびきびした仕事は出来るものじゃない。山岡の言動が何時もきびきびして、万斛《ばん こく》の涼味ある所以のものは、終始一貫こうした心懸から出た訓練の結果で、剣でも禅でもずばぬけて優れていたのも当然である。山岡を慕う者は、須く山岡の心に立ち入って、不屈《ふ くつ》不撓《ふ とう》の捨身の修行に目を注がなくちゃならない。

師匠の負け嫌いな話を一つ二つしようか。

二

若い時のこと、友人と話の序に、友人が茹玉子は十個食えるものじゃないと云った。それを聞いて山岡が、「五十や百、何でもねぇ」と云った。

「そうか、そんなら貴公屹と食うか」

「食うさ」

食うとは云ったが、茹玉子がそんなに食えるものか不安であった。けれどもそんなことには構わず友人は鶏卵百個を買って、茹たての湯気の立つのが盤台に載せて山岡の前へ運ばれて来た。

見ると、百個の鶏卵は相当の嵩のものであった。友人が笑って、

「どうだ、山岡、食えると思うか」

「なに、こんをもの、みんな食って見せる」

と云い出したら、あとへは退かぬ素願《そがん》なので、塩を漬けては食い出したが、段々喉へ通らなくなる。「なんの、こればかり！」と、しまいには鵜呑みにして、兎にも角にも、百個の玉子を平げてしまって、

「どうだ！」

とやった。

これで勝つことは勝ったが、胸が苦しくてやりきれない。とうとう便所へ行って吐いてしまったが、吐ききれなくて家へ帰ってからも三日ばかり吐き続けた。

三

これも若い時——たぶん二十一頃のこと、友人と某氏に招かれて御馳走になった。その席上主人が一杯機嫌で自分の健脚を自慢し、

「おれは明日下駄履きで成田山へお参りして来るつもりだが、誰か一所に行く者はないか」

と、一座を見廻した。

江戸から成田までは十七、八里ある。それを下駄で一日に往復しようというのだから誰

も辟易して返事をする者がなかった。主人はそれと見て、「どうだ、どうだ」と一人一人訊くのであった。

師匠は主人の傲慢さが癪に障ったので、主人から訊かれると、

「成田なんかなんでもない」

と云った。

「むむ？　貴公行くつもりか、そいつは面白い。それじゃ明日の朝夜が明けたら直ぐ出発するからそれまでにおれの所へ来い」

と約束した。それからまたいろいろと話がはずんで解散したのは夜の一時過であった。

翌朝山岡が眼を覚ますと、雨がざっざっと雨戸を打って風も加わっている。けれども乗りかかったら屹《きっ》とやる主義なので、天候なんか眼中に置かず、足駄を履いて、某氏を訪問した。

ところが某氏は昨夜の飲み過ぎで、手拭で頭を縛り「迚《とて》も頭が痛くて行かれぬ」と閉口して居た。

「そうですか、そんなら私だけ行って来ましょう」

と、すたすた雨の中を出て行った。

其の日の夜十一時頃に再び某氏を訪れた山岡は、足駄の歯がめちゃめちゃに踏み減って、全身泥の飛沫にまみれていた。

「今、帰って来ました」と玄関で挨拶した時には、某氏もさすがに恥しくて、まともに山岡の顔が見られなかった。

四

山岡の鍛練の筆法は万事が此の調子であった。具合のいいことでも悪いことでも何でもやり出したらやり通さなくちゃ気持が悪るかった。撃剣《げきけん》にしたところが、立きり稽古など山岡特有の稽古をやったのも同じ心の用い方だ。勝が山岡を「馬鹿正直」と云っていたが、馬鹿でも正直に真直に進まなくちゃほんとの心境には到り得ない。今時の人は才気でこね廻して、楽をしていい結果を得ようと思ってるから、師匠のこんな心掛けなど話したって分りもせず、また分ろうなんて気が第一ありゃしない。基を養うことを忘れて、上ずったそんな心掛けで何が偉い人になれるものか。

鉄舟の修行

一、学で不レ成の理なし

師匠が一番骨を折ったのは撃剣だ。九歳で久須美《くすみ》閑適斎《かんてきさい》について真陰流《しんかげりゅう》を学び、十歳から井上八郎清虎《きよとら》について北辰一刀流《ほくしんいっとうりゅう》を学んでいる。更に一刀流の蘊奥を極めんとして、浅利義明《よしあき》の門に入り、数十年錬磨して遂に元祖伊藤一刀斎《いっとうさい》の所謂《いわゆる》無想剣《むそうけん》の極処を得て、更に無刀流《むとうりゅう》の一派を開き明治の剣聖として其名を擅にしている。

此間《このかん》師匠一流の捨身で稽古を積んだのであるから全く颯爽たるものどころではない、生傷の絶えぬ、むしろものすごい稽古振であった。徹頭徹尾真正直に骨を折って大悟したので、ちっともごまかしのところがない。師匠が両刃交《りようじんほこをまじゆ》レ鋒不レ須レ避《さくべからず》の句で大徹すると同時に、無刀流剣法を発明し次の詩文を作って後昆《こうこん》をいましめている。

学《まな》んで不レ成《ならざる》の理《り》なし。不レ成《ならざる》は自不レ為《みずからなさざる》なり。与《よ》九歳《さい》にして撃剣に志《こころざ》し、真影流久須美閑適斎に従《したが》い学《まな》ぶ。其後《そのご》北辰一刀流井上清虎の門《もん》に入《いり》て修行《しゅぎょう》し、且諸流《かつしょりゅう》の壮士《そうし》と試合《しあい》すること其数《そのすう》千万《まん》のみならず。其中間刻苦《そのちゅうかんこくく》精思《せいし》する凡《およ》そ二十年《ねん》、然《しか》れども未《いま》だ安心《あんしん》の地《ち》に至《いた》るを得《え》ず。於レ茲《ここにおいて》鋭意《えいい》進取《しんしゅ》して剣道明眼《けんどうめいがん》の人《ひと》を四方《ほう》に索《もと》むるに絶《たえ》て其人《そのひと》に遭《あ》わず。偶《たま》ま一刀流浅利《とうりゅうあさり》又七郎《またしちろう》と云《い》う者《もの》あり、中西忠太《なかにしちゅうた》の二男《なん》にして伊藤一刀斎の伝統《でんとう》を継《つ》ぎ上達《じょうたつ》の人《ひと》と云《いう》、予《よ》聞レ之喜《これをききよろこ》び往《ゆき》て試合《しあい》を乞《こ》う。果《はた》して世上流行《せじょうりゅうこう》する所《ところ》の剣術《けんじゅつ》と大《おおい》に異《こと》なり、外柔《がいじゅう》にして内剛《ないごう》、精神《せいしん》を呼吸に凝《こら》して勝機《しょうき》を未撃《みげき》に知《し》る。真《しん》に明眼《めいがん》の達人《たつじん》と謂《い》つべし。従《これより》レ是試合《しあい》する毎《ごと》に遠《とお》く不レ及《およばざる》を知《し》る（浅利氏は明治某年収レ術復不レ取レ剣）。爾来修行《じらいしゅぎょう》不レ怠《おこたらず》と雖《いえども》浅利氏に可レ勝《かつべき》の方《かた》なし。故《ゆえ》に日々剣《にちにちけん》を取《とり》て諸人《しょじん》と試合《しあい》の後《のち》、独《ひと》り浅利に対《たい》する想《そう》を為《な》せば、浅利忽《たちま》ち剣前《けんぜん》に現《げん》じ山《やま》に対《たい》するが如《ごと》し。常《つね》に不レ可レ当《あたるべからず》と為す。于レ時《ときに》明《めい》治《じ》十三年三月三十日早天寝所《そうてんしんしょ》に於《おい》て、従前《じゅうぜん》の如《ごと》く浅利に対《たい》して剣《けん》を揮《ふる》う趣《おもむき》を為すと雖、剣前《けんぜん》更《さら》に浅利の幻身《げんしん》を不《み》レ見《ず》。於《ここにおいてか》レ茲乎真《しん》に無敵《むてき》の極所《きょくしょ》を得《え》たり乃《すなわ》ち浅利氏を招き我術《わがじゅつ》の試験《しけん》を受《う》く。浅利曰《いわ》く、大《おお》いに妙理《みょうり》を得《え》たりと、遂《つい》に我術を開《ひら》いて無刀流《むとうりゅう》と号《ごう》す。嗚《あ》呼《あ》諸道《しょどう》の修行《しゅぎょう》も亦如《またかくのごときか》レ斯乎。古人曰《こじんいわ》く業《ぎょう》は勤《つと》むるに精《くわ》しと。勤むれば必《かなら》ず至《そのきょくにいたる》ニ其極一。諸《しょ》学《がく》の人請勿《ひとこうおこたることなかれ》レ怠。

学《ビ》レ剣《ヲ》労《スル》レ心《ヲ》数十年。臨《ミ》レ機《ニ》応《ジテ》レ変《ニ》守《リ》愈《ヨ》堅《シ》。

一朝畳壁皆摧破《ス》。露影湛如《トシテ》　還《タ》覚《ユ》レ全《キヲ》。

苦心も此処まですればどんな凡骨でも相当のところまでいける筈だ。天才のなんのと云うのもせんじつめれば大部分は気根如何によるものだ。

二、師匠の稽古三昧

山岡が撃剣を熱心に稽古している頃は殆ど狂気のようなもので廁《かわや》でも、褥中《じょくちゅう》でも、不断に試合の勢を擬し、又途中何処でも竹刀の音を聞けば直に飛込んで試合を申入れ、又自邸の訪客には誰彼れの区別なく、直ちに稽古道具を持出し「さァ一本」と挑まれた。早朝出入商人が来ると、自分は素裸になって「俺の身体中どこでも勝手に打て」「サァモウ一本」「モウ一本」と際限なく打かからせるので御用聞が来なくなったと云う話もある。

壮年の頃、豊前中津藩剣術師範・中西家と若州小浜藩剣術師範浅利家とで、毎年春秋二回終日稽古する慣例があった。当日は午前五時から午後四時迄各藩の剣士が皆出席して試合をした。其《そ》の人数は大抵三四百人を下らなかった。普通は一試合をすると面を脱して互に挨拶をかわし一息入れることになっていたのだが、師匠は面を覆ったまま、待つ間遅しと、右の人数を片端から何百面でも相手にされるのが例なので人皆「鬼鉄《おにてつ》」と綽名《あだな》して恐れていた。

後年春風《しゅんぷう》館《かん》道場で行われた誓願の方法もこれから案出せられたものではあるまいか。又誓願を設けた動機の一説には越後の某処で行者が願をかけて修行中自分の肉をけずっては喰べて骨を折って居たが、遂に願がかなわず中道にして死んだと云う話を其当時《そのとき》きかれた師匠が、兎《と》に角《かく》修行は生命がけでやるべきものだと決心してはじめたと云うことである。

無刀流の由来

師匠の無刀流は、一刀流《いっとうりゅう》に源を発していることは明かである。其の一刀流の系統は次の通りである。

即ち開祖伊藤一刀斎景久《かげひさ》は高弟神子《みこ》上典膳《がみてんぜん》に、三十三度の勝負に用いた瓶割刀《かめわりとう》を与えて其の統を継がしめた。

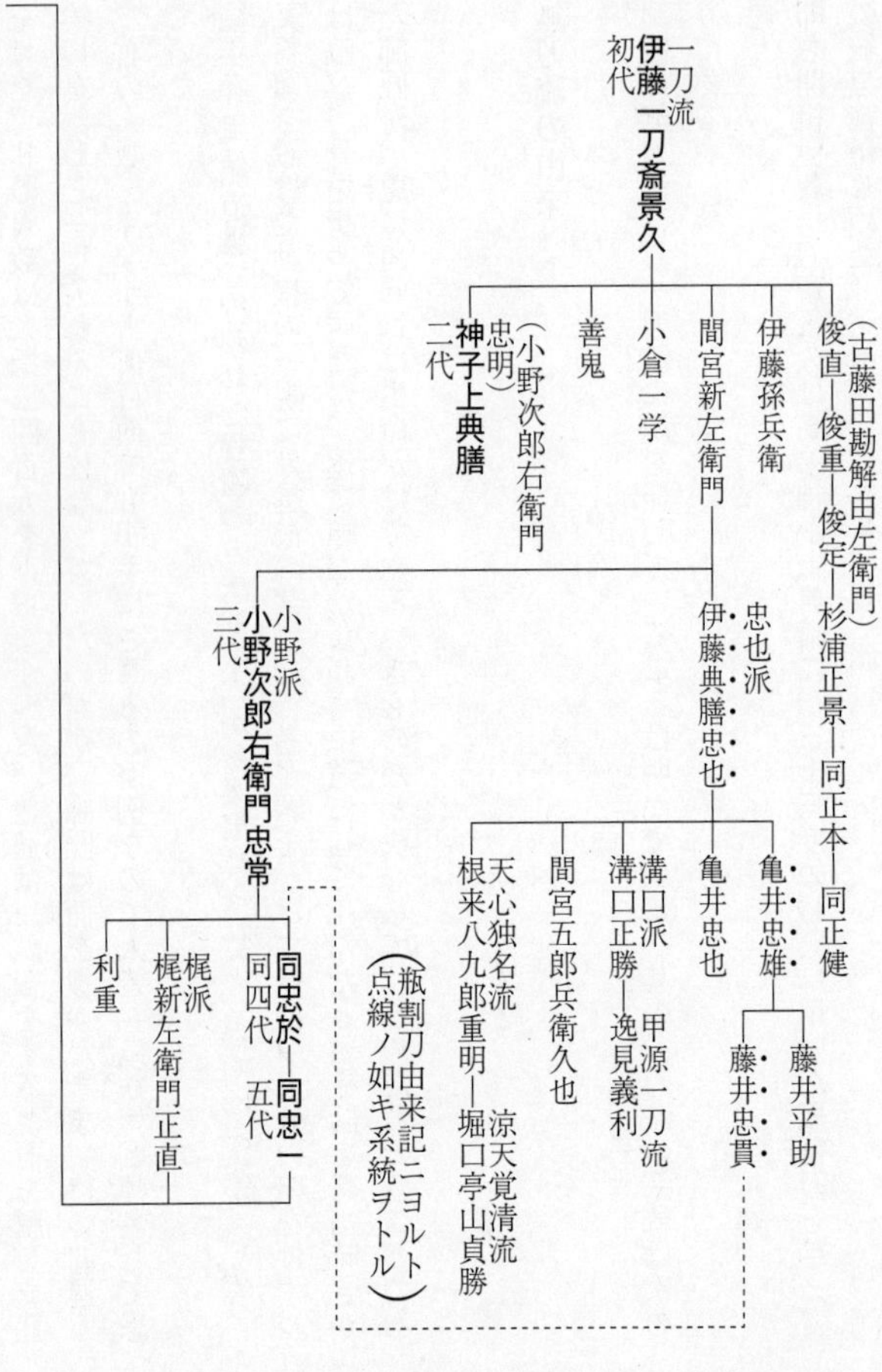
一刀流
初代 伊藤一刀斎景久
(古藤田勘解由左衛門)
俊直—俊重—俊定—杉浦正景—同正本—同正健
伊藤孫兵衛
間宮新左衛門
小倉一学
善鬼
二代 神子上典膳
(小野次郎右衛門忠明)
忠也派
伊藤典膳忠也
亀井忠雄
藤井平助
藤井忠貫
亀井忠也
溝口派
溝口正勝—逸見義利
甲源一刀流
間宮五郎兵衛久也
天心独名流
根来八九郎重明—堀口亭山貞勝
涼天覚清流
(瓶割刀由来記ニヨルト点線ノ如キ系統ヲトル)
小野派
三代 小野次郎右衛門忠常
同忠於—同忠一
同四代 五代
梶派
梶新左衛門正直
利重

六代 同忠方

七代 同忠喜 — 八代 同忠孝 — 九代 同業雄

中西派（忠太）
七代 中西子定 — 八代 同子武（忠蔵） — 九代 同子啓（忠太） — 十代 同子正（中兵衛）

天真一刀流 寺田宗有

高柳又四郎

白井義謙

十一代 浅利義信 — 十二代 同義明

一刀正伝無刀流 山岡高歩（鉄舟）

千葉周作 — 千葉周作成政 — 同栄次郎
渡辺総右衛門 — 同松太郎 — 小沢三次郎 — 同寅吉政方 — 門奈正
内藤高治

遠藤正賛

中沢源蔵 — 穎正（栄次郎）

高野苗正 — 蕃正（芳三郎） — 豊正（佐三郎）

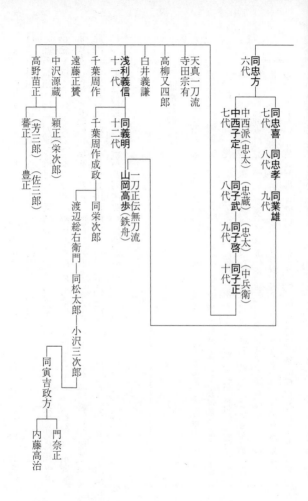

典膳は門弟が多く、其の技も精妙だったので徳川家康の幕下に召されて采邑《さいゆう》三百石を授けられ外祖父の氏を継ぎ、名を小野次郎右衛門と改めた。

此の瓶割刀は一刀流に於ける正系伝統の重宝であって、一刀斎自記の伝書と共に代々其正統を継ぐ者に伝えることとなり、歴代之を伝えて遂に師匠に至ったが、（瓶割刀は小野派正統九代業雄より師匠に伝えられた）師匠はこれを弟子に授けずして病歿した為、奥さんは此の刀の堙滅《いんめつ》を恐れて之《これ》を日光山神庫に納め、永遠に伝えるようにした。此の詳細の由来については高橋泥舟《でいしゅう》の「瓶割刀由来」に明かである。

瓶割刀の由来

此一文字作名二瓶割刀一者、一刀流始祖伊藤一刀斎景久所レ佩也。景久修二行諸州一、而与二刀術者一決二輸贏一三十三度、皆以二此刀一、所レ得レ勝也。有二弟子神子上典膳者一、多年従二景久一、得二其精妙一。先レ此有二弟子善鬼者一、同精二其術一。景久有レ故、欲レ殺二害之一、或時告二典膳一曰、汝可レ殺二害善鬼一、然恐三不レ可レ及二彼術一、今可下以二此刀一斬上レ之、乃伝二無想剣一。後招二典膳善鬼一曰、吾欲下以二瓶割刀一授中汝等上、然一刀豈授二両士一、請判二優劣一、当レ授二其勝者一也。両士欣然、抜レ刀決二輸贏一、典膳斬二善鬼一。景久大賞レ之、以二瓶割刀一授二典膳一、遂相別、不レ知二其行処一也。後典膳趣二武州江戸一、居二住駿台一。精励刻苦、其業益進、習二技術㆒者頗多矣。此時江戸近郊滕折村、刀術者殺㆑人而籠㆓居其民家㆒、土民等不㆑能㆑奈㆓何之㆒、村長来㆓江戸㆒訴㆓決断所㆒、曰刀術者殺㆑人、籠㆓居於民家㆒、非㆓神子上典膳㆒則不㆑能㆑斬㆑之、願降㆓命於典膳㆒、事達㆓東照宮㆒、故以㆓小幡勘兵衛尉景憲㆒為㆓検使㆒、使㆔典膳赴㆓於其処㆒。典膳既到㆓其村㆒、望㆓戸前㆒曰、神子上典膳、由㆓降命㆒自㆓江戸㆒来、汝可㆘出㆓戸外㆒為㆗勝負㆖乎、我還入㆓戸内㆒乎。刀術者聞㆑之曰、我聞㆓典膳之名㆒矣、今相逢為㆓生前大幸㆒、我可㆔出為㆓勝負㆒。乃馳出、抜㆓大太刀㆒。典膳抜㆓二尺之刀㆒斬㆓其両手㆒。而向㆓景憲㆒曰、可㆑刎㆑首否。景憲諾。於㆑是斬㆓其首㆒。衆皆畏㆓服景憲㆒、帰㆓江戸㆒逐一達㆓東照宮台聴㆒、殊有㆓褒賞㆒、被㆑召㆓於幕下㆒、賜㆓采邑三百石㆒。継㆓外祖父氏㆒、改㆓小野次郎右衛門㆒。慶長五年、於㆓真田表㆒、励㆓軍功㆒、為㆓七本鎗之列㆒。後由㆓台徳大君命㆒、言㆓上刺撃之事㆒、大君甚賞㆓精妙㆒、賜㆓諱字㆒、称㆓忠明㆒。芳誉遍㆓海内㆒。其子典膳忠也伝㆓箕裘芸㆒。大揚㆓其家名㆒。忠明賞㆓其精妙㆒、授㆓伊藤之称号及瓶割刀㆒。忠也又伝㆓之弟子亀井平右衛門忠雄㆒、授㆓伊藤之称号及瓶割刀㆒、為㆓一刀第四世㆒。忠雄嫡子平助、雖㆑継㆓箕裘芸㆒、不幸而死。故弟平四郎忠貫相㆓継遺跡㆒、奉㆓仕大猷大居㆒。世人推曰㆓小野流。其子次郎右衛門忠於、継㆓箕裘業㆒、忠於之子助九郎忠一亦継㆓其業㆒名著。爾来子孫相伝、而至㆓助九郎業雄㆒、業雄深感㆘山岡鉄太郎多年学㆓一刀流㆒、極㆓其妙旨㆒、開㆗発無力流㆖、以㆓所㆑伝瓶割刀及始祖景久自記之伝㆒、授㆑之、鉄太郎未㆑授㆓之弟子㆒而病歿。故夫人英子憂㆓其刀湮没㆒、納㆓之晃山神庫㆒、以期㆑伝㆓永遠㆒云。

明治二十五年　　泥舟　高橋精一識

山岡の活人剣

一

師匠は当代随一の剣聖と言われた人だし、力も一寸した角力取《すもうとり》は手が出せぬ位強かったものだ（逸話「毛唐しっかり」参照）。然《しか》し師匠程の人になると剣も力も雄大な其の人格と渾然一体になって居るので、無益なことには歯がゆい程其膂力《りょりょく》を用いなかった。

師匠が静岡に居た頃の事だ。関口隆吉の宅で、大草多起次郎《おおぐさたきじろう》、中野信成《のぶなり》、相原安次郎其《その》他《た》二人の七人で酒宴を開いていた。師匠は身体の具合もあって舶来のビールをぐいぐい飲んで居た。いずれも血気の攘夷党の面々であったが、突然大草多起次郎が立ちあがって多分此のビール即ち「異国の酒を飲む」と云うことに憤慨したものか、或は他に含むところあってか、

「我は大草にあらず、天誅なり」

と呼懸けて、師匠に打ちかかった。

「天誅なら受けよう、御気に召す迄殴れ」

と、山岡は還って頭を前に出すようにして平然として居た。大草は其の有様になお猛り立って、打つ、打つ、打つ……乱暴の限りを尽したのである。周囲の友人は突発の出来事に

気勢をのまれて茫然自失の態だった。其の中大草は自分の手の痛みに辟易してか、相手の無抵抗に拍子抜けがしてか俄に殴打をやめて、ぷいと其処を出てしまった。

師匠も続いて帰宅されたが、其時《そのとき》は既に師匠の顔は、偏際なく黒斑を呈し、眼球は充血し、殆《ほとん》ど眼鼻の識別さえつかぬ程腫れあがっていた。奥方はじめ家人の驚愕は言語に絶し、大草を引とらえ復讐せんといきまいたが、勿論《もちろん》師匠は断じて許さなかった。

一方大草は其足で、仲間中の最年長者である中條景昭《かげあき》をしょんぼり訪問し、挨拶もそこそこ

「今日はえらいことをやってしまった」

と言う。中條氏が

「何をやったのかね」

と反問すると

「山岡を殴った」

といつもに似合わぬ沈痛な顔をして云う。

中條さんは例の酒上の単純な行違いと想像して、格別気にもかけなかったが、山岡と久しく会わなかったから、御無沙汰御詫び旁《かたがた》ついでに大草との行違いを解こう位の気持で、

「君はあまり心配せぬように」

と、かえって大草を慰めて出かけた。

師匠を訪ねると、上述のような二目と見られぬ容態で敷布団の上に座って居られた。流石の中條さんもびっくりして

「此処《ここ》までだまって殴らせるなんて、忍耐にも程があるじゃありませんか。大草位は一つ突飛ばせば夫《それ》で済むことである。……今日は大いに見込違いをして来たから直ぐ引返して大草を問責せにゃならぬ」

と且つ驚き且つ憤り、すぐに暇を告げて立ちかけたが師匠は堅くそれを引きとめ笑われながら

「君の云う通り早く突飛ばせばよかったが突飛ばさなかったのが僕の失策！　大いに困るから其《その》儀は是非止めて貰い度い」

と側の半紙に「よせばよいのに舌切り雀チョイとなめたが身の詰り」と古い都々逸《どどいつ》を書いて与え却って中條さんを慰諭《いゆ》されたので、大草は面目もつぶさず事は其儘《そのまま》落着した。大草はこのことがどうしても良心の苛責に堪え兼ね、諸友に対して将来世に出ぬことを誓って遠州牧ノ原に隠退し、専ら茶園の開拓に従事して無聊の光陰を送ったとの事である（中條景昭氏直話）。

二

明治十一年八月御発輦、明治大帝北陸東海地方御巡幸の砌《みぎ》り鉄舟の推挙により中條・大草両氏は静岡の行宮に召されて拝謁被仰付れている（「山岡と静岡茶」参照）。鉄舟寺の今

川貞山も拝謁仰せつかっている。

後又大帝が千駄ヶ谷の徳川邸へ行幸された折も、大草は師匠の推挙で、御余興に「投扇の重任《しげとう》」を天覧に供し、演技終了後天盃を賜わるの光栄に浴することが出来た。

師匠は人と交るに其の本質を認めて交り、日常茶飯の出来事に感情をとらわれ、其交友を破るようなことは決してなかった。此の辺のことは言うべくしてなかなか行われるものではない。

剣術の流名を無刀流と称する訳書（遺稿）

無刀とは、心の外に刀なしと云事にして、三界唯一心也。内外本来無一物なるが故に、敵に対する時、前に敵なく後に我なく妙応まさに朕迹を留めず、是余が無刀流と称する訳なり。過現未の三際より一切万物に至る迄、何ひとつとして心に非ざるものは無し。其心はあとかたなき者にして、活潑無尽蔵なり。其用や、東涌西没南涌北没神変自在天も測ることなし。此処を能々自得するときは、倚《ル》レ天《ニ》長剣逼《ツテ》レ人《ニ》寒《ムシ》。敵に対して敵あらばこそ。金翅鳥王の宇宙に当るが如し。其妙応なるや、愈出でて愈奇、青は藍より出でて藍よりも青し、又其日用事々物々上に於けるも亦然り、活潑自在にして物に滞らず、坐せんと要せば便ち坐し、行かんと要せば便ち行く。語黙動静一々真源ならざるはなし、心刀の利用亦快ならずや。

無刀流剣術大意（遺稿）

一、無刀流剣術者、勝負を争わず、心を澄し胆を錬り、自然の勝を得るを要す。

一、事理の二つを修行するに在り事は技なり理は心なり事理一致の場に至る是を妙処と為す。

一、無刀とは何ぞや、心の外に刀なきなり。敵と相対する時、刀に依らずして心を以て心を打つ、是を無刀と謂う。其修行は刻苦工夫すれば、譬えば水を飲んで冷暖自知するが如く、他の手を借らず、自ら発明すべし。

剣法邪正弁（遺稿）

夫剣法正伝真の極意者別に法なし敵の好む処に随いて勝を得るにあり、敵の好む処とは何ぞや両刃相対すれば必らず敵を打たんと思う念あらざるはなし故に我体を総て敵に任せ敵の好む処に来るに随い勝つを真正の勝と云う譬えば筐の中にある品を出すに先ず其蓋を去り細に其中を見て品を知るが如し、是則ち自然の勝にして別に法なき所以也然りと雖此術や易きことは甚だ易し難き事は甚だ難し学者容易のことに観る事勿れ即今諸流の剣法を学ぶ者を見るに是に異なり敵に対するや直に勝気を先んじ妄りに血気の力を以て進み勝たんと欲するが如し之を邪法と云う如上の修行は一旦血気盛なる時は少く力を得たりと思えども中年過ぎ或は病に罹りしときは身体自由ならず力衰え業にぶりて剣法を学ばざる者にも及ばず無益の力を尽くせし者となる是れ邪法を不省所以と云うべし学者深く此理を覚り修行鍛錬あるべし

附して云う此法は単に剣法の極意のみならず人間処世の万事一つも此規定を失すべからず此呼吸を得て以て軍陣に臨み之を得て以て大政に参与し之を得て以て外交に当り之を得て以て教育宗教に施し之を得て以て商工耕作に従事せば往くとして善からざるはなし是れ余が所謂剣法の真理は万物大極の理を究むると云う所以なり

尊王攘夷

山岡の思想

一

師匠は一生人を殺さなかったらしいのである（「鉄舟と禅」参照）。それと同じ心遣りが万事に窺われる。時として極めて破壊的な言動を見ることがあるが、それは活禅の手法で、生かすがための魔刃《まじん》に外ならぬ、師匠が剣に親しみながら、そうした心操は不思議のように思う人もあろうが師匠の剣は人を斬るための剣ではなくて、人を生かすための剣であったのだから、世間の剣客などが、盛んに人を斬って快よしとしたのとはてんで精神の置き所が違っていた。

も一つ師匠の心操の向上に著しく影響したものがある。それは禅である。禅は剣と並んで師匠の命がけの仕事で、若い時からひどく骨を折ったものだ。この禅の精神が師匠の人格に大きな影響を与えたもので、これが剣に親しみながらも他の剣客のような、むだな殺生をしなかったことに大きな潜力を与えたものである。山岡が維新の難局に処して幾度か死地を踏みながら、終《つい》に能く身命を全うし、終を善くしたことは、早くから心掛けた心の修養がつもりつもって私心をなくし、至誠天地と共に行動した至純の賜でなければならない。

二

安政五年 認《したたむ》として、師匠二十三歳の時の楽書というものが伝わっている。尊皇攘夷党を結ぶ前年のものであるから当時の師匠の根本思想をうかがう資料として幾分の参考になろうと思うから左にかかげる。

宇宙と人間

- 宇宙界 ｛漠として、宇宙界と名付と雖も、切言すれば、吾人も亦等しきものなり。故に其源を究むれば、地水火風の四原よりなり、而して風往雨来、遷転極りなきに似たれども、亦其中に一定不変の道理あるべし。｝
  - 日月星辰等の諸世界
  - 地世界
    - 諸外国
    - 日本国 ｛天子の統御し給う所とす｝

公卿――(天子に陪従するもの)
武門――(天子の許に治国の職を司るもの)――不肖鉄太郎は此の班末に列す。
神官、僧侶 諸学者等――(約言すれば人の精神界を司るもの、時に或は治国の科に参ずることあり)
農・工・商民――(諸臣民の衣食住の供給を充たすもの)

凡《およそ》皇国に生を享けたるものは、須《すべから》く皇国の皇国たる所以《ゆえん》を知らざるべからず。余《よ》謹《つつし》んで皇史を案ずるに、蓋《けだ》し本邦の天子は万世一統にして、臣庶《しんしょ》は各自世々禄位を襲い、君主庶民を撫育《ぶいく》して以《もっ》て祖業を継ぎ、忠孝を以て君父に事《つか》え、君民一体忠孝一致なるは、独り我が皇国あるにあらざるか。是れ余が昼夜研究を要するところにして他日其《その》極致に達せんことを期す。

右の如く、唯だ我れの感ずる所を署《しょ》すと雖《いえど》も、敢て他人に示すものにあらず。これ自ら戒むるの目標のみ。

右の如く宇宙の道理を系統して図解するに当り、我窃《ひそか》に思いらく、抑も人の此の世に在るや各其執る所の職責種々なりと雖も、其務むる所の業にして、上下尊卑の別あるに非ず。本来人々に善悪の差あるにもあらず。人間済世の要として、一段の秩序あるのみ。されば何人によらず各本来の性を明め、生死の何物たるを悟り、旁《かたがた》吾人現在社会の秩序に随い、生死を忘れて、其職責を尽すべきなり。其責を尽すは則ち、天地自然の道によるものにして苟《いやし》くも逆らうべからざるものとす。若《も》し斯道《しどう》に逆らう事あらば、自業自得の罰苦に陥るも、亦《また》是《こ》れ自然の理なり。よくよく慎可《べ》き事乎《ことか》。

安政五年戊午夏五月五日　認《したたむ》

山岡鉄太郎

行年二十三歳

二十三の青二才とも云うべき年齢で兎も角此処《ここ》まで掘り下げて、当時の時勢に考を練って居ることは師匠の偉いところだ。此の精神が確固として居たからこそ、戊辰の際に於けるあの働きが出来たのだ。不肖鉄太郎此班に列すと述べ、又、功名心勃々《ぼつぼつ》たるべき当時の時勢と年齢に際して、職業に尊卑なきを喝破するところ等、師匠の人となりがうかがわれるではないか。

尊皇攘夷党の由来

一

徳川幕府を滅したのは、一つには三百年の泰平に馴れた志気の頽廃にも因るが、大きな原因は国体に醒めた勤王論の勃興である。これは幕府建設以来最も警戒して来たところなのだが、時運の推移は止むを得ないもので、また強弩《きょうど》の末勢にも等しい幕末の勢力を以てしては迚《とて》も抑制し難いことでもあった。

運の尽きる時は総《すべ》てがいけない。折から襲来した諸外国からの交渉は、勤王論者をして朝命を楯に盛んに攘夷を主張して幕府に逼ったものだから、幕府はますます窮地に陥った。

山岡は内外の事情を察し、徳川の運命の到底輓回すべからざるを知り、又た開国は畢《ひっ》竟《きょう》止むを得ない趨勢であることを観て取った。けれども身は祖先小野高寛《たかひろ》以来徳川の粟《ぞく》を食み、譜代恩顧を蒙《こうむ》っているのに、だめな主家だからといって放擲《ほう》っちゃ置けない。たとえ滅びるにしても北条、足利の如きみじめな末路を見るのはいやだ。立派に花を咲かせて終を全うしなくちゃならないと考えた。それには天地の正道に基き朝命を奉じて攘夷を断行し、幕府の采配の下に諸藩を糾合し挙国一致事に当ったら、徳川の面目も保たれ最期を飾ることが出来ると考えた。斯《か》く針路を定めて清河八郎等と深く相結び、諸藩の浪士を糾合して尊皇攘夷党を起し、専ら幕府を策励して朝旨を遵奉せしむるに尽瘁《じんすい》された。尚又幕士の朝廷に対する反抗心を鎮撫するに努力した。ために幕士は案外平穏であった。これが師匠の尊皇攘夷党の出来た由来で、安政六年、師匠が二十四の時である。党員の幹部は左の通りであった。

発起人　山岡鉄太郎　清河八郎
　　　　石坂周造　村上政忠
　　　　安《あ》積《さか》五郎　北有馬太郎
　　　　松岡万《よろず》　池田徳太郎（大酒呑み）
　　　　伊牟田《いむだ》尚平《しょうへい》　益満《ますみつ》休之助
　　　　神田橋直助《なおすけ》　樋渡八兵衛
　　　　笠井伊蔵　西川練蔵
幹事　　嵩春斎　寺和尚
　　　　住谷寅之介　下野隼次郎
　　　　桜田良介　藤本鉄石
　　　　飯居簡平　山田大路陸奥守
　　　　松沢良作　西泰助

木村久之丞　依田雄太郎
鈴木恒太郎　同　豊次郎
間崎哲馬　坂本竜馬

（尊攘党の建白書草稿並びに朝旨写其他《そのた》は清川及山岡の筆蹟にて数枚全生庵に保存されてあるがここに省く）

右の如くにして尊王攘夷党は出来た。然《しか》し尊王は山岡の持論であるが、攘夷も本旨であったであろうか、これはどうも疑問だ。内外の事情が攘夷でないことは当時多少の具眼者は分っていたことで、況《ま》してあれほどの豪傑がそんなことを知らぬ筈がない。それは次のような話があるのでも攘夷が山岡の本志でなかったことが分る。

戸田忠恕《ただゆき》（山陵奉行をしていた人で宇都宮の戸田さんの分家）がある時山岡と攘夷論をやった。戸田は開国の止むなき形勢を覚っていたので、山岡に、

「攘夷攘夷というが、ほんとに攘夷を断行するならまず、幕府を移して、江戸を焼いて背水の陣を敷いてかからなけりゃだめだ」

と云ったら、山岡が、

「そりゃそうだ。けれどもそんなことは実行出来る話じゃない」

といってあきらめていた。

この話を何時か戸田さんがおれに話してきかせて、

「出来ぬことと知りながら攘夷を唱えていたところをみると、師匠は攘夷論を以て、過激な不穏分子の抑に使っていたのではなかっただろうかとも思われる」

と戸田さんが首を傾げていた。それはそうだろう。あの山岡が江戸の真中に居て、そんなに時世に疎い筈がありゃしない。つまり師匠は天地の大道に遵って朝廷を主体とし幕府を其《そ》の従属とし、挙国一致朝命に基いて国難に当ろうとしたもので、攘夷そのものの無理なことは分っていたのである。けれども一面から見れば山岡が攘夷を主張したので、江戸に集った過激派の危険分子が山岡に抑られて無謀な振舞をせずに済んだことは莫大なものに違いない。その点だけでも徳川家に対する大きな報恩と云わねばならぬ。

二

此頃幕府でも尊攘の為諸国の浪士新徴の企があった。清河八郎の策動によるもので、文久二年暮れに松平春岳《しゅんがく》から、松平主税助《ちからのすけ》に浪士取扱が命ぜられた。

幕府は先ず五十名位という方針で、一人当り五十両の仕度金が出て、二千五百両が新徴浪士の費用だった。実際に募集してみると、時節柄風雲を望む浪士達が続々と集り、芹沢鴨《かも》をはじめ、六番隊長村上俊五郎（山岡四天王の一人）手付としては後に有名になった近藤勇《いさみ》、土方歳三《としぞう》、沖田総司《そうじ》、永倉新八《しんぱち》、藤堂平助《へいすけ》などという、どれもこれも荒くひねくれた浪士共なので、例の馬斬り長七郎の血は引くが気の弱い松平主税助はすっかりいや気がさせて、土壇場で投げ出し、幕府も（板倉周防守《すおう》が主として取扱う）仕方がないのでお目付をした鵜殿鳩翁《うどのきゅうおう》を浪士取扱いとし、山岡鉄舟と松岡万《よろず》（後に鉄門の四天王）に浪士取締を命じ、とに角無事に伝通院内学習院の第一回の会合を終った。然《しか》しどれもこれも物騒な顔ぶれで厄介になりそうなので、間を置くこと僅か三日で、家茂《いえもち》将軍警護の名目のもとに同八日早くも江戸を出立京都に向わせた。師匠も勿論《もちろん》これが取締に同行して居る。

清河が策動して浪士を集めたのは、幕府の力で集めて置いてこれを逆用して倒幕に利用しようとして居る。それで京都にとどまることわずか二十日、三月十三日、早立ちして、浪士二百十一名江戸に逆戻りをすることになった。此の時清川に叛いて松平会津《あいづ》の手に属し、京都鎮護に任じたのが、芹沢、近藤等十三士の新撰組である。

清川のこの企が板倉周防守にわかって、清川は逆に此の浪士仲間にやられる結果になったのだ。

豪傑踊

一

尊王攘夷党の連中や新徴組の士等それぞれ任務を帯びて東奔西走していたが、統領株の山岡の家にはそれでも四、五人位絶えずごろごろしていた。

この連中が所在なさにいろいろいたずらをするので師匠も始末に困った。夜になると辻斬はする、軍用金募集と称しては富豪に斬込みをやる。殊《こと》に盛んに辻斬したのは松岡(万)で、山岡は堅く之を戒めたのだが、それでも隠れてはやったらしい。

松岡の辻斬は後年ひどく松岡の頭を悩ましたものと見え、酒に酔うと夢の如く現の如く血まみれの男が立ち現われて松岡を悩ますので、酒半に顔色変えて松岡が突立ちあがり部屋の一隅を睨みつけて身構える様子を度々おれも目撃した。時として、松岡がこうして逆上せてしまって、一座の者に、

「みんな逃げろ! あとはおれが一人で引受ける、あれあんなに血まみれの奴がぞろぞろ現われて来た、みんな逃げろ逃げろ!」

と一同に云うところなど到底正気の沙汰とは見えず、真に気の毒でもあった。悪いことは出来ないものである。

維新前大目付をやって居た男が調布の附近に生きていて「どうも山岡という奴位手に負えぬ奴はない、他の奴をおだてて騒がせるので、どうかしてあげてやろうと思ったのだが、どうしても尻尾をつかまえることが出来なかった」と三田村《みたむら》鳶魚《えんぎょ》氏に述懐されたとのことであるが当時山岡の行動は一部からはそう見えたかも知れないのである。

斬込みの先達は伊牟田《いむだ》(尚平)であった。伊牟田は薩藩の志士で、始末に終えぬ乱暴者

であったが、西郷は之と益満とを使って江戸の旗本を掻き廻させる積りだったらしい。

みんなが悪いことをするので、師匠は予防法として豪傑踊を始めた。

それはまず師匠が真裸になって、褌《ふんどし》まではずして座敷の真中で四斗樽の底を叩き出すのだ。すると一座の連中が山岡を取り巻いて、これも真裸になって、「えいやさ、えいやさ！」と節くれの拳固を振り廻して踊り出すのだ。みんな踊り疲れると踊を止めて酒を飲み出す。酒が廻ると又師匠が樽を叩き出すので、みんなが踊り始める。こうして踊り疲れてごろごろその場に寝てしまうが、時にはあとからあとからと連中が殖えて豪傑踊がはずんで、いつの間にか夜が明けてしまうのであった。

豪傑踊の一人中條（景昭《かげあき》）が後年当時の話をして、

「今になって思えばまるで山岡に馬鹿にされていたようなものだ。なにせ山岡が志気を鼓舞するのだと云って真先に素ッ裸になって樽を叩き出すのだから、それに乗って皆が裸で踊り出したのだ。まさか裸体じゃ辻斬にも出られるものじゃない」

と苦笑していた。

清河八郎

一

党員の中で嶄然《ざんぜん》頭角を現わしていたのは清河八郎である。山岡は党の総裁株であったが、第一線に立って盛んに活動したのは清河だ。

清河は山岡と相知る以前から勤王の志を懐いていた。羽前東田川郡清川村の豪士で、早くから江戸に出で、学問を修め、後駿河台に私塾を開いて、此処《ここ》で専ら志士の糾合を図った。即ち清河の塾は学問を教えるというよりも寧ろ同士を集めるのに利用されたのである。著述には論語篇・学庸篇・文道篇・兵鑑・潜中紀事・其他《そのた》詩文若干がある。詩文の外に剣術も相当出来たが、功名心が強く覇気が旺《さかん》で、真先に攘夷の先頭に立って所謂《いわゆる》「回天の一番乗」を試みんことを素願としていた。「回天の一番乗」とは尊王攘夷を遂行して天下を一新せんとして清河が振廻した標語だ。然し誠に陰気な男で清河が這入って来ると座がしいんとしたそうである。

こうした清河の行動は自然幕府の嫌忌《けんき》に触れずには居なかった。彼は文久元年五月二十日、両国万八楼で書画会に名を藉り水戸の有志家と会合しての帰りがけに、日本橋甚右衛門町の路上、彼に無礼を加えた町人を斬り捨てたのが口実になって忽《たちま》ち捕吏の向う所となった。早くも此事を知った清河は江戸を遁《のが》れて水戸——当時勤王の根源地で攘夷党員にはいい隠れ場であった——から越後奥州に落ち延び、更に木曽路から京都、中国、九州までも遍歴し、行々同志を求めて気脈を通じ、終《つい》に朝廷とも連絡が出来、禍い変じて福となり、多年の志望将に成らんとして文久三年四月十三日夜江戸赤羽橋で幕府の刺客に仆《たお》れたのであった。

幕府では何とかして清河を片附けてしまわなくちゃならぬと色々苦心したのだが、豪胆な、元気の盛んな清河なのでうっかり手が下せなかった。そこで板倉周防守は清河の党員である幕臣佐々木只三郎、逸見又四郎、久保田千太郎、中山周助、高久安次郎、家永某等を買収し、清河の虚を覗わせた。

二

かくとも知らぬ清河は四月のはじめから少し風邪加減であまり外出もせずに、山岡家にねていたが、文久三年四月十三日、友人の麻布一の橋羽州上之山城主松平山城守藩邸内の長屋にいる金子与三郎を訪ねる約束になっていて、朝風呂に入り真青な顔をして出ていった。日が暮れてから家へ帰ろうと一人赤羽橋へ差しかかると、

「清河さんじゃありませんか」

と一人の武士が立ち現れて清河の右肩に手をかけ清河の右手の自由を遮った。すると、

「やァ暫らく……」

とも一人が左側から現れ、身をすり寄せて清河の左手に備えた。

清河は覚えず「はっ」としたが、見れば顔なじみの党員佐々木と逸見なのでひょっこり気を許すと、隙もあらせず、ずばり後から他の一人が清河を袈裟がけに斬り下ろした。

腕も相当確かな男であったのだが、何せ気を許していたところを不意討にやられたのと、

佐々木も逸見も講武所の師範役をしていた剣客で、殊《こと》に佐々木は小太刀をとっては日本一といわれ、他の連中もそれぞれ達人であったので、流石の清河も一撃の酬《むく》ゆる所もなく、その場に絶命し、下手人はそのまま雲を霞と逃げ失せてしまった。

これは清河が京都から帰って十八日目の出来事である。場所は柳沢邸の前なので柳沢家で監視していた。

三

清河はこうして刺客の手に倒れたのだが、所謂《いわゆる》「回天の一番乗」をきめ込んで功名を急《あせ》った彼としては寧ろ当然の帰結でなければならない。もう一歩退いて守る気が出ない限り、あのまま進んだなら、よし赤羽橋の難がなかったとしても到底終を全うしなかったであろう。結局清河を殺したのは、彼の燃ゆるが如き功名心の崇である。

清河は詩文を能《よ》くしたので、遺著が大分ある。どれを読んでも「回天の一番乗」の気分が眼に障っていけない。尤《もっと》も三十四で死んだので血気も旺であったのだが……。

清河が従四位を贈られる前、師匠は清河の手紙をあつめ「回天の一番乗」と題して明治天皇のおそばに奉った。

青竹の囲い

一

清河がこうして表面に立って活動を続けている時、山岡は裏面に在って、専ら同志間の連繫を司って江戸に居り、兼ねて幕府と浪士との間の調和を図っていた。然《しか》しこんなことから山岡の旗色は不鮮明なものに見做らされ、一方幕府からは刺客が向けられると共に、他方同志からは疑いを受けて、反逆者扱いにされ、ひどくみんなにひっぱたかれて頭も顔もめちゃめちゃに腫れ上ってしまったことなどある（「山岡の活人剣」参照）。大鵬の志は燕雀には解りかねたのも当然で、幕府も同志も山岡を誤解したのである。

次の手紙は文久三年正月幕府の命を受けた山岡が、清河等と一所に、新徴の浪士組の取締となって木曽路から京都へ行った時、江戸の家族に宛てて発したものである。清河等の手紙がくどくどと長文に書き並べてあるのに較べて、これはまたさっぱりしたもので、山岡の風貌が窺われておもしろい。

いそがしき事は言うばかりなく候得共《そうらえども》、無滞《とどこおりなく》京都につき候。御安心。高橋御兄様初一同無事なり。此方《こっち》の事は決して御案じ有之間敷《これあるまじく》、上の御用に候。内の儀に能々《よくよく》御守り可被成候《なさるべくそうろう》。御養父様御大せつ専一也《せんいつなり》。大久保叔父様叔母様高橋さんへは度々御出《おんいで》御機嫌伺候《うかがいそうろう》事。兄弟けんか御無用なり。大取込故無異議《ゆえいぎなく》つき候《そうろう》を申のべ候《そうろう》

二月二十二日　　　　　　　　　　鉄

おふさ　へ

おけい

「おふさ」とは師匠の奥さん、「おけい」とは奥さんの実妹で、後に石坂（周造）の妻君になった方である。

二

清河が赤羽橋で斬られた時、師匠は幕府の咎めを受けて、謹慎を申付けられ、青竹で家の門を囲われ、外出を禁じられていた。

どうして山岡が謹慎申付けられたかというと、それはこういう訳なのである。

御殿山にどこの公使か忘れたが（多分英国だったと思うが）公使館が設けられた。ところが世の中が物騒なので、麾下《きか》の旗本三百人程にその守護を仰付けた。

攘夷熱の盛んな折柄、毛唐人の警護は心外千万であるというので、一同申し合せて公使館の警衛に行かなかった。すると、

「幕府の命令を聴かぬ不届き者は切腹を申付ける」という厳命があった。それをきくと一

人減り二人減って段々残る人数が少くなって来た。「愈々《いよいよ》明日は切腹である」となったらその前夜まで残ったのが僅か六十人ぎりになってしまい、切腹当日は山岡一人になった。「愈々おれ一人か」と山岡は朝から身を浄め、衣裳を着替えて上使の来るを待ち受けた。やがて上使が見えた。山岡はそれを上座に招じ、慇懃に挨拶して断罪の旨を承った。切腹と覚悟をきめていたところ、案外にも「殊勝に附き切腹を免じ謹慎を仰附《おおせつ》ける」とのことであった。

こうして山岡の門前は青竹で囲われ、山岡は一歩も外へ出ることが出来なく、同志の連中は夜陰を図って裏口から出入していた。

三

清河の死は直ちに山岡へ知らせる者があった。師匠はすぐにも駆けつけたいのだが。青竹で囲われてる身はどうすることも出来ない。座には石坂（周造）と村上（政忠）とが居合せた。共に清河の変をきき愕然として顔を見合せた。山岡は二人を見て、

「石坂！ 貴公村上と一所に行って、清河の首と連判状を取って来い。連判状が幕府の手に這入っちゃ面倒だ」

事実清河は幕臣始め諸藩の志士、浪人の連判状を握っていたので、これは秘中の秘として彼の胴巻に納められてあったのである。一と度之が幕吏《ばくり》の手に入ったら連判の人々は片っぱしから捕われて禍の及ぶ所莫大なのである。

命を帯びて石坂と村上とはそっと裏口から抜け出ると、赤羽橋めがけて一散に走った。二人が出ると一と足違いで伊牟田(尚平、薩藩の志士、攘夷党幹部の一人)が山岡を尋ねて来た。山岡は伊牟田に清河の変を話すと、伊牟田も驚いて「そんならおれも加勢しよう」と石坂、村上のあとを追った。

石坂と村上が赤羽橋へ行って見ると、もう柳沢家中の者や町役人が数十人出張って「御用」の提灯が倒れたままの死骸を取り巻いている。それは検死の役人の来るのを待っているのであった。

見物の人達を押しのけて、二人が前へ出て見ると、この有様なので、村上ががっかりして、

「石坂、いけない。あんなにもう岡ッ引が衛っている」

というと、奇略縦横《きりやくじゆうおう》で且つ豪胆な石坂はこんなことにびくともする男じゃない。

「心配するな、おれに考えがある。」

と云い捨ててずかずか清河の死骸に近づいて行った。町役人は之を見咎めて、

「何者だ、退っとれ!」

と一喝喰わした。然し石坂は慇懃に、

「これは誰の死骸で下手人は誰なのですか」

と何気ない様子で訊いた。

町役人は石坂が相当の武士で、態度が落着いてるので稍《やや》気を許し、

「これは奥州の浪士で……」

「なに、奥州の浪士！　して名は何という者なのか？」

と何か心にあたることでもあるかのような様子で急込んで訊くと、

「左様、奥州の浪士清河八郎だ。今武士三人に斬り殺されたのである」

石坂は俄《にわか》に息巻いて、

「ななんと、奥州の浪士、清河八郎だ！」と血相変え「これこそ多年尋ね廻った父の敵、死骸と雖《いえど》一太刀浴せて不具戴天の恨を晴らさずに置くべきか」

とすらり長刀を抜いて死骸に向った。

「こら、何をするかッ！」

と提灯がばらばらと動いて、四、五人前に立ち塞がった。

「然らば貴様も、ともに！」

と真先に出た一人を斬り殪《たお》したので、その勢いに恐れほかの者はさっと身を交す。その隙に飛びかかって清河の首を落し、胴巻ぐるみ連判状を取出し夜陰に乗じて逃げ失せた。

伊牟田が駆けつけた時は、ちょうど石坂が仕事を終えた時であった。伊牟田は石坂が失《し》敗《く》じったら自分がとび出すつもりであったが、その必要がなくなったので、そのまま石坂のあとを追って後衛の役をつとめ、首尾よく石坂を落ち延びさせた。

石坂は道を迂回して山岡の家へ着くと、裏口からそっと清河の首を垣根越しに投げ込んだ。山岡はそれを拾って、直ぐ塵埃《ごみ》溜《ため》の中へ隠し、後難に備え、謹慎許されてから更にそれを伝通院へ埋葬した。

清河が首を晒しものにされずに済み、また同志の連判状を取り返して、みんなの命を全うすることの出来たのは、山岡と石坂との働きである。

清河の胴は清河の殺されたのが赤羽橋の柳沢邸の前だったので柳沢家の手で、麻布宮村町正念寺（維新後廃寺）へ葬られたことが死後五十年余経過して明治四十五年に至って判明した。

清河が死ぬと、本所に屯《たむろ》していた新徴組の重だったものも或は斬られ或は追われて滅茶滅茶になり、内実共に平凡なる幕府輩下の一隊と化した。

明治十二年かに清河の弟が奥州から出て来て山岡を尋ね、清河の遺骨を伝通院から受取って郷里へ葬った、その時清河の碑を山岡が書いたのが未だに存して居る。碑文はこうである。

清河八郎氏碑文

君諱ハ正明姓ハ清河通称八郎号ス㆓楽水ト㆒。羽前東田川郡清川村ノ人也。弱冠遊ビ㆓江戸ニ㆒嘆ジテ曰ク。大丈

夫読《ミ》レ書《ヲ》、豈《ニ》可《ンヤ》レ不《ル》レ経二理天下《ヲ》一哉。時《ニ》海関多《シ》レ警。憂国《ノ》之士。争《ウテ》唱《フ》二攘夷《ヲ》一。而《シテ》廟議未《ダ》レ有《ラ》レ所レ決《スル》也。君謂《エラク》。夷狄之《ノ》汚《ス》二神州《ヲ》一。古今未《ダ》二曽《テ》有《ラ》一也。聖明憂《イ》二於上《ニ》一。志士奮《ウ》二於下《ニ》一。幕吏因循。国体殆《ンド》滅《スト》矣。乃《チ》仗《リテ》レ剣《ニ》遊《ビ》二四方《ニ》一。交道漸《ヤク》広《ク》。名声動《カス》一一時《ヲ》一。既《ニ》而《シテ》得《ル》レ罪《ヲ》。幕吏来《リテ》捕《エントス》三君《ト》与《トヲ》二安積五部一。変レ服《ヲ》遁匿《シ》。後潜《カニ》還《ル》二于江戸一。文久三年四月十三日夕《ノ》。過《ギ》二赤羽根《ヲ》一。為《ル》二刺客《ノ》所《ト》レ殺《ス》。生《レ》二於天保元年十月十日《ニ》一。享齢三十有四。葬《ムル》二于某寺一。所レ著《ワス》有《リ》二論語篇、学庸論、文道篇、兵鑑、潜中紀事、其他詩文若干巻一。傍《ワラ》好《ミ》レ剣《ヲ》善《クス》レ書《ヲ》。明治二年。官追二嘉《シ》君之節《ヲ》一。賜《ウ》二祭祀料《ヲ》一。今茲丙戌。其門人将建《テント》レ碑《ヲ》。以《テ》レ予《ヲ》為《スヤ》二知《ル》レ君《ヲ》者《ト》一也。来《リテ》請《ウ》レ銘《ヲ》。嗚呼君懐《キ》二慷慨憂国之《ノ》志《ヲ》一。間関崎嶇。終《ニ》不レ免《レ》二乎禍《ヲ》一。何《ゾ》其《レ》不幸《ナル》哉。雖《ドモ》レ然《リト》禍福。窮達之《ノ》理《ハ》。不三可《ラ》レ執《リテ》レ一《ヲ》而論《ス》一。君雖《ドモ》二生《キテ》而遭《ウト》レ禍《ニ》。死《シテ》而沐《ス》二至大之《ノ》天恩《ニ》一。則《チ》死猶《オ》レ生《ルガ》。抑《モ》亦何《ゾ》憾《ミン》焉。予所《ハ》二私《カニ》憾《トスル》一者。不《ルノミ》レ能《ワ》下倶《ニ》優二遊《シ》聖世《ニ》一。談二笑《シテ》当年《ヲ》傾中吐《スル》懐抱《ヲ》上而已矣。碑銘之《ノ》請。寧《ンゾ》得《ンヤ》レ辞《スルヲ》哉。銘《ニ》曰。

奕々《タル》神采。　昔者《ハ》吾友。　慷慨憂国。

身死《ス》二人手一。　天嘉《トス》二其節《ヲ》一。　雨露既《ニ》厚《シ》。

千秋万古。　斯《ノ》人不レ朽《チ》。

明治十九年　月　日　　正四位　山岡鉄太郎撰並書

蓋世の功業

鉄舟の檜舞台

一

人は好んで表面に立って花々しい仕事をしたがるものだ。檜舞台で腕を振って大向うをあっと云わせ、やんやともてはやされることは誰でもいい気持だからね。然《しか》しそれは腕の話で、人格の問題じゃない。ほんとに人間の出来たものは檜舞台を踏もうとか、大向うの喝采を得ようとか、そんな私情に捉われたケチな了見はありゃしない。事に当る目的は畢《ひっ》竟《きょう》事が成ればよいので、表面に立とうと裏面に居ろうとかまわないことで出没適宜な話である。否、仕事が大きくなり重大になればなるほど退いて内に隠れ、表面には努めて立たぬようにしないと思わぬ禍を得て身を危うし、目的の仕事が貫徹出来ぬことになる。古い歴史はとにかく、維新の際の所謂志士が有為の材を抱いて、或は刺客に殪れ或は自害の止むなきに到ったのも、多くはこの辺の心得が不充分で、徒《いたず》らに功名心に駆られ、血気に事を急ぎ、自ら招いて死地に就いたもので、誠に惜しいことである。彼の山岡と親交のあった清川八郎の如きも自ら「回天の一番乗り」を極め込んで功に急《あせ》り過ぎたからあの変に遭ったのだ。論語にも「謀其功不謀其利」とある。事に臨んで毫末《ごうまつ》でも私心が交ったら其事が成らなければ身に災禍が来る。

そこへゆくと師匠などは違ったものである。尊王攘夷にしたところが、自分は其《そ》の筆頭であるにも拘《かかわ》らず一寸も人の先頭に立っていない。みんな清河始め伊牟田《いむだ》、村上等が駆け廻るに任せていて自分はじっと裏に隠れている。師匠だって当時二十代の血気盛りである。人並の功名心も無論あったに違いないのだが、そこはじっと押えて功は人に譲り唯事の成ることをのみ心掛けた。これが山岡の偉いところでまた能くあの混乱の際に処して身を全うして来た所以である。

二

鳥羽伏見の戦い敗れて徳川は朝敵の名を蒙り、錦旗《きんき》東征《とうせい》の途に就いた時は、討幕派の喜びは雀躍《こおどり》も唯ならざるに反し江戸の騒ぎは一通りでなかった。四囲の事情は徳川に不利にして、悲惨な幕府の末路は皆の眼前に展開された。慶喜公は恐懼《きょうく》措《お》く能《あた》わず、勝海舟の勧めに従って上野寛永寺大慈院《だいじいん》に閉居して恭順の意を表し、静寛院宮《せいかんいんのみや》、天璋院殿《てんしょういんでん》の使者は江戸を立って京都に向い、ひたすら穏便の御沙汰を願ったのであるが捗々《はかばか》しい効果もなかった。旗本又は譜代の諸藩では或は官軍との戦いを企図し或は恭順を主張し、江戸市民は今にも戦乱の巷となる都の空を仰いで安い心もなく沸き立った。

こうした間にも諸外国との交渉は益々繁くなって来ていた。

内憂と外患との板挟になって、幕府の為政者は殆んど困惑の極度に達し智略明敏の勝軍事総裁も途方に暮れ、手の施しようがなかった。関口艮輔《ごんすけ》（隆吉《たかよし》）、中條金之助等と共に精鋭隊を率い、榊原鍵吉の見廻組等と共に将軍慶喜を守護していた山岡が蹶然《けつぜん》起ったのは此時である。

山岡は徳川幕府の末路について憂慮することは無論人一倍であった。けれども現今の国情は討幕だの、佐幕だのといっている時機じゃない。諸外国は貪婪《どんらん》の爪牙《そうが》を磨いて虚を窺ってるじゃないか。もうこうなっては挙国一致だ。一致団結して国難に当り、速かに国家を統一して威を海外に張らなくちゃならないというのが山岡の考だ。こうして起ち上った山岡が寛永寺閉居の慶喜公に謁見したのが慶長三年三月五日で、既にその二日前征討大総督府は駿府まで到着していた時である。

蹶然起った山岡がどうして慶喜公に近づいたか、明かでない。おれも師匠からそれを聞きそくなった。また『戊辰解難録』にもその辺の消息が記されてない。けれども当時乱麻の如き世の有様に、多少出色の士が破格の登傭を受けたことは想像し得るところである。

「鉄舟言行録」には高橋泥舟《でいしゅう》が遊撃隊長として寛永寺の慶喜公を守護して居る際、泥舟の推挙によって山岡が慶喜公の御前に出たように書いてあるが、此の書の出所が明かでないのと著者の安部正人《まさと》という男がどんな人か知らぬから信を置けない。暫らく疑いを存してその全文を掲げることとする。

戊辰の変余が報国の端緒

慶応三年丁卯十月十三日将軍慶喜 闕下に伺候して勅允を受くるや当時革命派と佐幕派とを問わず、天下の人心物騒たる事乱麻の如し。就中皇都の紛擾軋轢の如きは亦今日より夢想すべからざるものあり。さればにや将軍参内して勅允を受くると同時に革命派は亦既に討幕の密勅を握り虎視眈々互に恨を包蔵して将に相喰まんとする勢なり。是れ恰も児戯に似たりと雖も亦是れ止むを得ざるの時なり。

右の次第なるを以て時運の趨勢は免かるべからず。明くれば慶応四年戊辰正月忽ち伏見鳥羽の衝突を来出し革命の機は熟せり新政府は組織せられたり慶喜は其事の容易ならざるを知り倉皇として江戸城に帰り麾下の士を集めて善後の策を講ぜらる。余は弱冠不肖の身を以て敢て其機密にあずかるを得ず唯だ一個の浪人叛逆者として目せらるるのみ。有司一人として余を用ゆるものなきのみならず。反って余の近付を恐るるの色あり。此如くにして満都の人心益々動揺し議論紛紜一定致さず其急日一日より甚しからんとす。

此時余が心中誰れにか告げ誰れにか語らん日夜焦心苦慮するのみ。而して将に時機の至らんを待つのみ奇なる哉二月下旬偶々急使余が許に来り曰く将軍の命なり速かに寛永寺の御在所に出頭可有之と。余は唯一言よしと答え匆々寛永寺に到る。到れば則ち人あり曰く速かに将軍の御前に進めと。直に伺候すれば義兄高橋伊勢守坐側に控えらる。仰げば将軍面貌疲痩して見るに忍びざるものあり。余が心中亦一鎚を受くるの感あり。将軍慇懃仰せて曰く（前略）吾れ今汝を引く他あらず汝をして駿府なる官軍の総督府に遣し慶喜の恭順謹慎の実を貫徹せしめ天不の太平を祈るにあり汝克く吾意を達せしめよと。是に於てか余の責任は死よりも重しと感ぜしめたり。而して余此は言動を見聞して心身共に砕くるが如しと雖も一点其色を示さず態と将軍に問うに今日此の如きの形勢に当り恭順の趣旨果して如何。将軍の曰く吾れは朝廷に対し一点二心を抱かず赤心を以て恭順謹慎すと雖も一度朝命の下りし上はよもや生命はあるまじ。嗚呼斯迄世人に悪まれ遂に其意に果さずと思えば返す返すも歎かわしき次第なりとて落涙せられたり。余答うるに何をつまらぬ事を仰せらるるぞそは真実謹慎の御意にはあらざるべし詐りて斯く仰せらるるにはあらざるか或は他にたくまれたる事もなきやと押返したり。将軍の曰く断じて二心はあらず何事も　朝命には背かざる赤心なりと。因って余は誓をなして曰く真に誠心誠意を以て謹慎とあらば不肖ながら鉄太郎承りたる上は必らず朝廷へ貫徹し御疑念氷解可仕は勿論なり鉄太郎に於て其儀は屹度御引受御意の程徹底可致様尽力可仕臣が眼の黒き内は決して御配慮有之間敷と誓を立て直に席を辞し去り之を一二の重臣に謀ると雖も愚物以て語るに足らず。当時軍事総裁勝安房は余素より知己ならずと雖も曽て其胆略あるを聞く依て早速赤坂氷川町なる勝安房の宅に到り事の急を告げて面会を求む。家人疑念を抱蔵して頗る躊躇の色ありしも余の請求甚だ厳なるを以て遂に安房に面するを得たり。因って余は右の事情を具して吾れ自ら其任に当らん事を述ぶ。安房は余と初面識なるを以て疑心を抱蔵して容易に答う可くもあらず、故に余は大喝一声して曰く事既に今日に在り何を苦しんで之を躊躇すとて事の仔細を述ぶ。此時安房悟る所ありと見受る。徐ろに余に事の処置法を問う、余も亦之に答うる所ありしが安房は遂に余が意を諒し自から膝を撫し感を啓きて、曰く実に余は貴殿と初めて会合の事とて未だ貴殿の人と為りを知らず故に一応之を疑うの理なりそも亦仔細あり今日互に氷解の上は無遠慮に之を語らざるを得ず。従来余も側に貴殿の人と為りを聞き至って奇なる人なれば一度会合の機を得たしと思いし事も屢々なり。然るに人々の注意によれば山岡という者は迚も尋常のものにあらず甚だ不本意の徒にして機を窺うて叛逆を企てんとする男なりと殊に大久保の如きすら内々余に忠告して曰く山岡には接近する勿れ彼れは足下を刺殺さんと思い居る男なりなぞとて真面目に注意されたる事もあれば彼是愚痴に惑わされて遂に今日に至りしなり。嗚呼神ならぬ身の愚かさかな去りながら今日互に接唔して始めて其疑念を氷解せられたり貴殿の決心を察するによもや仕損じもあるまじ。乞う貴殿速に駿府に馳せ右の情状を貫徹せしめくれよ、又序でながら幸なれば余が書簡を西郷氏に届けくれよとて一封の書を託せらる。而して余の附人として薩人益満休之助を従わしむ。事既に決す余は直に江戸を発し昼夜休まず途を急ぎて駿府に向う。生死顧みるに足らず唯だ誓う所は天の道に違わざるにあるのみ。故に如何なる虎口に出入するも一点恐懼の念なし。是を以てにや遂に其志を達し百万塗炭の難を免かれ国家は将に鼓腹の春に向わんとす。嗚呼余の不肖を以て幸に国恩の万一を報ずるを得たるは心窃に喜ぶ所なり。然りと雖も是れ余が力にあらざるなり天吾をして此挙に出でしめずんば安ぞ私人の力能く茲に至らんや。

抑も余が将軍の命を報じて駿府に使するを得たるは是れ亦故なくんばあらず。余嘗て義兄高橋伊勢に聞く。曰く汝を駿府に馳らしめたるもの故あり余当時安房の求めにより亦自ら思う所あるる以て遊撃、精鋭の両隊を率い主公を保護して恭順の実を示し上野寛永寺に退居すること数日麾下人心の沸騰一方ならず折柄官軍駿府に着すると聞く。将軍余に会するに汝速かに駿府に到り先鋒総督府に就きて慶喜の恭順を朝廷に貫徹すべしと仰せられたり。余は公の命を奉じ将に席を辞せんとす時たまたま公嘆息して仰せけるは嗚呼伊勢よ伊勢よ汝が今此の地を去らば麾下無謀の士一時に動揺して何事の生ずるや予想すべからず今無頼の徒汝の雄威に恐れて漸く今日あるのみ。然るを今汝が去り行かば誰れか是を鎮圧するものあらん。嗟噫今日汝の身体二無きこそ恨めしき次第なり若し汝の見る所に於て汝に代って此大任に当るものはあらざるかとて公は愁然として流涙雨の如し。其情悲嘆に耐えざるものあり因って余は色を改めて曰く諺にいわずや子を見る事親に如かずと。吾れ今麾下の士幾万なるを知らずと雖も此使命を全からしむるものは臣が愚弟山岡鉄太郎に如くものあるを知らず然れども公果して彼に命じ給うや否や尊考に任ぜんと。時に公少しく降心せられ面を擡て仰せけるは汝の見る所にして果して然らば我れ豈何をか言わん汝速に命を山岡に伝え疾く走らしめよと。余の曰く今日の事たるや最も大事なり苟も軽視にすべからず願くは彼を御前に引きて公親から之を任ぜよ。古諺に曰う君命重からざれば臣事を軽んず若し誤りて此命を辱しむる事あらば後悔元にかえらずと。其意を述ぶるや公省悟する所あり遂に汝を召して夫の任命に及びしなりと。是れ義兄高橋の実話なり。亦以て其心衷思うに余りあり。右の如く余其当時の大要を記するに当り転た今昔の感に耐えざるものあり附して言う余が斯の如き大任を達し猶お且つ今日無事なる所以のものは皆是れ他人の功業にして天の賜物なりと知るべし。余年長ずるに従い益々先人に及ばざるを恥ず嗚呼嘆息赤面して筆を擱く。

明治二年己巳八月　　　　山岡鉄太郎誌

此の文は師匠の書いたものとは思われぬふしがある。師匠の文と異うことは『戊辰解難録』とくらべて見るとよくわかる。又師匠がはじめて勝海舟に会って静岡に行くことを話したとき、勝は「理屈はそうである。然しそれは書生論で行われることじゃない。行われんことには賛成は出来ぬ」と取りあわなかったと聞いている。それで師匠は「それでは仕方がない、私の一個の考えとして行きましょう」と静岡へ出発したとのことである。

紹介状は書いたかも知れぬが、益満休之助も勝が命じて山岡につけたものではなく、益満はもともと尊攘党の一味で勝以上に師匠とはちかしかったので独自の考から勝に話してついて行ったのである。高橋泥舟も元来ほらっぷきであるので此の文の終りの方にあることも信が置けぬ。

三

朝敵の汚名を蒙って将に亡びんとする徳川の最後を眼前に控えて、慶喜公の哀愁は見るだに気の毒なものであったことは山岡の『戊辰解難録』に慶喜公が「予は朝廷に対し公正無二の赤心《せきしん》を以て謹慎すと雖《いえども》、朝敵の命下りし上はとても予が生命を全うする事はあるまじ、斯迄《かくまで》衆人に悪まれしこと返す返すも歎かわしき事と落涙せられたり」とあるのでも窺われる。当年三十三歳、血気盛んな山岡が、君主のこの有様を面のあたり見てはどんなに悲憤の心を躍らしたことであったろうか。けれども山岡は一も二もなく万事を引き受けてしまうほど感情に盲目でなかった。『戊辰解難録』に拠れば慶喜公に、「何を弱きつまらぬことを申さるるぞ。かく仰せあるからは謹慎と申すもそは詐《いつわ》りで、何か外に計画さるることでも在《おわ》すので御座るか」と強くだめを推し、慶喜公の所謂《いわゆる》「赤心」がほんとの「赤心」なのか、「偽ものの赤心」

なのかを追及して居る。小禄下賤の身が将軍と面々相対して言葉を交すことすら既に無上の光栄であるのに、況《ま》して徳川幕府の運命を背負わせられるほどの寵命を蒙ったのだから、普通ならばただもう感激に満ちて、一も二もなく君命を拝受して御前を退るのだのに、それを山岡は将軍に向ってだめを推して所謂「赤心」の真偽を確かめて居るところなぞ、まるで眼中将軍無き振舞で、生一本な山岡の面目が躍如として居る。こうして慶喜公が、

「予は別心なし、如何なる事にても朝命に背かざる無二赤心なり」

と云わるるや、

「真《まこと》の誠意を以て謹慎の事なれば朝廷へ貫徹し御疑念氷解は勿論《もちろん》なり」

と断定し、更に、

「鉄太郎眼の黒き内は決して配慮有之間敷《これあるまじく》」

と言い切って将軍に誓うところなど、まるで一場の芝居を見るようで、江戸ッ子丸だしの俠気が胸をすっとさせる。

四

慶喜公の許を辞去して寛永寺を出ると山岡は行動の順序上直《す》ぐ二、三幕府の重臣を訪ねた。けれどもそれ等の人々は山岡を危険人物視していたので、或は留守をつかい或は会っても話が煮えない。そこで山岡は最後に勝《かつ》軍事総裁を尋ねた。勝は予て山岡の名を聞いていたが、逢ったのは此の時が始めてであった。然《しか》し勝もほかの重臣同様山岡を警戒してか

かってるので、なかなか話が進まない。ところが山岡は既に将軍をさえ呑んでかかってる位だから勝なんかてんで頭にない。勝の返事がぐずぐず捗どらないのでとうとう大喝して、

「今日の場合、朝廷だの、幕府だの末節に拘泥して居る場合ではない。挙国一致国難に処すべきだ。何を躊躇して居られるのか」

と高飛車に極め附けた。一体この高飛車に出るのは勝の常用手段で、これには初対面の者なぞ大抵参ってしまうのであったが、逆にそれを山岡から浴せかけられたので勝も少からず面喰った。けれども山岡の言葉が正しいので終《つい》に賛意を表し、さてどうして此《こ》の難関を切り抜けるかの問題に移って行った。

山岡の意見は極めて簡単で、「自分がこれから官軍の陣営へ行って話をつけて来る。将軍慶喜公が赤心《せきしん》を以て恭順の意を表して居るのに、それを討つという法があるものじゃない」

とどこまでも真心一貫で押してゆこうとする。勝は、

「そりゃおまえのいうことは書生論だ。世の中はそう単純に片づくものじゃない」

と才気の優れた男だけに首肯しない。

「そんな心配は御無用である。鉄太郎赤誠を以て屹度《きっと》この難関を解決してお目にかける」

「そんならどうして解決するか」

「そりゃここでは分りませぬ、万事先方の出よう次第で臨機の処置を取るのであるから予

め計画したってだめである」

勝は猶お不安の念を存していたが、山岡の堅い決心と、赤誠の至情とに動かされて終に山岡の行に賛した。

五

この勝との交渉の話はおれが師匠から直接聞いたのだから確かだ。勝は山岡を抜擢して西郷へ使にやったように云ってるが、大きな間違で、前述べたとおり山岡は勝に逢う前既に慶喜公から大命を受けていたので、順序上幕府の重臣に相談をかけたのである。のみならず勝は最初山岡を警戒してかかったのだが山岡の精神が解って賛成したので、決して山岡を選んで官軍との折衝に当らせようとしたのではない。勝は才智の長《た》けた偉い男であったが、ひとの功を私した跡の見えるのは惜しいもので、こういう点は山岡がひとに功を譲って退いているのと大分人格の相違がある。

勝のところから家へ帰ると益満《ますみつ》（休之助、薩藩の志士で山岡の尊王攘夷党に組し幹部として働いた男、西郷が江戸をかき廻させるつもりで送った人だといわれている）がやって来て、山岡と同行することになった。山岡はこの一日かけ廻って腹が減ったので、奥さんに「飯はあるか」と訊いたら、奥さんが、飯のお櫃と大根の葉の漬けたのを持って来た。山岡は冷飯に大根の葉の刻んだのをぶちかけ、さらさらと十数杯かき込み、「一寸出て来る」と奥さんに言い置いて、益満と共に出かけた。奥さんはあとで夫が重い使命を帯びて発足したのだと聞いて大変心配し、神仏にその無事を祈って居られたとのことである。

西郷との談判

一

この時討幕の官軍は既に東海、東山、北陸の三道から江戸に向って京都を発し、有栖川宮の本営はもう駿府に到着し、その先陣は川崎の宿に達し、東海道の街道筋は諸藩の官兵を以て埋まっていた。此《こ》の敵陣を無鑑札のまま突破して駿府まで行くのは殆《ほと》んど不可能の状態であった。勿論《もちろん》間道から行かれぬことはないのだが、赤誠一片《せきせいいっぺん》の山岡はそんなことで躊躇して居られない。彼は真驀《まっしぐら》に本街道を進んで品川へかかった。

六郷川を渡ると官軍の鉄砲隊が両側に並んで警備している。山岡は其《そ》の中央をずしずし行くが咎める人がない。やがて本陣らしい前に来たのでずかずかと這入り隊長らしい男に大音あげて、

「朝敵徳川慶喜家来山岡鉄太郎大総督府へ通る」

と怒鳴った。この隊長は篠原国幹《くにもと》であったのだが、山岡の見幕が激しいので面喰って、「慶喜、慶喜」と小声で二こと云ったばかり、呆ッ気にとられて見守り、周囲に並んでいた百人許《ばか》りの兵士も勢いに呑まれて手も出さず、口もきかなかった。

「朝敵」と頭から名乗ってかかるところに山岡の面目が躍ってるじゃないか。あたりまえなら、朝敵の汚名を受けては官軍の前に気が退けて、狐鼠狐鼠《こそこそ》と門前を通るのだが、四民救済の大願から立った山岡には胸中敵も味方もないのである。

ひたばしりに街道を過ぎて神奈川駅に這入ると薩藩は尽きて長州勢となった。ここからは随伴の益満を先頭に立てて「薩州藩」と名乗り過ぎ、昼夜兼行難なく終に駿府に着いた。

二

是《こ》に於《こ》て山岡は直ぐ官軍の参謀西郷に面会を求めた。西郷は異議なく対面してくれた。山岡は西郷の名を聞いては居たが、逢ったのはこの時が始めてである。山岡は劈頭先ず、

「先生此度《このたび》官軍進撃の御主旨は、是が非でも徳川を打ち滅ぼすお積りなのか。若《も》しそうだとすれば、徳川にも旗本が居ることだから、いくら主君慶喜が恭順して家士共を説諭しても、鎮撫がゆきとどかず、官軍を迎撃しようと図るのは当然で、そうなったら徳川慶喜の公正無二の赤心《せきしん》も朝廷へ徹底せず、其上天下は一層乱れるであろうと思います。此の事が残念なので慶喜恭順の赤心を達したい為に参りました。あなたの御意見は如何で御座るか」

と訊いた。すると西郷は、

「徳川方恭順の意を表すと云いながら甲州では既に兵を挙げ東山道の官軍と戦って居るということではないか」

と突込んだ。これは近藤勇が幕府の脱兵を集めて甲州で官軍と戦端を開いたからである。

「いや、あれなどは幕府の命令に従わぬ脱兵の仕業で、いくら騒いだって少しも仔細はない」

「そうか、それならよろしい」。西郷はポツンと答えたまま後を問わぬ。

「ところで先生はどこまでも人を殺すのを専一にするのですかどうですか。それでは王師とは云われますまい。天子は民の父母である。理非を明かにするのが王師の王師たるところである」

「左様、われわれとて闇雲進撃を好むわけじゃない。徳川方に於て恭順の実効さえ立てば寛典の御処置あるべきは勿論である」

「して、実効と申すはどういう筋でありますか勿論《もちろん》慶喜は如何なる朝命もそむきませぬ」

「それは一応総督宮殿下に御伺い申さぬと、何とも御返事は致しかねる」

とここで西郷は沈思されたが「先日江戸からは静寛院宮《せぃかんいんのみや》や天璋院殿《てんしょうぃんどの》の使などが嘆願に見えたが支離滅裂で話の筋がわからず、先生にあって江戸の事情がわかり大いに都合がよろしい。暫らくお待ち下さい」

と座を去って本営へ伺候した。英雄同志は話が早い。程なく西郷が帰って来て、総督宮殿下よりの御書付を持参した。それはこうである。

一、城を明渡す事
一、城中の人数を向島へ移す事
一、兵器を渡す事
一、軍艦を渡す事
一、徳川慶喜を備前へ預る事

「この五箇条の実効が挙がるなら、徳川家寛典の御処置に及ぶで御座ろう」

山岡は謹んで御書付を拝して後、屹《きっ》と形を改め、

「この中四箇条は確かに御請致しますが一箇条だけは、如何とも承知いたしかねる」

ときっぱり云い放った。西郷は聞き咎めて、

「その箇条というはどれなのか」

「左様、主君徳川慶喜を独り備前へ預けるという一条で、これはどうあっても承諾いたしかねる。かようなことをしたならば鉄太郎は素より徳川恩顧の士は承知しませぬ。挙《こぞ》って主君を擁し城と共に討死することは必然である。詰るところ兵端を開き、空しく幾万の生命を絶つことでこれは苟《いやし》くも王師ともいうべき者の為す所ではなく、すればあなたは只の人殺を行うというものだ。鉄太郎この一条に対しては全然反対である」

「それでも朝命である」

「たとい朝命と雖《いえど》も、承知出来ない」

西郷はむっとして、重ねて
「朝命じゃ！」

と云い放った。是処《ここ》に於て山岡は、

「そんならまずあなたと私と位置を換えて論ずることとしよう。今仮りにあなたの主君島津公が誤って朝敵の汚名を受け、官軍が討伐に向ったとして、あなたが私の地位となって主君のために尽力したとしたならば、命令だからといっておめおめ自分の主君を差出し、安閑としてそれを傍観して居られるかどうか。君臣の情としてあなたにそれが出来ますか、鉄太郎此の儀ばかりは到底忍び得る所でない」

先には王師の理を以て説き、今は君臣の情誼を以て迫ったので、南洲は黙然として一言もなかった。暫らくあって西郷は山岡に向い、

「あなたの云わるるところ如何にも御尤《ごもっとも》である。よって徳川慶喜殿の一条については吉之助屹と引き受け貴意の通り取り計らうことと致そう。決して御心配召さるるな」

と誓った。

これで江戸百万の市民は兵火を免れ、徳川家は永久其後を絶たずに済んだ訳で、西郷の銅像が上野に立つ位なら山岡のもとうに無くてはならぬ筈なのだ。実に慶応四年三月七日である。

それから西郷は思い出したように、

「あなたは官軍の陣営を破って此処《ここ》まで来たのだから本来縛すべきだが、縛しません」

というと、山岡は言下に、

「縛られるのは自分の望む所で、予め覚悟の上だ、さァ早く縛って頂きましょう」

と身を差出したが、西郷笑って、

「まァ一杯やろう」

とくだけて二人で飲み出した。千里に大命を使して辱めなきを得た山岡の口にはこの時の酒がどんなにうまかっただろうか。けれどもこうして酒飲む間も案じられるのは江戸のことだ、早く帰って此の吉報を主君慶喜公にお伝え申上げたい、と数杯を傾けて西郷に暇を告げ立ちかけた。西郷は山岡の道中を慮って、大総督府陣営通行の鑑札を山岡に与えながら、

「虎穴に入って虎児を得て帰らるるは本望で御座ろう」

と其の肩を撫したということである。英雄英雄を知る、西郷と山岡とは一見既に旧知の如き有り様となってしまったのである。

三

意気快然、山岡は益満《ますみつ》と道を急いで東海道を神奈川駅まで来ると、乗馬五、六匹を牽いてゆく者がある。

「誰の馬なのか」と尋ねると、江川太郎左衛門から官軍に差出す馬だとのことなので、「それではその馬二匹借用しよう」と益満と馬に乗り一鞭あてて品川へ着いた。するとここを守ってる官軍の番兵が二人を見咎めて、「止まれ！」と合図した。けれども二人はそれには構わず馬を進めると急に三人走り出て、行手を遮り、その中の一人山本某は矢庭《やにわ》に山岡の乗馬の平首に銃を当て山岡の胸板めがけて発砲した。

山岡は突嗟に「しまったり！」と思ったが不思議なるかな、雷管は確にパチンと発火したのだが弾丸が出なくて、一命は助かった。之に驚いたのは益満である。馬から飛び下りて其兵《そのへい》の持った銃を叩き落し声を励まして、

「総督府の西郷殿に御面会なされた方だ、無礼するなっ！」

と怒鳴ったけれども聴かない。伍長体の男が出て来てやっと諭したので不承無承引き退って行った。

弾丸が発したなら其処《そこ》で山岡は死んでしまったのである。そうしたなら切角の談判もどうなることであったろうか。

後に山岡が此当時の話をして、

「あの時弾丸が出なかったのは不思議でならない。なんでも真心一つになって、頭の天辺から足の爪先まで一団の赤誠になり切ってる時は、弾丸も当らないのだ」

といっていた。

山岡の復命を聞いて慶喜公の喜び方は言語に絶した。直ちに江戸市中の要所々々に高札立てて「恭順《きょうじゅん》謹慎《きんしん》実効《じっこう》相立《あいたち》候《そうろう》上《うえ》は寛典《かんてん》御《ご》処置《しょち》相成《あいなり》候《そうろう》に付《つき》市中一同動揺《どうよう》不致《いたさず》家業《かぎょう》可《いた》致《すべき》」旨を告げた。勝《かつ》も今までは山岡を一介の書生として内心相手にしなかったのだが、長途の敵陣へ乗り込んで、しかも大任を全うして来てからは、がらり態度が一変して、それからは何でも山岡の言うことを傾聴し又山岡に相談した。

四

『戊辰解難録』は宮内省を辞する頃山岡が当時の状況を書いて乙夜《いつや》の覧《らん》に供したものである。山岡は文学に疎かったから文章は拙《まず》いが、それでも気持はよく出て居て、其《そ》の文の拙いのが却《かえっ》ていい。猶《な》お西郷が江戸に乗り込んでからの山岡の心づかい、及彰義隊解散に骨を折ったことなどが載って居て山岡伝には貴重な資料だ。

この外にまだ当時のことを書いたものに川田剛《たけし》の『正宗鍛刀記《まさむねたんとうき》』がある。これは後年徳川家達《いえさと》公が、山岡の徳川家に対する功労に酬ゆるため、家伝の宝刀たる正宗一口を贈ったのを、山岡は「かかる銘什を保持するのは勿体《もったい》ないことである。自分のしたことは君家に対する臣下としての当然の務で、少しも感謝されるほどのものではない。これは誰か廟堂の元勲に差上げるのが至当である」と考えて、岩倉さん（具視《ともみ》公）に贈呈した。

岩倉さんは山岡の心操の高潔なのに感心し、山岡から西郷との談判の次第を聴き取ってそれを川田剛に筆記させ、之を『正宗鍛刀記』と題して刀に添え、以て宝刀入手の由来を明かにした。その文はこうである。

正宗鍛刀記（原漢文）

右相岩倉公右大臣岩倉具視公剛を召し。名刀一口を示して曰。余平生贈遺を謝絶す。唯だ是れ忠臣の贈る所。今受けて以て其功を表せんとす。子其れ以て之を記すること有れと。剛唯々として跪ずき、而して其来由を問う。公曰、居れ余子に語らん。戊辰の乱、六師東征し、幕師徳川慶喜、屏居罪を待つ。群兵騒擾して勢制す可からず。麾下に山岡鉄舟なるものあり。任俠《じんきょう》を以て聞ゆ。慶喜の為に身を棄てて難を解かんと欲し、其軍事総裁勝安房に就て謀る。安房之を然りとす。乃ち程を兼ねて西上す。是時に当り、有栖川親王、征東総督を以て駿府に駐営せられ、薩人西郷隆盛帷幄に参謀とし、先鋒の諸隊既に川崎に達す。鉄舟馳せて轅門《えんもん》を過ぎ、大呼して曰、身は是れ朝敵山岡鉄舟なり、急あり総督府に赴むく、敢て告《つげ》ずんばあらずと。朝敵とは猶お国賊と曰うが如きなり。衆愕ろき眙《み》て之を止《とどむ》ること莫《な》し。小田原に抵れば、候騎《こうき》馳驟《ちしゅう》し、一駅喧伝して曰、賊兵甲府に拠る矣と。翌日鉄舟駿府に至り隆盛に見えて曰。君軍事に参ず、人を殺さんと欲する乎、乱を鎮めんと欲する乎と。曰《いわく》乱を鎮めんとす。曰《いわく》然らば則ち主帥罪を待つ、死生唯だ命のままなり。何を以て兵を進むと。曰甲地仗《じょう》を接す、命に抗するに非ず乎《や》と。曰遁兵の嘯聚《しょうしゅう》、事主帥と渉《わた》ること無し。夫れ刑《つみ》ありて而して之を伐ち、服して而して之を舍《ゆ》るす。之を有《ゆう》礼《れい》と謂う。君礼を執らずんば、吾れ復た何をか言わん。吾れ死ある耳《のみ》。抑も麾下《きか》八万騎。其死を愛せざる者、豈に独り鉄舟のみならんや。天下或は此《これ》より乱れんと、隆盛悚然《しょうぜん》容《かたち》を改めて曰。且《しばら》く之を待て、頃《この》者、静寛内親王、天璋太夫人、並《ならび》に使を遣わして哀訴せられしも、使者戦慄《せんりつ》して言《こと》に次第なし。今子与に語るべし。遂に親王に謁し、旨を取り来りて曰く、誠を表し効を立つるに五事を行わんことを要す。其一城《しろ》を致《いた》せ。其二戎器《じゅうき》を致《いた》せ。其三軍艦を致せ。其四兵士を郊外に移せ。其五主帥を備前に幽せよ、と。鉄舟曰、謹しんで厳旨を領《りょう》ず矣。唯だ主を幽するの事、死するも且つ命を奉ずる能わず。敢て再議を請うと。隆盛曰。事朝旨に出ず、吾れ何ぞ敢て喙《くちばし》を容れんやと。鉄舟曰。人各其主の為にす。試に他を易えて之を論ぜん。不幸にして薩侯罪あれば、君能く甘んじて之を他人の手に附せん乎と。隆盛沈思良久《やや》しゅうして曰、子の言理あり、吾れ百口《こう》を以て主帥を保せん耳《のみ》と。是に於て書を載して盟《ちか》い畢《おわ》り鉄舟の背を拊《う》って曰、好漢虎穴に入りて虎子を探る、吾れ其生還を期せざるを知る。然れども一国の存亡子の身に在り、以て自重せざるべからずと。因て符《ふ》を授けて遣《や》り去らしむ鉄舟鞭を挙げて、而して東品川に至る。守兵誰何し、銃を馬首に擬す。符を出して之に示し、馳せて府城に入ることを得たり。安房大いに喜び、榜《ぼう》を大逵《たいき》に植《た》て、衆を諭《さと》して安堵せしむ。既にして而して六師征討を止め、慶喜《よしのぶ》の族人家達《ぞくじんいえさと》を駿河に封《ほう》じ、徳川氏祀を絶たず。府下百万の人衆も亦兵燹《へいせん》を免る。後十有余年にして、家達鉄舟の功を追思し、報ゆるに此刀を以てす。鉄舟謂《おも》えらく、此《こ》れ吾功に非ず、廟謨《びょうぼ》寛仁の致す所と、携え来りて余に示し遂に贈らる焉と。剛断の語を聞き、起って拝して曰、是れ有る哉、公其人を愛し、並に其器を愛する也と、刀長さ二尺四寸四分、広さ九分一厘、背の厚さ二分弱、両面各血漕起あり。茎より鋒尖《ぼうせん》に及ばざる者一寸九分、利刃玉を切る。凛乎たる秋霜、人をして魂悸《こんおの》のき胆寒むからしむ。茎の長さ五寸七分二釐、広さ九分強、下豊《しもゆた》かに上殺《かみそ》げ、二孔を穿つ。下は経《さしわた》し二分、上は一分六釐、其欛《つか》と室《さや》と白木を用ゆ。武蔵正宗、代五千貫、貞享二年三月六日、紀伊中納言上、云々の三十四字を題す。相伝う、相州の刀工藤原正宗の作にして而して武師宮本武蔵の佩ぶる所と。家達十四世の祖、大将軍秀忠之を紀伊藩主徳川頼宣に遺《おく》り、頼宣の子光貞、復た幕府に献ず。当時武臣政を秉《と》り、尤も兵器を崇《たっ》とぶ。五礼の贈遺、例に名刀を用い、工人に命じて真贋《しんがん》を弁じ、価格を記して以て品位を定む。今五千貫と曰《い》わば、則ち品位の尊きこと知る可し矣。抑も正宗は、曠《こう》世の良工にして、元弘建武の際に在り。是《この》時王室中興し、未だ幾ばくならずして天下復た乱れ、作る所の利刃、往々叛臣の用を為す。公苟も覆轍《ふくてつ》に鑑み、今日の治平にして猶お戊辰東征、兵馬艱難の時を忘れざれば、則ち此刀は独り公の家の宝器なるのみに非ず。則ち天下の宝器なり。嗚呼其れ愛重せざる可けん哉。

明治十六年紀元節

宮内文学従五位　川　田　剛　謹　記

五

人は維新の際に於ける幕府と官軍との交渉を勝《かつ》と西郷とでやったように思ってる。又少くとも勝が山岡に命じて西郷と交渉させたように思って居る。それは勝がそう云い、そう書いたから、誰でもそうかと思ってるのだ。けれどもそれは全然間違ってる。勝はあの際軍事総裁の要職に居たのだが、官軍の東征に就ては、手の施す術がなかったのだ。山岡が勝に会って意見を述べてもまだ一片の書生論として相手にしなかった位だから、官軍に対する方策に窮していたことは事実だ。それだのに山岡が西郷と話を纏めて来たのを自分のしたことのよう、させたことのように言い触らすのは不都合だ。此の頃新しい国史の教科書は一部訂正されたようだが、一時小学校の読本にさえそう載っていた。国民を誤るも甚しいと云わねばならぬ。

山岡は功は人に譲り、労は自ら負う主義であったから、勝がそういったって、楯突くような不見識な男じゃない。然しそういう山岡の性質を知りながら人の功を私するのはケチな了見だ。勲功調査の時だってそうだ、山岡のしたことをみんな自分がしたように書いて提出したあとで山岡が勝の勲記を見て苦笑したということだ。どうも勝は才略があって偉い男であったには相違ないが、そういうずるい点が人格を劣等なものにしてしまう。返す返すも惜しいことだ。俺があまり勝の悪口を云うと、地下の師匠は却って苦々しく思うだろうが、なにせ維新のあの混乱の際に金を残すことを忘れなかった男だから、終生貧乏で押し通した山岡とは行き方が違うのだ。

彰義隊の解散

一

山岡は君主には誠忠を以て終始した人だが、然《しか》し山岡の誠忠はほかの人によく見る所謂《いわゆる》「のべ金式《がねしき》の誠忠《せいちゆう》」じゃなくて「鍛えられた誠忠」である。「のべ金式の誠忠」とは山出しののべがねのように細工も面白味もない、融通の利かぬ条理も分らぬ誠忠のことだ。こういう手合は何れの世何れの処にも得て有り勝のもので所謂志士とか義人とかいうものの内容の大部分を占めている。ほんとうの志士や義人は志士がりも義人がりもするものじゃない。「鍛えられた誠忠」というのは人道を弁《わきま》え、大義名分を明かにし、大道に依って行動するほんとの人間としての真心の発露だ。ひとは山岡を一片の武弁とし、剣士とし、勇俠とするが、それは山岡の一小面を見たもので全体ではない。山岡は剣禅でほんとの「人間」になろうと努力したので、その「ほんとの人間」の現われが君主に対しては「鍛えられた誠忠」となり、友人に対しては「鍛えられた情誼」となってそれぞれ現われてるのだ。

彰義隊の騒動だってそうである。所謂「のべ金式の誠忠」連が君家の没落に悲憤の涙を流して上野に籠り、君家の為めに花々しく最後の一戦を試みようとしたのである。其の志は素よりいい、いいけれどもそれは大義を弁えぬ盲目な忠義だ。

山岡は君家は君家として立てることを忘れぬ。それは西郷との談判で、慶喜公を備前藩に幽閉する一条に就て極力反対し、条理を以て説き情誼を以て説いて終に南洲を説服せしめたのでもよく分る。即ち君家は君家として立派に立てるとともに、その君家は朝廷に矢を引くべき筋のものじゃないことを弁えていた。のべ金式の誠忠連が訳も分らず唯君家君家と騒ぎ立てるのとは見識が別である。

二

彰義隊の騒動は山岡をひどく心配させた。一方主君慶喜公は恭順謹慎を標榜しているし、他方西郷には恭順の実効を引き受けているしするので、何とかして解散させて徳川の末路をきれいなものにしなけりゃならぬと骨を折った。けれどももともと確乎たる志操のない烏合に等しい集合なので、一方を説得すれば他方が動き、他方を鎮撫すれば一方が動揺して殆《ほとん》ど始末に困った。それに覚王院が頑冥で、裏面で煽動するので、どうにもならなかった。その労苦の有様は『戊辰解難録』を読めばよく分る。

慶応戊辰四月東叡山ニ屯集スル彰義隊及諸隊ヲ解散セシムヘキ上使トシテ山岡鉄太郎之ニ赴キ覚王院ト論議ノ記

今日公命ヲ奉ジ来ル所以ノモノハ、前幕下朝廷ニ対シ恭順謹慎ヲ表セラレシニ、誰ノ命ズルアリテ彰義隊及諸隊此ノ山ニ屯集スルヤ、此ノ際嫌疑少カラズ、覚王院速ニ其レ之ヲ解散セシムベシ。覚王院曰、事既ニ茲ニ至ル、何ゾ夫レ容易ナラン、故ニ苟モ志アラン者ノ期セズシテ相集リ、各自主家ニ報効スル所以ニシテ、唯幕下ノ為メニ守衛スルニハ非ズ、東照宮ヨリ歴代ノ神霊ト当宮ヲ警衛スルニ在リ、而シテ此ノ危急存亡ヲ坐視スルニ忍ビズ、是ヲ以テ遽ニ諸隊解散ノ命ヲ奉ジ難シ。予曰、大総督府参謀ト応接已ニ結了シテ城郭及海陸軍器等悉皆朝廷ニ献納ス、此レ則チ天位ヲ尊ビ、図体ヲ重ンズルナリ。抑モ徳川家祖先以来殆ド三百年天下泰平ニ帰ス、其功業徳沢歴々トシテ炳焉《イチジ》ルシ、今之ヲ失墜セザラント欲セバ、君臣ノ名分ヲ明ニシ、蒼生ノ難苦ヲ救ハザルベカラズ、前幕下ノ至誠此ニ在リ、故ニ其守衛ヲ除クノ外、各自組織スル所ノ兵隊ハ決テ許ス可カラズ、速ニ解散ノ命ヲ奉ズベシ。覚王院怫然トシテ曰、斯カル痴言呆語ハ聴クニ耐エザルナリ、今日ノ事名ハ朝廷ト雖、実ハ薩長ノ所為ナリ、貴殿ガ参議ニ応接スルモ亦薩長ニ誑惑セラレタルニテ朝廷ニハアラズ、貴殿ハ世々徳川家ノ恩沢ニ沐浴シテ一朝之ヲ忘却スルカ、徳川家祖先モ予メ後世ニ此ノ事ノアルヲ知リ、此ノ山ヲ経営シ皇族ヲ以テ之ニ主タラシメシナリ、且一幅ノ錦旗ヲ日光山ニ蔵メタルハ若シ朝廷残暴ニシテ禍乱ヲ作スノ変アルトキハ、当宮ヲ以テ之ニ易エ、万民ヲ安ンズルノ意ナリ、貴殿ノ如キ軟弱ニシテ恩ヲ知ラザルモノハ、徳川ノ賊臣ニシテ之ヲ蜂腰士ト云ハズヤ。予曰、前幕下ハ思慮深遠ニシテ貴僧ノ如キ頑鈍ノ者ノ窺イ知ル所ニアラズ、朝命ニ違イ、国体ヲ乱スコトヲ恐レ、且方今ハ内国ノミノコトニアラズ、万国ノ交際多事ナリ名正シクシテ言順ワザレバ禦侮《ギョブ》ノ道立タズ、況ヤ一朝ノ念ヲ以テ数代蒼生ヲ安ゼシ積徳ノ祖宗ニ汚辱ヲ与ウベカラズ、是ニ於テカ貴僧ガ順逆ヲ弁ゼズ、是非ヲ分タズ、紛々紜々口吻ニ任セテ罵言ヲ極ムルモ予ハ敢テ取ラズ、徹頭徹尾此山ニ屯集セル兵隊ヲ渙散《カンサン》セズンバ已マザルナリ。覚王院曰、貴殿ニハ万国ノ交際ヲ挙ゲ、内国ノ事情ヲ説ケリ、聞クガ如ク貴殿ハ大目付ニシテ眼球巨大ナルガ故ニ、万国ト内国ノ条理明白ナルベシ、愚僧ハ山中暦日ナシニテ世界ノ形勢ニ於ケル総ベテ知ラザルナリ、唯徳川家ノ盛運ヲ謀ルノミ、他事ニ至リテハ復タ何ゾ管セン、東照宮ノ神慮如何ト顧レバ、愚僧ガ人間界ニ在ラン涯リハ執着止ムベカラズ。予曰、僧侶ハ人ヲ救イ乱ヲ治ムルヲ以テ慈悲ノ本願トス、知ラズヤ前幕下ハ人ノ生命ヲ救イ世ノ無事ヲ図ルコトヲ、貴僧ハ到底我意ヲ張リ、東照宮ノ神慮ヲ矯飾シテ其後裔ニ於テハ関セズトスルヤ。覚王院曰、予ハ当宮ニ随従ス、前幕下ニ於テハ敢テ関セズ、彰義隊及諸隊モ亦然リ、其隊タル、前幕下ノ命ヲ以テ編成スル者ニ非ズ、此レ則チ宮ヲ衛ルノ証ナリ、且ツ貴殿ニハ大総督宮々々ト云ワルルガ、当宮モ宮ナリ、何ノ差別ガ之レニアラン。予曰、噫然リ噫然ルカ、貴僧ノ思構《シコウ》スル所乃チ判然タリ、専ラ宮ヲ衛ルナレバ徳川家ニ与ル所ナシ、果シテ前幕下ヲ衛ル無キカ。覚王院曰、然リ。予曰、貴僧ノ抗弁已ニ了セリ、予敢テ遏《トド》メズ、直チニ其決答ヲ大総督宮ニ告《モ》ウサン、彰義隊及諸隊ハ徳川家ノ兵隊ニ非ズト、然ル後貴僧ノ欲スル所ニ随イ之ヲ指揮シテ以テ両宮ノ一戦ヲ試ムベシ、而シテ此ノ戦ニ於テハ徳川家ニ関係アルナキノ確証ヲ出セ。覚王院曰、妄リニ戦争ヲ好ムニアラズ、愚僧此ノ大事ニ遭ウヤ、中心切迫シテ暴論ヲ吐キシナリ、其不敬ニ渉ル者ハ謂ウ許セ、貴殿一トタビ去ラバ、踵ヲ旋ラサズ此山マサニ戦地トナルベシ、高諭或ハ感ズル所アリ、猶オ一言ヲ陳ゼン、謂ウ暫ク止レ。予曰、何ゾ前ニハ剛ニシテ後ニハ怯ナルヤ、已ニ決心ヲ示ス、今将タ何ヲカ言ワントス、断然戦ウベシ、予ハ前幕下ノ慈心ヲ伸張セント欲スルノミ、背クモノハ留メズ、諸隊尽ク背クモ予ニ於テハ毫モ心ヲ動カズ命ノ厚キ飽マデ報ゼザル可カラズ。覚王院曰、以上ノ言語甚ダ狂暴ニ陥ルモ皆徳川家累代ノ鴻恩ニ報ズルノ赤心ナリ、然シテ貴殿ニ於テ愚僧ガ苦陳スル所一ツモ諒察スルコト莫クバ復タ之ヲ如何トモスルナシ今ヨリ蹶然彰義隊及諸隊ヲ援引シ日光山ニ退去シテ謹慎スベシ。予曰、日光山ニ退去謹慎ノ一条ハ諾セリ、必ズ偽リナクバ其意ヲ具申スベシ。覚王院曰、誓テ違ワズ、日光山ニ退去謹慎シテ当宮ヲ衛ルベシ、因リテ歎願スル所アリ、請ウ情誼ヲ含ンデ憐察セラレヨ。予曰、何ヲカ歎願スルヤ、其可ナル者ハ宜シク具申スベシ。覚王院曰、他ナシ。山ニ屯集スル者多数ナリ、日光山ニ退去スルモ準備金ナキヲ如何セン。請ウ二万金ヲ恩賜セラレンコトヲ貴殿ノ義胆ヲ以テ這ノ至情ヲ酌量シテ上申セラレヨ。予曰後ノ一条ノ如キモ不可ナリト云ウニアラズ、具申スベシ。以上覚王院ト議論多端、漸ク局ヲ結ビ、前条ノ如ク具申ニ及ビシガ、其時ノ都合ト云ウヲ以テ彼ガ請ウ所ノ金円ヲ与エ難ク、数日ヲ経過セシニ、彰義隊ノ輩日ニ暴行ヲナシ、処々ニ官兵ヲ殺傷ス、典刑ニ於テ許サヾル所ナリ、大総督府ヨリ鎮撫ノ命下ルコト数回ナリ、西郷参謀ノ内話ニヨリ力ヲ其道ニ尽シタレドモ、彰義隊ト云イ何隊ト云ウモ、其挙動ヲ見ルニ恰モ烏合ニ似タリ、隊長ハ有レドモ無キガ如ク、規律立タズシテ兵士ハ狂気ノ如ク紛々擾々タルノミ、故ニ条理ヲ以テ説諭スベカラズ、因循ニ日ヲ送リタリ。一日大総督府ヨリ覚王院ヲ召喚スベキノ命アリ。予覚王院ニ到リ、其旨ヲ諭達セシニ、唯諾シテ果サズ。予ヲ大総督府ニ召シ西郷参謀促シテ曰、覚王院ヲ召喚セシニ、肯《アエ》テ来ラザルハ何ゾヤ、近ゴロ彰義隊等ノ動静ヲ見ルニ、官兵ヲ殺傷スルコト数タビ、乱逆ノ蹤蹟判然タリ、故ニ覚王院ノ来ラザル知ルベキナリ。予曰、彰義隊及諸隊ニ於ケル其長タルモノ皆虚称ニシテ指揮ス可ラズ、故ニ節制アルコト無ク、画策アルコトナシ、主人慶喜ヲモ顧ミズ、唯徳川家ニ報ゼント云ウニ過ギズ、冥頑凝結シテ遂ニ空シク東叡山ニ甕ルルノミ、然ルニ数代恩義ノ羈絆ニ繫《ツナガ》ルモノ遽カニ此ノ極ニ至ルニ哀情或ハ然ラズヤ、而シテ若シ予ヲ官軍ノ隊長トナシ彼烏合ノ衆ヲ撃タシムルトキハ、地形トイイ、人物トイイ明瞭ナレバ、之ヲ潰滅スル半日ヲ出デズ、実ニ憫諒ニ勝エザルナリ、猶オ精力ヲ尽クシテ解散ヲ図ルベシ。而シテ数バ西郷、海江田両参謀ニ面接シテ情実ヲ縷述シ、覚王院ニ諭示スルコト口酸ヲ覚ウニ至リテ未ダ寸効ヲ見ズ、且ツ彰義隊ノ予ニ遇ウ、或ハ無状ヲ以テス、隊長等ニ談ズレバ面前ニ首肯シテ退ケバ否《シカ》ラズ、之ヲ要スルニ其任ニ当ラザルモノノ指令ナレバ、兵士ニ行ワル可カラズ。然レ共未ダ鎮撫ノ方ナカラズ。予必ズ之ヲ処置セントイイシニ、西郷参謀又急ニ予ヲ促シテ曰ク、覚王院ノ召喚ニ応ゼザルハ不審千万ナリ、此ノ条如何。予曰、覚王院ハ彰義隊等ノ慫慂《ショウヨウ》スル所トナリ漫リニ議論ヲ吐クノミニテ己ノ精神ニ出ルニアラズ、然ルニ一タビ其類ニ与ミス、故ニ恐懼スル所アリテ来ル能ワザルナリ。参謀曰、心中正シケレバ何ノ恐懼カ之レアラン、必ズ私邪ノ致ス所ナリ、猶オ其レ之ヲ厳責セヨ。予曰、諾セリ。翌日参謀又予ヲ召ス。至レバ渡辺清左衛門席ニ進テ曰ク、彰義隊ヲ鎮撫スルノ命数回ニ及ブモ未ダ其効《シル》シヲ見ズ、速ニ之ヲ所置セヨ、然ラザレバ慶喜恭順ノ意貫徹セザルナリ。予曰、彼等ノ所為ハ決シテ慶喜ノ意ヨリ出タルニアラザルコト前ニ云々スル所ノ如シ、且解隊ノ方ニ於テ予ガ見ル所アリ、然レ共蜂窠ノ乱ルル如ク遽カニ之ヲ収ムルコト易カラズ、請ウ暫ク猶予セヨ。渡辺氏曰、彼等ノ暴行日一日ヨリモ甚シ大総督宮ニ於テ寛典ヲ施ス能ワズ。予曰、慶喜ニ於テハ恭順謹慎朝命ニ遵奉スルコト他ナシト雖、彼等ノ妄リニ東叡山宮ノ名義ヲ主張シ、慶喜ヲ見ルコト寓公ノ如ク、何ゾ其意ニ応ゼンヤ、之ヲ以テ止ムコトヲ得ズ、大総督宮ト東叡山宮ト一戦ニ及ブベキカ。渡辺氏黙然タリ。暫クアリテ曰ク、其事ニ至リテハ卒然答エガタシト。予退ケリ。既ニシテ五月十四日ニ至リ東叡山ヲ進撃スルノ議決セリ。西郷参謀予ヲ労ウテ曰ク、足下ノ朝廷ヲ重ンジ、主家ニ報ウルノ誠忠逐次詳悉セリ、今暴徒ヲ進撃スルヤ、足下ノ快ラザルヲ諒セザルニアラズ、其レ傷ムコトナカレ。予深ク謝シテ帰ル。時ニ大総督府人ヲシテ徳川ニ告ゲシメテ曰ク、明朝東叡山ニ嘯集スル暴徒ヲ誅滅スベシ、聞ク其山ノ中堂ニハ徳川数代ノ重器ヲ蔵メタリト、宜シク灰滅ニ付スベカラズ、直チニ之ヲ其家ニ齎《モタ》ラセヨ。徳川重臣等対エテ曰ク、敢テ命ノ辱キヲ拝ス、然ルニ一家ノ携帯スル所ノ物一切之ヲ献ゼリ、中堂ニ遺セル瑣小ノ器具ノ如キハ今又惜ムニ足ラズト捨テテ顧ミズ。予此ノ夜寝ニ就ク能ワズ、此ニ至ル所以ノ者ヲ思エバ、僅々数名方嚮ヲ誤ルノ一点ニ出デ、三千余人ヲシテ屍ヲ曝ラサシム、何ゾ惻然タラザラン、是ニ於テ深更ヲ厭ワズ上野ニ到リ、彰義隊長何レノ処ニアルヤト問エバ、或人曰ク、昨夜已ニ奥州ヲ指シテ去レリト。其他ノ長ヲ問エバ居処分明ナラズ、中ニ越後榊原藩士ノ集合シテ神木隊ト号シ、此ノ隊長ニ酒井良祐ト云ウ者アリ、之ヲ説諭セシニ予ガ赤心ニ服シ、四方ヲ奔走シテ解散ニ従事ス。然ルニ先鋒ハ突然トシテ黒門前ニ畳楯ヲ築キ戦備ヲナセリ。右ヲ論セバ左ニ進ミ、左ヲ鎮ムレバ右ニ出ズ、其雑沓狼藉挙ゲテ言ウ可カラズ、予慨歎シテ退ケリ。払暁又上野ノ仲街《チョウ》ニ到レバ、天台ノ浄地忽チ修羅ノ悪場ト変ズ。予惆悵《チュウチョウ》見ルニ忍ビズシテ去ル。田安門内徳川邸ニ行カント欲シ、本郷壱岐坂ニ至レバ官軍半小隊バカリ予ガ馬ヲ囲ム、是レ則チ尾張ノ隊ナリ其中ニ早川太郎ト云ウ者アリテ予ヲ知レリ、曰ク、先生何クニ行カントスル。曰、徳川邸ニ行カントス。曰道梗リテ行ク可ラズ。曰、足下ハ官軍ナリ、予ガ為メニ嚮導シテ徳川邸ニ送ランヤ。曰、事急ニシテ応ズル能ワザルナリト。予路ヲ転ジテ家ニ帰リ、茫然トシテ空シク砲声ノ轟々タルヲ聞クノミ。晡時上野ノ伽藍灰燼トナル。

明治十六年三月　山岡鉄太郎誌

江戸の叡山として徳川累代の尊崇を経て来た上野の大伽藍も慶応四年五月十五日、こうして悉く灰燼に帰してしまった。炎々と燃え上る火の手を潜り、大総督府の免許を受けて精鋭隊士数名を召連れ、山岡は徳川の祖先家康公の尊像を取り出して寺社奉行酒井安房守の自宅に移し奉り、せめてもの心を慰めた。が、日の暮れると共に砲声も漸次薄らぎ、余災天を焼くさまを遠く眺めて山岡は暗然唯涙に咽ぶのみであった。

上野の戦争

一、天下の至宝を焼く

彰義隊討伐の事情を西郷隆盛の直話として勝海舟は次のように述べて居る。

西郷が己《お》れに云うたことがあるよ、東叡山を根拠として、上野地方に出没する彰義隊なるものは一定の主義とても無く、又之を指揮する隊長とても確かならず、又本来の精神は悪《にく》むべきでもないが此《かく》の如く出没して人の生命財産に大害を加え、乱暴狼藉を働くに於ては、到底猶予し兼ねるから、愈々官軍を以て追撃致します。併《しか》しこれまで山岡が幾日となく寝食を忘れて暴徒の解散に力を尽されたは詰《つま》り国家の為。朝廷にまれ徳川家にまれ、彼の人の忠心、如何《いか》にも気の毒で涙に耐えない。一体東叡山は徳川家の菩提寺は勿論《もちろん》、云うまでもなく天下の至宝を集めたところである。而《しか》して所謂《いわゆる》彰義隊なるものは、大抵徳川の遺臣なれば、あれを進撃するのは、貴下《あなた》や山岡の誠忠に対して返す返すも気の毒だけれども、進撃と決しますと。西郷はほろりと一滴の涙を流して其の折話された(『鉄舟言行録』二二八頁)。

西郷の心事は誠にさもあるべしと思われる。

二、鍋をかぶって寝る

師匠の此の頃の日々は全く命がけであった。上野戦争の直前は小石川に住まれていたが、或る晩、女丈夫の聞えの高い、依田雄太郎《よだゆうたろう》の母がかけこんで来て、師匠の行動を誤解して居る彰義隊の一味が、襲撃の準備をととのえて出発しようとして居るから、早く然るべき御処置をお取りなさい。と密語して去った。

師匠は急遽門下を集めて夜襲の目標は自分一人だから皆此処《ここ》を逃げろと懇にさとされた。……師匠は脱走兵の一団とあれば誰彼れの区別なく不心得をといて歩いて居たのだから無論此処を去るつもりはない。……師匠の言葉で逃竄《とうざん》したのはたった一人で、あとのものは皆師匠と生死を共にしようとして動かぬ。時は移るばかりなので師匠も仕方がなく承知された。ところで師匠は直ちに門下に命令されて、門扉を左右におしあけられ、室内の建具障子は一切はずされ、外からまる見えにして、師匠はいちばん見えすきの中央正面に座席をとって最後の酒宴を開き待受けられた。然《しか》しどうしたことか深更《しんこう》になっても一向襲撃の模様が見えぬ。其《そ》の中《うち》次第に酩酊して師匠はじめ皆うたたねをしてしまった。

やがて幾刻かたって夜のあけた気配に、師匠が先ず目をさました。然し敵の襲撃した模様は一向なかったが、無心に酔いつぶれている門下の姿を見ると、或る者は鍋をかぶり、或る者は十能を背負い、或る者は俎を身体につける等手当次第に身につけて甲冑代用とし、わずかに安心の夢を貪って居るのにはまるで狐につままれた有様で思わず、ふき出してしまったとの事である。

当夜何故襲撃をまぬがれたかと云うと、其の一味が上野を出発して湯島切通にかかったとき師匠の知人長谷川某に行きちがった。某は其《その》一団の指揮者と面識があって、何故の壮《そう》途《と》なるかを問尋《もんじん》したところ、山岡を殺しに行く、と云うので、長谷川は驚愕して、山岡の人格と苦心とを懇々と説き、其不心得をいましめたので襲撃隊も気勢くじけ其儘《そのまま》上野に引あげたとのことであった。

決死の覚悟はしたけなげな門下ではあったが、いざ死にのぞむとなかなか落着いて居られぬものと見えると後の師匠の笑い話しであった。

此頃は師匠は勝さん等と全く同格に政治向の事にも関与するようになった。五月二十日伊豆守御渡=「勝安房守・織田和泉守・山岡鉄太郎・岩田織部正」右幹事被仰付、御政治向へ関係いたし候御用向は都て取扱候間、可被得其意候、尤為心得相達可然向々え寄々及噂置候

様可被致候也（慶応四年五月二十二日江湖新聞）

遺稿

一心の号を与えて

まこころの　ひとつ心の　こころより　万のことは　なり出にけむ

劫火洞然を

安心を　すれは何にも　こわくなし　地震雷火事親父迄

骸骨を画きて

死に切て　みれば誠に楽がある　しなぬ人には　真似もなるまい

折に触れて

世の中は　さいの河原となりにけり　つめばくずるるくずるる

剣術を

うち合す　剣のもとに　迷なく　身をすててこそ　生きる道あれ

静岡の韜晦

鉄舟の心の用い方

順風に乗って事をするのは容易だが、逆風に乗り込んで行路を誤らないのはむずかしい。末期の徳川家に、しかも朝敵の汚名を受けた徳川家に、少しも疵を附けずに兵火も交えず仕末してしまった山岡の腕前には幕府の重臣は素より、薩長の間にまで隠然重きを為すに至った。それもそうだ。若《も》し山岡が居なかったなら薩長其他《そのた》の討幕派は錦旗の下に江戸を蹂躙し、徳川家は朝敵の汚名の下に、北条、足利の果敢《はか》ない末路の夢を追ったに違いなかったからだ。然《しか》もこれだけの仕事を、誰も今まで相手にしなかった窮措大《きゅうそだい》ぼろ鉄がやったのだから、みんなが俄に眼を見張ったのも無理はないことだ。

こう芽が吹き出したのをきっかけにあたりまえの人なら立身出世を謀るのだが、そこは常々心の鍛冶《たんや》に思を潜めていた師匠だ。彼はその後いろいろと持ち込まれた重任をあっさり断って、決して表面へ立たなかった。それで大抵の仕事は勝と相談し、又勝からも相談を受けて、勝にやらせた。勝は、師匠が幕府の大難を美事に片附けて以来、心から師匠を信頼し、大小となく師匠に相談し、師匠も亦《また》勝の才略を知っていろいろ献策する所が尠《すくな》くなかった。だから勝の仕事は大半は山岡の方寸から出たもので、それが勝の才気に依って完成されたのである。

斯《か》くの如く師匠の偉いところは腕でなくて、心の用い方だ。師匠だけの腕があったら、何でもやれないことはないのだが、それを師匠は決して発揮しない。いつでも内に包んで、光を蔵《かく》すことに努めた。この奥床しい心の用い方が、あの刺客を免れ終りを善くし得た所以で、そしてまた彼の死後だんだんと光彩が放たれて来る所以である。師匠がこうした優れた心の養いは彼が少年の時から親しんで来た禅の賜でなければならない。

維新後師匠は勝や西郷の勧めをあっさりことわって静岡へ退いた。そして新に七十万石に封ぜられた徳川藩の権大参事《ごんだいさんじ》をしていた。徳川麾下の旗本も多くは之に従って静岡へ移ったので、師匠はそれ等に牧之原の開墾をさせた。

静岡へ移ってから師匠は依然弊衣破帽《へいいはぼう》で、一人で藩内を歩き廻り、親しく民情を察して藩の治安開拓に骨を折った。清水の次郎長が山岡に推服し、雲井《くもい》竜雄《たつお》が縁側から擲り投げられたのもこの当時の話である。

下駄を拾って逃げ出した雲井竜雄

一

維新の風雲がやっと静まったばかりで、まだ世はほんとの泰平にならず、四方にいろいろな企図を有する者がうろついていた。雲井もその一人である。

雲井《くもい》竜雄《たつお》は米沢の藩士で本名は小島守善《もりよし》といった。曽て江戸に上り安井息軒《そっけん》の門に入り、刻苦勉学した。主として王陽明学を好み、大塩平八郎に私淑するところがあった。又詩人肌の男で、能《よ》く慷慨《こうがい》の詩を作り任侠の士をもって自認した策士である、維新の初め、徴士として京都に在ったが、曩《さき》に徳川氏が潔よく大政を奉還したに拘らず、賊名を負わされたままでいたのを憤慨し、上書して其の冤《えん》を愬《うった》えたが納《い》れられなかったので集議院の壁に一詩を書して去った。

天門之窄《キハ》レ於レ甕《ヨリモ》。　不《ズ》レ容《レ》射《ル》レ鉤《ヲ》一管仲。
蹭蹬無《シ》レ恙《ガ》旧麟麒。　生《キテ》還《ル》二江湖《ニ》一真一夢。
自《ラ》笑《ウ》豪気猶《オ》未《ダ》レ摧《ケザルヲ》。　毎《ニ》レ経《ル》二一難《ヲ》一一倍《シ》来《ル》。
睥《スルニ》二睨蜻蜓洲首尾一。　欲《ス》下向《ツテカ》二何《レノ》処一試《ミント》二我《カ》才《ヲ》一上。

溝壑平生決《ス》二此《ノ》志《ヲ》一。　命乖《キ》道窮《ル》何《ゾ》足《ラン》レ異《ムニ》。
只《タ》須《ラク》二痛飲酔《テ》自《ラ》寛《ウスベシ》一。　埋《ムル》レ骨《ヲ》之山《ハ》到処《ニ》翠《ナリ》。

竜雄は上書の趣旨が納れられなかったので此上《このうえ》は幕軍を助けて官軍と称する薩長に抗するのだと以来東北の諸藩を遊説し、或は幕軍の脱兵と結んだが、会津も落ち函館も平定し、天下一統に帰したので、止むなく地にひそみ、明治二年、芝二本榎《にほんえのき》に「帰順部曲点検所」と大書して同志を集めた。

雲井はまず長州を説いて、そして薩州を殪《たお》す計画をした。それで長州出の広沢参議を説き付け山岡も抱き込むつもりで静岡へやって来た。

山岡が雲井に会うと、雲井は滔々と天下の大勢を説いて二時間ばかりたて詰に述べた。

黙然と聞いていた山岡は、

「もうそれだけで、云うことはないのか」

と初めて口をきいた。雲井は山岡の言葉が変なので、山岡の胸を測りかねて、だまって返事もせず、その顔を窺うと、いきなり山岡が、

「この野郎！　今天下が漸く治まったばかりなのに、余計なことなんか考えやがる！」

と、矢庭《やにわ》に雲井の襟首をとっつかまえて、縁から外へ擲り投げた。

驚いたのは雲井である。狼狽《うろたえ》くさって、起き上ると、傍にあった自分の下駄を摑むなり、

跣足《はだし》のまま逃げ出した。
山岡から呆々《ほうほう》の体で逃げ帰った雲井は、同僚に
「だめだ。山岡というやつはしょうのないやつだ。理窟じゃいかぬのだから始末に了《お》えぬ」
と話したということだ。

二

何時か、此《こ》の話を道場で大勢人が寄ってる時、誰かがみんなに話してきかせていると、側に居合せた師匠がこれを聞いて、

「そんなこと何処できいて来た?」

というので、その男が、

「先生、こりゃほんとの話ですか」

と訊くと、

「むむ、そんなことがあった」

と云った。その時、一人が、

「雲井竜雄と云うのは豪傑ですか」

と訊いたら、師匠が、

「逃げしなに下駄をひろっていくだけ偉いとも云えるが、豪傑でも何でもねー。人見の

少々覇気のあるやつと思ったら間違ない」
と云っていた。人見とは人見寧《ひとみやすし》のことで、当時茨城県知事をし、雲井と意気相投じた無二の親友で山岡へはよく来た人である。

徳川家の処置と鉄舟

一

話は前後するが徳川家が静岡に封ぜられ、鉄舟も亦《また》静岡に韜晦《とうかい》するに至った前後の事情はこうだ。

明治元年四月四日、勅使入城して寛典の朝命を伝えられ、慶喜は願いの通り水戸表に退去謹慎を命ぜられたので、十一日の城明け渡しの当日をもって愈々《いよいよ》水戸へ退隠することとなった。

此《こ》の日、前将軍慶喜は積日の憂苦に顔色憔悴し髯も延びていた。黒木綿の羽織に、白小倉縞の袷《あわせ》をつけ、麻裏草履という質素な装で、江戸を立ち去られる前将軍の悲しき姿には、沿道の人々は皆流涕して「おいたわしや」の歎声を発したとのことである。

従《したが》う武士は、供頭が若年寄浅野美作守《みまさかのかみ》氏祐《うじすけ》、警固には新村主計頭《かずえのかみ》、家来三十余人を率え、中條金之助は精鋭隊五十人を率え、高橋泥舟《でいしゅう》は遊撃隊五十人を率えて警固《けいご》長であった。

海舟は千住駅まで見送って涙ながらに暇をつげたが、師匠は江戸城の後始末の為、供をすることが出来なかった。

其後《そのご》水戸に謹慎した徳川家の処分はなかなか極らなかった。此の為、旧家臣等の中には憂慮のあまり、次々と各地に不穏な計画をめぐらすのであった。さきに静岡で師匠と固いちかいをたてた西郷隆盛は殊《こと》にこれを心配して、「今日の急務は速かに徳川家の処分を決定して、幕府の臣属等を安堵せしめ、人心に疑惑の念を起させぬようにすることが第一で其の上尚お服従しなかったならば其時こそ断然たる処置に出でねばならぬ」と、自ら京都に赴き廟堂に謀り、幾多曲折の結果遂に三条実美《さねとみ》が大観察使《だいかんさつし》となり、江戸の形勢を実査して之が処分をするの全権を委任されて江戸に下った。其結果、閏《うるう》四月二十九日を以て徳川家名相続の儀を田安亀之助《たやすかめのすけ》へ仰せ出され、越えて五月二十四日に至り、駿河国府中の城主として、領地高七十万石を下賜さるる御沙汰があった。此の田安亀之助こそ、現存の徳川家達公《いえさと》である。

二

水戸に謹慎した慶喜にわかれた後も師匠の苦労は並々のものではなかった。勝海舟と力を合せて日夜不平鬱勃たる幕臣浪士の慰撫説得と市中の治安維持に奔走したが、其《その》効なく遂に彰義隊の乱がおこり、其の余波は会津をはじめ東北諸藩聯合して王師に抗する結果となった。

慶喜の退隠した水戸は奥羽に境を接している上、会津には水戸の脱兵も多く居るので、万一の際は、慶喜の恭順にも、いかなる妨げあるやもはかられず、慶喜はじめ、心ある士は此の事を非常に憂慮していた。

関口隆吉は此事を知って大いに案じ、其の善後策として慶喜を駿府に移す計画を立て、薩摩の小松帯刀《たてわき》や大久保利通等を歴訪して賛成を得た。この企を聞き、かねて其志しをもっていた師匠は早速かけつけて此《こ》の事に協力し、両人熟議の上、三条監察使に上申書を呈した、此の案は大統督府も監察使も無論喜ぶところであったから、直ちに聴許され、願の通り慶喜は静岡の宝台院に謹慎することを許された。

かくて慶喜が水戸を発したのは、七月十九日で、恰《あたか》も江戸が東京と改称された月であった。銚子の対岸にある常陸の波崎《はさき》から、当時未だ残艦を率いて品川にいた榎本釜次郎の手により、静岡の清水港迄送られたのである。八月には慶喜の後を嗣いだ徳川家達《いえさと》も静岡に移り、師匠も海舟も一翁《いちおう》も少し後れて泥舟《でいしゅう》も皆静岡に移るに至ったのである。

徳川家存続の為には血を吐く思いの苦難を続けていた師匠にとっては、これで稍々《やや》安心が出来たのである。雲井竜雄等の近眼者連が徒《いたず》らに慷慨《こうがい》して、師匠につまみ出されてしまうのも尤《もっと》ものこととといわねばならぬ。

山岡と清水次郎長

一

師匠が俠客次郎長を知って、何かと目をかけてやるようになったのも此の頃である。

徳川亀之助（家達）が、駿河へ七十万石で封ぜられるのを見届けた榎本釜次郎（武揚《たけあき》）は、明治元年八月十九日、軍艦帆前船八隻に同志三千五百を分乗させて品川湾を脱走し陸奥に走ったが、途中大暴風にやられて其《そ》の中の一隻咸臨丸《かんりんまる》は破損おびただしく、ながされて九月二日清水港に漂着した。此の脱走には政府方も徳川方も愕然色を失った。八隻の軍艦とは云え当時にあっては日本一なのでどんな大事になるか判らず、政府の狼狽したことは『太政官日誌』に明かである。殊に徳川方では切角無事に切りぬけて来た恭順の趣旨が立たなくなるので、領海は勿論《もちろん》外国にまで触れて、見付け次第撃沈するように依頼し、政府には度々平岡・浅野・織田・勝・山岡等藩政輔翼《ほよく》の連名で不仕末を詫びている。それがところもあろうに清水港に這入ったのだ。へとへとになっている乗組員も此処《ここ》が官軍注視の的である清水港であるのには吃驚《びっくり》した。この船は安政四年オランダから買込んだヤッパン号（百トン）のなれの果てのぼろぼろ船である。

乗組員の大部分は直ちに艦の修繕の手筈をつける為に上陸し、後に副艦長春山弁蔵、士官長谷川徳蔵、準士官長谷川清四郎、同春山鉱平、同加藤常次郎、同今井幾之助外水兵一名が残っていたばかりだった。其処《そこ》へ官軍の軍艦三隻が追って来て猛烈な砲火をあびせ果ては大挙して斬込んで来た。春山弁蔵はまだ十七歳の若輩だったが、すでに妻子があり剣道も達人だったので群がる官兵を数名斬っておとしたが、衆寡敵せず味方は一名のこらずずたずたに斬られて海にすてられた。海に浮んだ屍体はわずか七個だが、通常の戦死ではなくずたずたに斬られて波のまにまに漂うて居るのはまことに悲惨なものだった。空しく数日を過した賊名を負うた死骸には、時節柄後難を恐れて誰一人手を附ける者はなかった。

伊豆、駿河、甲斐、遠江、三河に並ぶ者がない大親分と立てられた清水次郎長事《こと》山本長五郎は当時、官軍東下の砌《みぎ》り人足・食糧を供給した功により帯刀を許されていたが、よし賊軍とは云え、死骸になったものを見棄てて置くと云うことは、次郎長として持前の仁侠が許さなかった。流石に躊躇する子分等を励まして舟を出し、一日の中に悉《ことごと》く死体を収容して懇《ねんごろ》に葬らせた。此《こ》の噂は忽《たちま》ち駿府にも聞えてひたすら官軍をおそれている城中の物議の種となった。

藩政に参与していた師匠は役目柄次郎長を喚んで糺問した。

「仮初《かりそめ》にも朝廷に対して賊名を負うた者の死骸をどういう料簡で始末したのだ」

もとより覚悟の次郎長は悪びれた景色もなく、

「賊軍か官軍か知りませんけれども、それは生きている間の事で、死んでしまえば同じ仏じゃございませんか。仏に敵味方はござりますまい。第一死骸で港を塞がれては港の奴等が稼業に困ります。港の為と仏の為とを思ってやった仕事ですが、若しいけないとおっしゃるなら、どうともお咎めを受けましょう」

ときっぱり云い放った。

「そうか、よく葬ってやった奇特な志だ」

あまり簡単に賞められてしまったので、次郎長もいささか拍子抜けだ。

「それならお咎めはございませんか」

「咎めどころか、仏に敵味方はないと云う其一言が気に入った」

「有難うございます。そう承われば私も安心、仏もさぞ浮ばれましょう」

喜んで帰った次郎長は、更に港の有志を説いて自分が施主となり盛大な法会を催した。師匠は求められるままに墓標をも認めてやった。大丈夫も及ばぬ次郎長の俠骨に喜んだとは云え此際の処置として到底小人輩の出来る芸ではない。

現在清水市の中央を貫流する巴河畔に祀られてある「壮士之墓」は即ち之れである。

二

此の事が縁となって次郎長は師匠の邸へ、屢々出入するようになった。師匠が四谷に移ってからも、はるばる訪ねて来ては泊っていった。或る時次郎長が話の序《ついで》に妙なことを云い出した。

「先生！　撃剣なんてたいして役に立たねえもんですねえ」

「どうして役に立たぬな」

「そりゃわっしの経験ですがね、わっしが刀を持って相手に向うときはよく怪我をしたもんですが刀をぬかずに――此の野郎！――と睨みつけると、大抵の奴は逃げちまいますよ」

「そういうこともあろう。それでは、お前は其処《そこ》にある長い刀で、何処からでも俺に切りかかって来い。俺は此の短い木太刀で相手をしよう。若し俺にかすり傷一つでも負わせたら、お前が勝ったことにしてやる」。負けぬ気の次郎長はしばらく端然と坐っている鉄舟をにらみつけていたが、

「これはいけねえ。どうしてもおまえさんにはかかれねえ、此《こ》のすくんでしまう気持はどうしたわけだろうね。先生にはわかってるだろうから教えてお呉《く》んなさい」

「それはお前が素手で此の野郎と相手をすくませるのと同じことだ」

「それではわっしが素手で此の野郎！　と相手を睨めると何故相手がすくむんだね」

単純な次郎長は一心に追及してゆく。師匠は楽しそうに諄々と言葉をついでいる。

「それはお前の眼から光が出るからだ」

「撃剣を稽古すれば、余計出るようになりますか」

「なるとも！　眼から光が出るようにならなけりゃ偉くはなれねえ」

師匠は側の画箋紙に

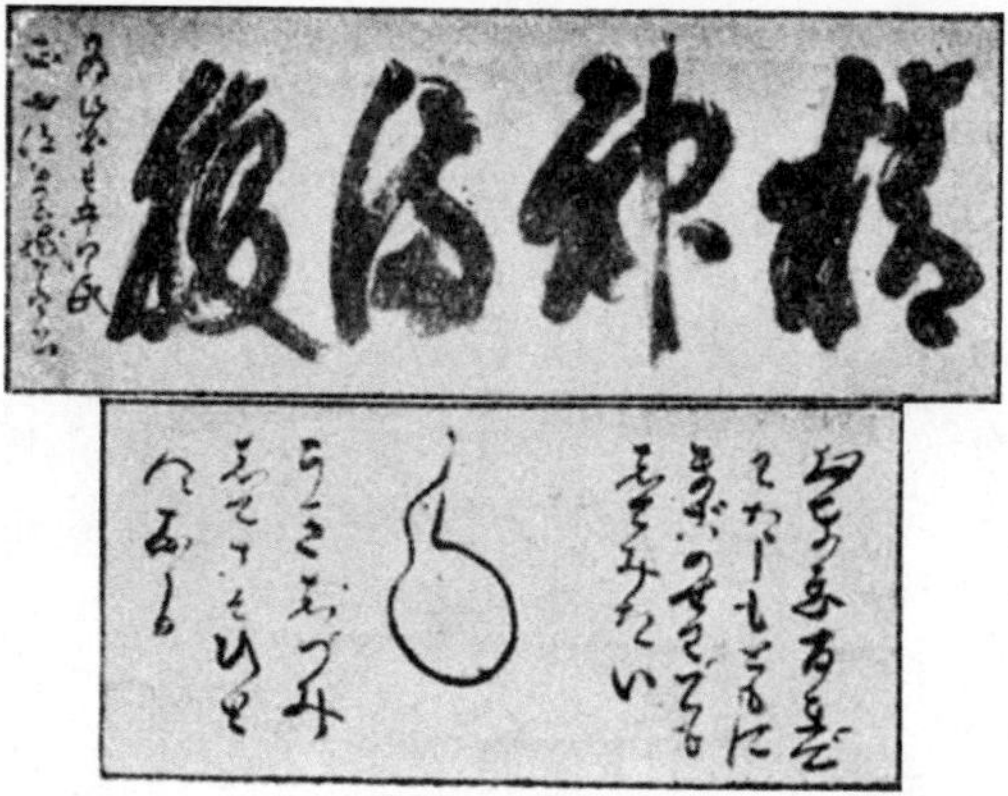

上　次郎長に与えた鉄舟の書
下　次郎長の書

「眼不レバレ二放タ光輝ヲ一非ズ二大丈夫ニ一」と大書して与えた。

次郎長はこれを表装して、ずっと床の間にかけていた。今でも次郎長の家に伝わっていると云うことだ。

三

まだ廃刀令の出なかったうちのことだ。四谷に遊に来た次郎長に、師匠は一腰の短刀を与えた。

「是は頗《すこぶ》る名作だ。だからやたらに抜くんじゃねえぞ、おまえが一生の大事の時以外は決して抜くんじゃねえ」と師匠は堅く戒めて次郎長を帰した。次郎長は喜んで短刀をもって帰途につき、箱根山にさしかかったとき、肩輿を傭《やと》った。山深くなり物寂しいところに来ると、風の悪い輿夫《かごかき》は次郎長とも知らずに酒代《さかて》をねだり出した。もとよ

り次郎長は応じない。すると輿夫は大いに、怒って
「この老毛漢《おいぼれ》！　貴様、箱根山のおきてをしらねえか。知らなきゃここで下りて帰れ！」

と難題を吹きかけた。次郎長爺はこれを聞くと持前の疳癪《かんしやく》一時に勃発して思わず刀に手をかけ両断しようとした。

此の時、忽ち《たちま》師匠の厳戒を思い出して、怒りを微笑にまぎらせ、

「よしよし酒代は望み通りやるから、兎に角約束の三島までやれ」

ということになって、やがて三島に着いた。

すると三島の宿には、かねて親分の帰るときがわかって居たものと見えて、数十名の乾《こ》分《ぶん》が出迎えに出て居て、輿から出た親分に平身低頭、甚だ謹んで旅の無事を祝する有様に、輿夫ははじめて音にきこえた次郎長親分であることを知ってびっくり仰天してしまい、生きたそらはなかった。

これをじろりと見た次郎長は
「そら、酒代だよ」

と懐からいくらかの金をつかんで投げた。

輿夫はただ平蜘蛛のように、おじぎするばかりで手を出さず、後次郎長の男に感じて前非を誨い、許されて乾分の群に這入ったそうだ。

山岡と静岡茶

一

師匠は徳川家達《いえさと》公が新たに静岡藩に封ぜられることになると、権大参事《ごんだいさんじ》に任ぜられ藩政輔翼《ほよく》の大任を引受けて、江戸瓦解善後の処置を講じねばならなかった。何分にも家達公の新たに賜わったところは、駿河・遠江・陸奥の七十万石に過ぎないのに、帰順して中下大夫《ちゅうげだゆう》・上士《じょうし》と称せられた旧家臣の禄高が、合計三百八十万石にもなるので勢い存続が許されず「禄離れ」と云うことになっている。是等の人は農商等に従事することを許されたので、才略ある者は所謂《いわゆる》「武士の商法」に転じたりしたが、多くは主家に離れた犬同然、徒らにうろうろするばかりであった。そして一つには旧主なつかしさと、一つには何とかなろうと思われる当面の行先に、無禄出仕と称してぞろぞろ静岡に移住して来る先ずこの仕末をしなければならなかった。其処《そこ》で師匠の目論だのは「牧之原開墾」である（此の家禄奉還の結果些少の資本を得た者も大抵は忽ちこれを蕩尽して、一転して窮民となり、再転して暴民となる有様に、山岡は後々迄心を痛め、屢々岩倉公に献言した。岩倉公もこれに賛し、明治十一年七月には進んで士族授産の議を政府に提出している）。

師匠は徳川家から牧之原を貰い受けて、自分の先輩ではあるが師匠に兄事している（後門下となった）中條景昭《かげあき》を隊長とし、大草多起次郎《おおぐさたきじろう》・松岡万《よろず》・村上政忠等の親友門下を督《とく》して先《ま》ず此《こ》の仕事に当らせた。

牧ノ原は東海道金谷駅附近、大井川下流一帯の台地である。大井川旧三角洲の隆起して出来た主として礫層《れきそう》からなる荒蕪地である。当時棄てられて全く顧みる者の無かったこんな原野に目をつけるなんて全く鉄舟らしいではないか。又両刀をたばさんで江戸を闊歩した連中が、名利に恬澹《てんたん》な山岡のすすめなればこそ甘んじて鋤鍬をとったのだ。師匠は此の金谷の人々に対しては生涯よく面倒を見てやった。

今日牧ノ原は一面に耕作され、樹枝状にのびた台地には自然の傾斜が利用されて遠州茶が日本一の産額を誇って居り、谷間には豊に稲が作られている。

静岡県産業開発に対し鉄舟の功労も大なりと言わねばならぬ。当時師匠の義兄高橋泥《でい》舟《しゅう》は田中の奉行をし、師匠に一刀流《いっとうりゅう》を手ほどきした井上清虎《きよとら》は浜松の奉行をした。

当時師匠の住居は静岡市材木町で、旧幕時代十分一と呼ばれた倉を其儘《そのまま》買取った安倍川の岸で洪水の時など家の下まで水がおしよせたとのことだ（鉄舟長女松子刀自談）。

師匠の公明無私の活動は深く部民の敬愛するところとなって、恰《あたか》も赤児が慈母を慕うような有様であったと、他の書物に見えるが、此《こ》の自然の大人気を持つ師匠を、物騒な人間のうようよしている静岡に置くことを余程嫌っての事か、新政府は明治四年十一月、茨城県参事に師匠を任じ、纔《わず》か一ヶ月にして九州伊万里《いまり》県の権令《ごんれい》に転ぜしめている。

師匠は構わぬようでいながら、施政の技倆もすばらしかったものと見える。

伊万里県権令となったときの話を聞くと、伊万里県は九州で最も難治のところなので鉄舟をやれと、云うことになったのだそうである、旧藩の頑固士族は此の新令の人となりを知らずして窃《ひそか》に軽侮《けいぶ》する様子があった。

師匠は毎日深編笠を冠《かぶ》り、供一人を召連れて市中を放吟闊歩《ほうぎんかっぽ》したので、益々新令を軽侮してあからさまに「馬鹿県令」と呼ぶに至った。

師匠は一向意に介せず、数旬の視察に、民情を詳知し、難治の病根を究めて、忽《たちま》ち賢を抜き不能を汰《た》し、山積の書類を焼き、無実の罪に囚われている囚徒を放ち、一刀両断、日ならずして廓清《かくせい》の実を挙げ、さしも難治の県も、其の剛明果断に服して昔日の観をあらためたとのことだ。

二

今日の遠州茶を作り上げた直接の功労者は、なんといっても中條金之助（景昭）と大草多起次郎（高重）とである。明治十一年十一月明治大帝には北陸東海御巡幸の際、静岡の行宮に御駐輦《ちゅうれん》遊ばされ、鉄舟は供奉《ぐぶ》申上げていた。畏くも大帝には山岡から中條・大草両人が荒蕪地開墾に功労ある趣きを聞召されて天長節の翌四日、親しく両人を行宮に召して拝謁仰附けられ、御下賜金迄《まで》賜わっている。此の無上の光栄に浴して両人の労苦は充分酬いられたものと云うべきである。

中條金之助は旗本では有名な剣士で、年齢から云っても寧《むし》ろ師匠より先輩であった。維新後遠州金谷ヶ原に退隠し、剣を売って犢《こうし》を買い、門人と共に原野を開墾し、茶を作り、清貧を守って生涯を終えた。平素耕耘《こううん》の際にも短い袴をはき、威儀をくずさなかった。近郷の民は金原《きんばら》の先生と呼んで敬仰の的となっていた。断髪令をしかれて後も、おしそうに結髪していた（此の人のあとは失敗して今金谷には居らぬ）。

東北東海地方御巡幸記より（明治十一年十一月四日・宮内省記録）

此日、本県士族中條景昭・大草多起次郎、牧ノ原開墾ノ業ニ従事スルノ功労ヲ聞召サレ、謁ヲ賜イ右大臣ヲシテ褒辞ヲ伝エ別ニ該事業同志中へ金千円ヲ賜ワシム。蓋シ牧ノ原ハ遠江国榛原郡ニ属シ、古来荒蕪ノ地タリ、明治二年静岡藩政ノ際景昭等二百余名ヲシテ開墾ノ事ヲハカラシム、景昭等該地ニ付榛莽ヲ誅シ荆棘ヲ鋤キ、自ラ耒耜ヲ採テ耕耘ニ服スル于茲十年資ヲ費ス二万円、現ニ開墾スルトコロ二百余町而シテ地味最モ茶樹ニ適ストヱウ。

明治大帝と山岡

山岡の宮中出仕

山岡は明治四年まで静岡藩の権大参事《ごんだいさんじ》をし、其《そ》の後、茨城や九州等兎角《とかく》不穏な土地をまわらせられていたが、岩倉さんや西郷が勝を説いて山岡を動かし宮内省の侍従にした。当時旧旗本は山岡の指導下に開墾に従事して藩下に集まっていたし、山岡のとこへは変った連中が絶え間なく往来していたので、政府でも中心的人物の存在を物騒に思ったのだろう。勝は当時海軍卿になっていた。

山岡は勝の推挙を一旦断ったが、達《たっ》ての懇望に「それでは十年間勤めよう」という訳でまた都へ出た。

当時宮中は、明治大帝の御英断によって革新され、側近に奉侍する女官は悉《ことごと》く遠ざけられて、忠誠剛直なる真の王佐《おうさ》の材がしきりに登傭《とうよう》せられ、鹿児島の吉井友実《ともざね》・熊本の元田《もとだ》永孚《えいふ》氏をはじめ、薩摩の村田新八《しんぱち》、高島鞆之助《とものすけ》、佐賀の島義勇《しまよしたけ》、越前の堤正誼《まさよし》等が出仕していた。

『鉄舟言行録』と云う書に鉄舟の随筆と称して「朝廷に奉仕する事」という一文がある。然し文章が鉄舟と違い、またその言う所も不徹底で、鉄舟の書いたものとは思えないのみならず、文末に載っている和歌が変だ。

あの文末にある「晴れてよし曇りてもよし富士の山もとの姿はかわらざりけり」の和歌は、山岡が、三島の竜沢寺の星定和尚のところへ坐禅に通ってる際、山岡が箱根で富士を見て豁然大悟した時の歌で明治五年十二月の作じゃない。山岡の三島通いは山岡が宮内省へ出てからのことで、てんで時代が違う。

また「馬車ならでわが乗るものは火の車かけとる鬼の絶ゆる間もなし」の狂歌は明治十八年かに乗馬令が出たとき、人力車に乗っている山岡に徳大寺さんが、「あなたも馬車にされてはどうです」といったので、即興に作って書いて贈った時の歌で、明治五年のことじゃありゃしない。こんなことが鉄舟の随筆として載って居り其後出た色々な書物にも皆採用しているのだからいけない。

まる十年たって明治十五年五月山岡は「最初の約束どおり十年勤めたのだから、もう御免蒙る」といって辞職してしまった。明治大帝は深くこれをおしまれて、六月二十四日朝井上参議を勅使として四谷仲町の山岡邸に下向せしめられた。山岡は聖恩の渥きに感泣し、駕を待たずして午前十一時井上公と同車で参内した。大帝は太く御歓びになり、直ちに御前に召して二等官に進められ、特に　陛下の思召で一生涯宮内省御用掛を仰付けられた（明治十五年六月二十四日郵便報知所載）。

この十年のうちには　明治大帝と山岡との間には、いろいろ貴い逸話が残された。なにせ君は不世出英邁な主で、臣は精忠無二の臣であったのだから、そうした挿話の生れたことは、思えば当然のことでもある。その中一、二人口に膾炙した事柄もあるが、それとて九重の上の事で事実とは大分誤り伝えられておる。後世のため、それなども訂正して置いた方がよいと思う。

誤り伝えられた大帝との角力

山岡が明治大帝と角力《すもう》をとって、陛下をお投げ申したということは、広く人のいうことだが事実は違う。山岡は角力のお相手をしたのではない。

もともと先帝陛下は、畏れ多くも明治維新の大業を全う遊ばした絶世の御偉材でおわしましただけに、お若い頃はなかなか烈しいお元気で、その豪放な御振舞には近侍の方々もほとほとお相手に困らせられた位であった。御酒はお強くて、いくら召し上がられても、少しも御酒の上の御調子が変らせられず、またそうして夜を徹せらるることも度々であらせられた。御体重は二十何貫とおありで、お力も従って強く、角力はお好みでよくおとり遊ばしたが、体力がお強いのでそのお相手になる近侍の者は、痣や、擦傷が絶えなかった。あまり陛下の御振舞がおはげしいので、山岡は、一度は是非お諫め申して、御反省を乞い、万乗の君をして真に九鼎大呂《きゆうていたいりよ》の重きを為さしめなくちゃならぬと胸に畳んでいた。

そこへ図らず機会が来た。

ある日、陛下は山岡に向って、

「おまえは撃剣をやるが、角力も屹とうまいであろう。一つ立ち合わんか」

と仰せられた。山岡は謹んで、

「角力の道は鉄太郎弁え申しませぬ」

とお断り申し上げた。

山岡がお断りすると、陛下にはいきなり山岡めがけて不意にぶっつかっておいで遊ばした。座って居た山岡は、

〔欠落ママ〕

この出来ごとは瞬間のことなので、近侍の者一同は気を奪われてしまって、唯あ、あ、と手に汗握ったまま、どうすることも出来なかったが、やがて、何れも総立となって、

「退れ！　山岡！」

と忽ち大騒ぎになった。するとぎろり山岡の眼が光って、

「不敬なことは山岡、万々承知である！」

と一同を睨みつけた凄さに、みんなは、はらはらしながらも手が出せない。

誠忠《せいちゅう》の為にはもとより決死の山岡は平素胸中に包蔵《ほうぞう》していた思いの数々を述べて苦諫《くかん》中し上げた。そして最後に、

「唯今までの御行跡《ごぎょうせき》の改まり遊ばさねば、鉄太郎今日かぎり出仕つかまつりませぬ」

と、呆気にとられて立ち竦んだ一同に眼もくれず、退出した。

山岡は家へ帰って、謹慎して居ると、次の日岩倉さんが山岡の邸に見えた。

流石は御聡明な明治大帝である。岩倉さんを以て山岡に、

「朕も今までのことは悪るかった。角力と酒とは以来廃《や》めるによって、そちも是《こ》れまでどおり出仕せよ」

との有り難き御諚。山岡は覚えず「はっ」と頭を下げ、感激の涙の胸にこみあげて来るのを禁じ得なかった。

岩倉さんが帰られると、直ぐ山岡は服装を改めて参内し、前日の不敬をお詫び申上げたのである。

此の後陛下には角力を全くおやめ遊ばした。御酒は一と月ほど経て、山岡が葡萄酒一《いち》打《ダース》献上したので、それから御解禁遊ばされたが、今までのように徹宵《てつしょう》お召しになるようなことは全くあらせられなくなった。

山岡の誠忠はさることながら、明治大帝が山岡の苦諫をお容れ遊ばして、岩倉さんを以て有り難いお言葉を賜わり「今までどおり出仕いたせ」と仰せられたに至っては、御胸襟《おんきようきん》のお広さ、何とも畏れ入った次第である。一国の帝王として何事も意のままに振舞える筈の御身で在しながら、速かに過を改めて猶お且つその人を愛するおひろい御心に至っては、何とも恐れ入った次第で、維新の大業を全う遊ばしたことの決して偶然でないことを泌々感じさせるのである。

竹橋騒動

一

竹橋騒動の時、山岡の家は仮皇居の近くにあった。

この騒動は明治十一年八月二十三日夜半の出来事で、西南役のあと下士卒に対する論功行賞が正しくないということを、三添卯之助、小島万助等が張本となって二百数十人が騒ぎ出し、竹橋の兵営——今の近衛歩兵第一第二聯隊のあるところ——で週番士官《しゆうばんしかん》深沢巳吉大尉を血祭りにし、それから「こいつが元兇だ」と、橋の下の大隈さんの屋敷——今の牛ケ淵公園に相当する——に向って、夜中鉄砲を撃込んだりしたあげくおそれ多くも皇居に赴かんとして、近衛及鎮台兵《ちんだいへい》に鎮撫《ちんぶ》された事件である。この時此の事件では五十三名死刑となって落着したが、著しく当局を刺戟し急いで下士卒を行賞した。大隈さんは面喰って、裏口から逃げ出したという話だが、ほんとかも知れない。

寝て居た山岡は、御座所間近に起ったこの突然の騒動に、がばと褥《しとね》を蹴って起き、寝衣《ねまき》のままその上へ袴を穿《は》いて、床の間の刀を押っ取るなり、足袋跣足《はだし》で家を駆け出した。陛下の御身辺が案じられるので、御所へ向ったのである。

御門口で御所の警護の者に遮られたが、「山岡だっ！」と抑えた腕を振り飛ばして走り過ぎた。

御所では宿直の者始め、みんなうろたえ廻っていた。山岡はこんな人々には眼もくれず、幾部屋かを走り抜けて御寝所へ近づくと、その辺には、とんと誰も居合せず、御寝所のお杉戸は堅く緊まったまま開かない。止むことを得ず山岡はお杉戸を押し破って中へ這入った。

この時陛下には既にお起き遊ばして居られた。けれども誰一人お傍を守る人も居ない。陛下は山岡を御覧になるなり、

「おお山岡か、よう来た」

とお悦びながら仰せられた。

「はっ！」

と山岡は御前に平伏して、そのままお刀を持ってお側に奉仕した。

かれこれ一時間あまりも経つと、ぽつぽつ馬車や俥《くるま》に乗って、人々が参内して来た。見ると何れも参内服に着換えておる。これを見て山岡は、

「この危急の際、服を着替える余裕がよくある。そんなことで君側《くんそく》のお勤めが出来ると思うか」

と、みんなの心の緩漫さを咎めたが、顧れば自分はひどい寝衣のままなので陛下に其《そ》の不謹慎なことをお詫びした。

陛下はお笑い遊ばして、

「山岡、少しも構わぬぞ」

と仰せられたとのことである。

やがて夜も明け、騒動も静まったので、山岡はお暇申し上げて退出しようとすると、陛下は山岡をお呼び留め遊ばして、

「山岡、そちの携えておるその刀は、今宵そちが誠忠の紀念である。是非ここへ置いて行け」

と仰せて、山岡の刀をお取り上げ遊ばし、

「この刀があれば、朕はそちと共に居る心地して、心強く思うぞ」

と重ねて仰せられた。

爾来御座所には、いつも此の刀が置かれてあった(口絵参照)。

二

明治二十一年に山岡が亡くなると、越えて二十三年に陛下には山岡の嗣子《しし》の直記《なおき》さんをお召しになって、この刀をお下げになり、

「そちの父が忠義の紀念の刀である。大切に致せよ」

との有り難いお言葉を添えられた。直記さんは亡父が名誉の刀に、粗忽があってはならないと山岡の霊所の全生庵《ぜんしょうあん》に刀を納め、今は全生庵の貴い宝となって居る。

この話を明治六年皇宮炎上の時の如くに伝うる者があるが、それは間違だ。猶お次の文章を見ると一層当時の状況がはっきりする。文は棚橋大作（松邨《しょうそん》）が撰して、高橋泥舟《でいしゅう》が書いたもので、刀とともに全生庵に保存せられてある。

鉄舟居士遺物護《ご》皇洋刀記《こうようとうき》（原漢文）

洋刀一口《ようとうひとふり》、是れ曽て子爵山岡君の佩《お》びて以て王事《おうじ》に勤むる所の者にして、今谷中全生庵に蔵す。庵は君の創立に係り、多く君の遺物を存す。中に就き此の刀を記念の最なる者と為す。蓋し君の英武《えいぶ》是に因って伝わり、君の忠勲之に因って播《ひろ》まるを以てなり。而して刀の利鈍は与らず焉。明治戊寅《ぼいん》八月竹橋兵営の騒擾、事は倉卒《そうそつ》に起り、人心恟々《きょうきょう》たり。君変を聞き、蹶起して此の刀を佩び、直ちに禁内に趨る。時方に夜半、未だ一人の

東北御巡幸の御留守役

護衛に候する者あらず。聖上叡感《せいじょうえいかん》の余り、特旨として君が佩ぶる所の刀を解かしめ、召して玉座の側に置き、以て非常に備えたまう。且つ宜く、鉄太郎在り焉、朕亦た何をか慮《うれ》えんやと。其後常に禁内に留む。人以て栄《えい》と為す。昔八幡公、奥羽二役に携うる所の弓を献して、近衛帝の夢魘《むえん》を鎮ず。士林伝えて公の武徳弓に及ぶことを欽称《きんしょう》す。君の刀幾し矣。宜《むべ》なる哉、聖上《せいじょう》北巡、君を留めて東京の留守と為し、後宮《こうきゆう》危懼の心を安んじて毫《ごう》も顧慮し給う所なきや。君薨じて後旨あり。嗣子直記を宮中に召し、上親しく此の刀を還趙《かんちょう》し給う。直記惶恐《こうきょう》拝授して退き、之を全生庵に納むと云う。事は明治二十三年に在り。嗚呼刀は一微物のみ、正宗の鋭利あるに非ず、金装の美あるに非ず。而して一たび天顔《てんがん》に咫尺《しせき》し、永く後世の貴重する所のものと為るは、遭遇其人を得たるを以てに非ざるか。君平生心を禅理に潜め、所謂見性悟道《いわゆるけんしょうごどう》を得、事に応じ物に接して活人殺人の技倆《ぎりょう》を施す。此の刀与りて力ありと為す。余も亦嘗て君の知を辱《かたじけの》うする者、今庵主の請に応じて、略ぼ其の来歴を叙するは偶然に非ざるなり。其文卑弱にして、英武忠勲の万一を発揚するに足らずと雖《いえども》、後の風を聞いて興起《こうき》する者、庶《こいねがは》くは茲に取るところ有らんか。

松　邨　　棚橋大作撰

前の「護皇洋刀記《ごこうようとうき》」中「宜なる哉、聖上北巡、君を留めて東京の留守と為し、後宮危懼の心を安んじて毫も顧慮し給う所なきや」云々とあるのは、明治九年大帝が東北御巡幸に際し、お留守中の皇后陛下を御安心申し上げるため、特に山岡を東京に留めて置いたことを指すので、両陛下とも如何に深く山岡を御信頼遊ばして居られたかが窺われもする次第である（山岡は明治十一年十二月皇后宮亮の兼任を命ぜられ（太政官記事十二月二十四日）明治十四年五月十四日宮内少輔に任ぜられるまで此の兼任をつづけていた）。

大帝のこの御配慮は空しくなかった。それはちょうど鹵簿《ろぼ》が東京を発して千住まで行くと、御所から急使があって、「いま黒田（清隆）と井上（馨）とが喧嘩を始めて、大きな騒ぎになりそうだから、暫らく行幸を停めて頂きたい」とのことであった。鹵簿の重臣達はひどく気を揉んで、行幸を見合せようかと云う者もあったが、大帝がこのことを聞こし召されると、

「山岡が残って居るのに、何の心配があるか。構わず発程《ほってい》せよ」

と、仰せられて、そのまま北巡の途を進められたのである。これにつけても陛下の御英明さが偲ばれる次第である（当時は西郷の帰郷のあとで人心が極度に動揺していた）。

黒田と井上と喧嘩だと聞いて、山岡が行って見ると、成る程二人が真赤になって摑み合っている。黒田は傍に在った煙草盆で井上を擲《なぐ》りつけたもので、あたりは灰だらけであっ

た。二人の勢いが烈しいので、居合せた人々も手がつけられなかった。

山岡は直ぐ二人の間に這入って、仲直りをさせ、それで忽《たちま》ち一切無事に済んだ。黒田さんは当時陸軍中将で参議北海道の開拓使次官を兼ね、随分威張っていた人だが、井上さんとの喧嘩を山岡が仲裁してから、たいへん山岡を信頼して、それからは自園の茶だといっては毎年春になると新茶を山岡へ届けていた。

明治大帝が南洲《なんしゅう》西に去り、天下の物情再び騒然たる時に、東北御巡幸を御決行遊ばされたことは如何に御資性が御英邁御勇武にわたらせられたかを物語るものである。それだけに又、御留守をなさる皇后陛下の御危懼の心も深かった。当時の有様は近藤芳樹の十符の菅薦や諸新聞の記事に明かである。東京日々新聞にのった岸田吟香《ぎんこう》の記事を参考に記してみる。


六月二日此の度東北御巡幸の御発輦を拝まんと御道筋の両側万世橋より千住までの間に錐を立つべき隈もなき程に充満しぬ（中略）殊更これまでの習として貴人程夫婦の愛情はうすきものなりしが、今はそれに打かわり、此度はかしこくも皇后宮様には千住迄御見立遊ばさると承るより、婦女子達のいずれもさこそと感じ、恐れながら御心を察し奉り、争って御見送をなすため集りしものなれば、女子の数は却って男子よりも多きように覚えたり。（中略）御輦も御車も共に蓋を開き、聖上には御平服、皇后宮には薄紅梅の御衣、紅の御袴を召させられ、蝙蝠傘をささせ給うたり。

> 千住にての御休みは北組の横尾竜助かたにて（中略）凡そ十二時頃着御なりたり。（中略）午後二時十分御発輦にて、草加駅に向わせ給うに、皇后宮は先に親しく御車の側まで歩ませ給い、聖上の御乗車の折、御傘を横にし、御別れを告げたまいし御有様は何となく拝見せし賤の女までも、涙をうかべたりき。（後略）

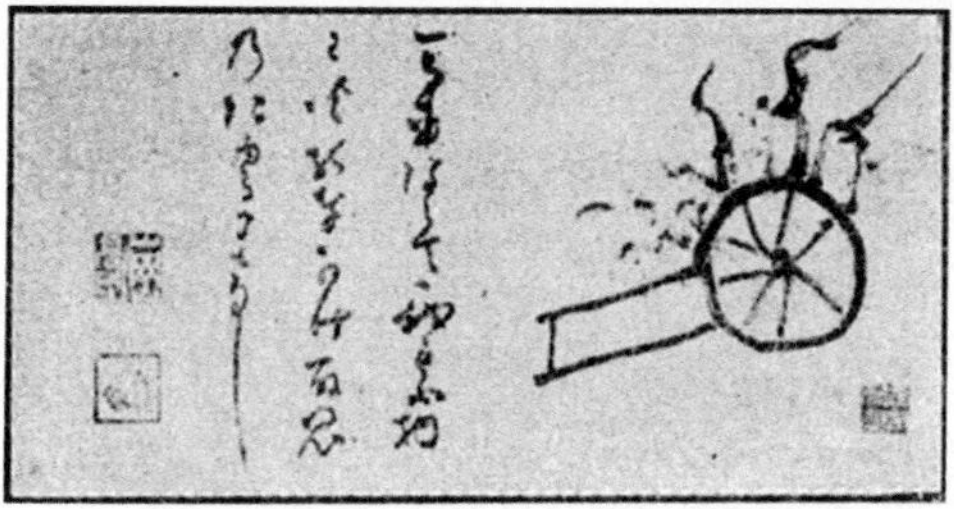

乗馬令

明治十八年かに「乗馬令」というのが出たことがある。それで勅任二等以上は馬車に乗ることとなったのだが、山岡は乗らなかった。そして相変らず俥《くるま》で済していた。すると徳大寺さん（公、実則《さねつね》、当時宮内卿）が山岡に、

「あなたはなぜ馬車にお乗りにならぬのですか」

と訊いた。

家へ帰って山岡が書をかく序《ついで》に、鬼が人力車を挽いて、高《たか》帽《ぼう》かむった人が俥に乗ってる画を描いて、

馬車ならでわが乗る物は火の車
　かけとる鬼の絶ゆる間もなし

と讃して、徳大寺さんのところへ持たせてやった。

徳大寺さんは面白がって、何かの序に、陛下にこの画をお目にかけた。陛下は大変お笑い遊ばして徳大寺さんに、

「もう一枚描かせよ」

と仰せて、更に山岡が一枚描いて陛下の御手許へ差上げたことがある。

「退屈とは何だ！」

山岡が宿直で宮中へ泊る晩は、下給の宿直員や給仕等には休息させてさっさと寝かしてしまい自分はその人達に代って御所内を巡視し、異常のないのを見届けると、三十分ぐらいぐっと座睡《ざすい》し、あとは徹宵《てつしよう》起きて居て、横になるということがなかった。

山岡がこうして起きて端座《たんざ》している所へ、ひょっこり同僚が部屋へ這入って来て、山岡のこの様子を見て、慰め顔に、

「山岡さん、退屈だろう」

と何気なく云った。すると山岡はむっくり顔を挙げて、屹《きつ》と、

「退屈とは何ですか！」

と睨んだので、同僚は蒼《あお》くなって逃げるように部屋を出てしまった。

この宿直室の傍に大時計があって、かちかちと大きな音を立てて振子が揺れるので、ほかの宿直者には耳障りでならなかった。

ある時同僚が、山岡に、

「君は宿直の時、あの時計が邪魔にならぬか。おれは耳障りで睡り悪くていけないのだが……」

と云ったら、

「そうか、おれは時計と一所に寝るから邪魔にもならぬ」

といったという話がある。

兎狩

一

明治十四年に大帝が八王子へ行幸遊ばされた砌《みぎり》、附近の御殿峠で兎狩を催され、山岡もお伴をしておった。

多数の勢子《せこ》に狩り立てられて、霜枯《しもがれ》の野を兎が逃げ廻る。その中一匹の兎が、どうしたのか山岡に飛びついた。

山岡が兎を抑えて抱き上げて見ると、毛並の美しい大兎なので、そのまま陛下に献上した。陛下もたいへんそれを愛でさせられて、永く宮中に飼養《しよう》遊ばされた。

二

帰路新宿御苑で饗餐のお催しがあって、陛下には一同の労を犒《ねぎら》わせられた。

席上陛下と山岡と何か議論して陛下の方がお負けになってしまった。陛下はお負けになったのが癪にでもお障りになったか、席をお立ちになって山岡の所へお出遊ばし、山岡の耳たぶを摑んで、いやというほどひねり上げられた。

耳をひねり上げられたのが余程痛かったと見えて、山岡は家へ帰ってもしきりに、耳たぶを気にして手を当てながら、

「いたくていけねー、つまらねーことをする……」

というので奥さんが、

「どうかなされましたか」

と訊くと、新宿御苑で陛下に耳たぶをひねり上げられたのだというので、奥さんは笑いながら「まァ」と眼を見張った。

「つまらねーことをする。おれに負けたのが口惜しいものだから、つまらねーことをする。耳が切れたかと思った」

と笑いもせず口の中で繰り返していた。然《しか》し奥さんは陛下と山岡との間に恐れ多きことながら親友以上の親しみのある様子が眼前に浮いて来て、何ともいえず嬉しさに満たされて

しまった。君臣の間が少しも隔てなくてかほどまでの親しみを持ち得るのでなくちゃ、ほんとの仕事は出来るものじゃないしまたこうまで親しい間柄は、日常どんなに楽しいことであろうか。

兎狩で思い出したが、ある時越後から鼈《すつぽん》百尾を山岡へ持ち込んで来て、「どうかこれを陛下に献上して頂きたい」とのことであった。

「承知した」と山岡は気持よくそれを受領したが、翌日そっと御所のお濠《ほり》へみんな放ってしまった。

あとで山岡がそのことを陛下に言上したら、

「そりゃどういうわけか」とお訊き遊ばしたので、

「陛下の御仁徳を鼈にまで及ぼしたまでであります」

と申し上げたら、陛下はお笑いになって、

「そりゃよいことを致した」

と仰せられたとのことである。そんな話はまだほかにも沢山あるが、みんなおんなじ心であるので省略する(陛下は色々の事についてよく臣下と御議論なされた由であるが、其の折阿諛迎合する者を、お嫌いになり、仮令どんなにお言い負けになっても、それがために其の臣下を遠ざけられるようなことはなかった由に拝聞する)。

勅命を帯びて西郷を迎えに行く

南洲《なんしゅう》が挂冠《けいかん》して野に下ろうとしたとき、山岡は陛下に、

「西郷を今手放したら、二度と出ません」

と言上したのであったが、終《つい》に南洲は郷里へ引き込んでしまった。

政府では何とかして西郷を再び出盧《しゅつろ》させようと骨を折ったが西郷は動きそうもない。それで終《つい》に陛下から山岡に西郷を迎えに行って来いとの優詔《ゆうしょう》が下った。——たぶん明治七年のことであったと思う（明治七年三月　御用有レ之九州へ被ニ差遣一候事）。

山岡は西郷が官を辞したとき既にその再び出ないことを知って居たので、今迎えに行ったところでむだであると思ったから、

「それはだめで御座いましょう。迎えに参りましても出ますまい」

とお断り申し上げた。然し陛下は

「それでもよいからとにかく迎えに行って来い」

と仰せられたので、「さらば」と一人飄然鹿児島へ向った。

鹿児島へ行ったら西郷はちょうど留守で家に居なかった。「何処《どこ》へ行ってるのか」と訊いたら、

「近所の温泉へ行ってる」とのことで、更に其処を尋ねた。

西郷は山岡の来たのを見ると、

「迎えに来たのか」

ときいた。

「むむ、そうだ」

と云ったきり、あとのことは西郷も聞きもしなけりゃ、山岡も話しもせず、只四方山《よもやま》の物語りで飲み出した。

別れるとき山岡が、西郷に、

「書を二、三枚書いてもらおうか」

と云った。

「何にするのだ」

と西郷がきくので、

「人に頼まれたのだ」

と云ったが、実は山岡には再会を期し難い心持もあった。

「そうか、それじゃ、おれにも書いて置いてくれ」

と二人で五、六枚書き合って別れた。

これは何かの時師匠がおれに話した筋だ。——出るの、出ないのと、互にそんなことを何も話さないところがいい。折角勅命を帯びて遥々九州の果まで行ったのだから、本来なら何とかも少しその辺の話が出るのがあたりまえなのだが……。

その時南洲が山岡に書き残した書の一つに「成趣園《じょうしゅえん》」というのが今でも全生庵《ぜんしょうあん》にある。これは山岡が自邸園の号を特に嘱望して書いて貰ったものである。

大西郷帰国の頃（松岡万氏日記備忘雑記より）

○

明治七年二月十三日薩の芝山氏の話に西郷先生帰国以来天下擾乱の体に赴きたるにより、嶋津従二位公に□原（虫喰にて一字不明）及び江田両士より勤め「三郎殿御子達の中、勅状を持ちて西郷先生の迎に参られ候わば如何や」と気色を伺い申出たるに、案に相違し「いやとよ吾自身に往べくし」と申出されたり。之によって両士大いに悦び、其旨大久保利通殿に申し、又三条公へ申出されしに、三条公御流涙にて殊の外悦ばれ、其段参議衆と御相談に相成り、三条公御宅へ参議衆御集合にて、島津殿を御招待相成り、段々の御手段等御尋問の上、御答御尤もに付、薩州へ参られ候ようの勅命有之候由（中略）

○

昨十四日大久保利通殿、九州へ発向相なしり由。三郎殿は明日御発途の由、山城祐之子、話には九州鎮撫令有之し趣也。

「汝久光、近日鎮西ノ形勢ヲ憂イ自ラ鹿児島県へ赴カント、縷々上陳ス。朕甚ダ至誠ノ衷情ヲ感ズ。今ヤ国家多事ノ際、朕ガ左右離ルベカラズト雖、事情亦止ムヲ得ザルニ出ズ。宜シク急ニ本県ニ至リ夫能力ヲ竭スベシ。尚速ニ帰京有ルヲ俟」

以思召鹿児島へ被遣候事、二月十七日於府庁芝山氏より予に示さる。帰宅誌之。

○

廿日、老公鹿児島に到る。直ちに祝之助殿をもって西郷を招く。時に西郷温泉に在り、猶急使を以て速に相見んことを請う。同廿二日帰って老公に謁す。老公日

「汝輩職を辞せしより、中外議論紛々岩倉公の変あるに至て物情益々安からず。鎮西の諸県或は封建論を主張し、或は征韓を唱え、終に佐賀の暴挙あるに至り本邦殆ど土崩の勢あり。仰々戊辰、維新の成業を成すや、余積年の宿志にして汝輩死生を顧みず尽力するに寄るにあらずや。然るに方今の形勢に至るを傍観坐視するに於ては、其責豈免るることを得んや、日夜之を思て恐懼に堪えず。故に余病床にありと雖、自ら奮って鎮西の鎮撫に赴かんことを願う。忝くも勅書を以て其事を嘉納す。余感激に堪えず。波濤を侵して速に本県に達す。熟思うに近年汝と議合わざるもの多し。故に自ら隔絶の形をなす。これ県下方向を一にせざる所以なり。自今汝と同心協力以て国家を維持せんと欲す。汝も亦奮発速に出京せんには、上は天恩の辱を報じ、以力心事を慰するに足る。冀くは能く之を諒察せよ。」

と示すに勅書を以てす。西郷謹んで答えて曰く
「朝命の重きを奉って、旧君病苦を侵し遠く来て臣に諭すに誠を以てす。臣恐懼に堪えず。冷汗背に洽く敢て出る所を知らず。然りと雖、命を奉ずるや臣が心事実に安からざるものあり。如何とならば臣職を辞するの際、国家の事臣が所見を以て献言するもの再三、廟議終に臣が所見を採らず、直ちに職を辞して県に帰る。臣再び出るも方今の事臣が所見と相反す。若し朝廷臣が前議を用いんには、実に政令朝出暮改何を以て信を天下に示さん。今日に至って臣敢て国家を維持するの策なし、国難に当て唯一死あるのみ。臣決して非を遂ぐるにあらず。仰願くは臣が心情憫察を乞給わんことを。」
此に於て老公も亦強うること能わず。猶奈良原を以て、其余定を陳ぜしむ。西郷叮嚀に前議を以て答え、唯天恩の深き老公の厚情を破らんことを恐る。故に子も亦余が心情を熟察し宜しく老公に謝せんことを請う。奈良原再び口を開く能わずして帰る。

西郷参議辞表写

胸痛の煩有之迚も奉職罷在之儀不相叶候に付本官並兼官御免被仰付被下度奉願候此等の趣宜敷御執奏被成下度奉冀候　以上

但位記返上仕候　以上

十月二十三日　西郷隆盛

（此分朱書）

辞表の趣難被及御沙汰被思召候え共、前段陳述の衷情も有之不得止次第に付願之通被免
陸軍大将如故候事但位記返上は不被及沙汰候事。
明治六年十月二十四日

右は戊（明治七年）三月二十九日の夜山岡大先生へ参堂の節□紙（一字虫食にて不明）に認め有之たるを先生に乞い直に写之帰り又此に記置もの也。

○

四月二十四日朝（明治七年）三度斗山岡先生を明け方の夢に見る。初の時は予に鉄にて唐草を象眼したる柄の曲りたる刀を賜わりたり。中身は何れ取替えざればいかぬと申され候。奥方も居られたり。

二度目は八百坪の地所御所持の由薩州の人申候を夢に見たり。今日は京橋へ行き山城氏へ面会・同道にて会議所へ参り石橋請負人を説諭す。依田氏尤も懇々被諭たり。

九段上にておけいさん（鉄舟室英子夫人の妹、石坂周造室）に逢う。

帰宅後先生より御書翰来る。奥方は御出産の由、御知らせ有之直ち出向拝謁の上薩州の事態夫々種々御話有之面白き事多かり。

○

奥方御女子を産まれ少し御血の気故お目にかかり不申候。

四月二十七日退庁後直に府の門前より、人力車に打乗て四谷の大通に参り、砂糖並葛の粉共々購之相携えて淀橋なる山岡先生へ参上致す。孺人御出産の御見舞に二品を呈す。大先生薩州表より御持越の薩摩焼土瓶、カナダライの形に焼きたる陶器を賜わる。殊に西郷大先生の御筆二枚賜之、是れは御出艦前に希望の趣御承知の故也。御自作の詩なり。「先生御話に論語の中に有之一以貫之と云は、一は即心也、一心を活転自在に致し、諸事を為る也、仏教に所謂心不別別法同一轍の事なりとぞ、御話有之候。論語御取よせ予に此旨相違ありや相考えて見るべしと申されたり。先生御平話の内に必ず人の為になることを申さる。毎々愚が拝聴の後、交覆思を沈む為之也。又大に有益の御話と存じ後日の備忘に伝之置也。

○

柏木淀橋中ノ村字天狗山六十五番地　鉄舟大先生御住扣所

(以上松岡氏日記原文には片仮名を用う。牛歩)

聖上高殿に山岡の死を悼ませ給う

一

山岡の胃癌がだんだん嵩《こう》じて来て、好きな酒も喉へ通らなくなって来たことを聞こし召

すと、陛下には御料の和洋酒中、極く精良なものを恐れ多くも陛下御自身御吟味遊ばして、

「これならば屹《きつ》と喉へ通るであろう」

と仰せて、御盃ごと山岡へ賜わったことが再度に及んだ。この御盃は有り難い記念のお品として、コップの方は駿河の鉄舟寺《てつしゅうじ》へ、盃の方は谷中の全生庵《ぜんしょうあん》に大切に保存されてある。

山岡の病が篤《あつ》くなると、度々陛下から御見舞の御勅使や侍医をお遣わしになり、臨終の際には特旨を帯びて池田謙斎《けんさい》が診問した。愈々こと切れて葬儀の時には聖上より白絹二疋《にひき》に祭祀料二千円、皇后陛下より金五百円を賜わった。

葬列が御所の前を通る時のことである。「陛下が御所の高殿から御目送遊ばされます」という内達があったので、御所の前に葬列を留め、遥かに高殿を拝して御礼申し上げたのであった。

二

天皇陛下と同じく皇后陛下に於かせられても、山岡を深く御信用遊ばされた。大帝の東北御巡行の際、特に山岡を御所に留めて皇后陛下の御心を安んぜられたことでも分る。

皇后陛下がお手ずから製作遊ばされた巾着だの、煙草入れなどを、度々山岡に賜わり、また山岡が骸骨が好きなことを御承知で、両陛下御合作の和歌を骸骨の根付に彫り付けたものなど頂戴したのを拝したことがあるが、今では山岡家には有り難い記念の品である。

皇后陛下に附随したことで、思い出したが、いつか皇后陛下が御召の御馬車の馬が、何

物にか驚いて道を逸したことがあった。

その時の馭者は三田……とか云った男で、恐懼《きようく》して色を失い、謹慎して罪を待って居た。するとタ方格子戸があいて、山岡がたずねて来たが三田が宮内省に差出した始末書と進退伺とを「これにも及ぶまい」と三田に返して、さっさと俥《くるま》に乗って帰ってしまった。

爾来三田はもと通り馭者《ぎよしや》になって、一層精励し、それが縁でよく山岡の道場へも尋ねて来た。

「あの時のことを思うと先生のためなら命でも何でも差し出す積りでおります」

と心から有り難く感じていた。

黒田清隆の狼狽

一

明治の和気清麻呂《わけのきよまろ》と云われた師匠と畏きことながら明治大帝との間におへだてのなかった話がまだある。

明治二十年末に（師匠の晩年）明治天皇が千駄ヶ谷の徳川邸へ行幸被仰出《おおせいだ》された。当日大帝御側近の御接待役は師匠で、勝手元取締は勝（海舟）さんであった。御余興には大がかりな能楽や、伝家の流鏑馬《やぶさめ》等を天覧に供することとなって、旧旗本糟谷外二、三斯道《しどう》の達人が選ばれた。いつか師匠を殴打したのを恥じて静岡に隠退した大草《おおぐさ》高重（多起次郎《たきじろう》）も弓馬にかけては家中での錚々たるものであったから書面で出京をうながされた。然《しか》し大草は、隠退以来全く土に親しみ伝家の弓馬を廃して居た上老境で、粗忽があっては恐懼《きょうく》に堪えぬからと拝辞の手紙が来た。

　大草は斯道の錚々たるものではあったが、徳川家大政奉還の砌《みぎり》は未だ壮年であったが為、斯道の栄誉である重藤の弓は許されていなかった。此《こ》の誉の機会に是非《ぜひ》共此の免許を得させてやり度いのが山岡の腹で、遠慮には及ばぬから必ず出京するようにと勧誘状を送られた。師匠に対しては一も二もない大草氏のことであるから

「旧主徳川公へ堅くお断り申上げた通りの事情であるが、貴下の信義に対して残骸を惜しむことは許されぬから直ちに上京する」

との返事があって、徳川家も準備つつがなくととのい安心して居った。

　愈々当日になると予定の如く大草は斯道の最高名誉とする重藤の弓を許され、又観衆の最も視線をひく「投扇《なげおうぎ》の重任《しげとう》」（此の名称或は違うやも知れず）を担当され、演技終了後、畏《かしこ》くも陛下の思召とあって、再演被仰付られ、大草は一大面目をほどこし、あまつさえ御食事の席に召されて天盃を賜わるの光栄に浴した。

二

　此の御席には黒田清隆も供奉《ぐぶ》して居たが、師匠は突然大草に、どうだ陛下の御許しを得

て黒田さんと此席の余興に真剣勝負をされてはとすすめた。すると大草も黒田氏に首を所望した。此の不意の襲撃には流石の黒田も、ほとほと困って、御前に於ておそれ多いからと、ひたすらに謝罪されるので漸《ようや》く事済みになった。目頃傲岸《ごうがん》な黒田のあわてぶりに、御興味をお持ちになった大帝は師匠に其《そ》の事情をおたずねになり、大いにお笑い遊ばされたとのことである。

事情と云うのは、黒田・大草共に壮年の頃より相識の間柄であった。当時士気殺伐にして試し切り流行し、黒田も其の一人であった。或夜黒田は大刀をたばさんで、牛込見附附近の物さびしいところを徘徊し相手を物色して居た。其処《そこ》へ通りかかったのが大草だった。大草は早くも前方の挙動不審な者に気付き、時節柄、帯刀に手をかけて万一を警戒して居た。次第に接近した。刀の柄に手をかけてこちらの間隙をねらって居る相手の男の風貌が、どうも見覚えがあるので

「君は黒田ではないか」

と声をかけると、相手の男はびっくりして、

「やあ大草か」

と、互に無事をよろこび其夜はそれで別れてしまった。

此の事を熟知して居た師匠は、大草が出京すると、

「明日の供奉は註文通り黒田である。いずれどこかで顔を合せるにちがいないから其折《そのおり》は、

当時残して置いた勝負を一期の思い出に続けて見ようではないか。それがいやなら尋常に首を申受け度いと要求して見よ」

と、申含めた。大草も面白がって、早速承諾したが、さて顔を合せたのは、所もあろうに陛下の御前であったので恐懼して、どうしても黒田に試合を申込むことが出来なかったのを、師匠がつついたのであった。

もとより師匠は　おそれ多くも陛下の御前に於て、両者に血を流させるが如き事をさせる筈がなく、又一大事にあらわれる仮面をぬいだ真の人物を試そうとするほどの悪気もないのだが、ただときどきこんな思い切ったいたずらをしたものである（桑原）。

三

至尊の御前に取次を俟たずして参進の資格あるものは単《ひとり》総理大臣のみである。然《しか》るに師匠は退官の際特に優詔《ゆうしょう》を拝し、以来野に在っても総理大臣と同様、手続きや時機に関係なく伺候することを許されていた。

これで皆気味悪がったものだ。

明治十年頃の宮中の思い出（下田歌子女史談）

宮中に召されてお局の女官生活は恰度私が十七歳の頃で、明治六年に皇居が炎上したので両陛下には赤坂の仮御所にお移りになって居られたのでしたが、おそれ多い程御質素なお住居は今日ではまことに御想像だにつきません。そのころ何かの御祭をあそばすというので、明治大帝昭憲皇太后様には京都にお出ましになられたところ、たまたま例の西郷さんの十年戦争と言うえらい騒ぎが起り、其戦争の片附く迄は両陛下の東京へ還御を拝するはむずかしいと言うので、私達女官は心細い日を送っていました。どういうわけか東京には毎夜のように火事があり、それに加えて賊軍が既に京大阪を攻め落して箱根を超えた。もう明日にも横浜に入る。火をつけて廻るのは鹿児島勢だと、恐ろしい流言蜚語でした。

＊

勿論洋装でなく、私達は皆袿袴姿のおすべらかしでしたが、男の方々は皆京都の方へ供奉したので、御留守居役としては山岡鉄太郎さんが一人。そうなって来たので或日、山岡さんは私達女官を集め、流言とのみ聞流してはいけない。天に口なし人をして言わしむと云うことを儼然として申され、万々一賊来って辱を受くる事あらば一大事だから皆々覚悟せよと言われ私達六人の御留守居女官は皆帯の間にきらめく懐剣を一口ずつ忍ばせ深い覚悟をしたものでした。そして御大切の品々は山岡さんの指揮でキチンと整え、連夜半鐘のケタタマシイ音を耳にしながら夜を徹したものでした。あのときの恐ろしさは未だに忘れは致しませぬ。

＊

皇后様も十年頃はお若く神々しく拝され、袿袴の眼のさめるようなお美しさに拝されました。それに行啓とても御手軽なもので、何時か工部省へ何やらめずらしい外国の機械がついたというので、皇后様と、英照皇太后様と御同列お合乗りでお出ましになりました。（昭和二年日日新聞より）

官を辞して

一

約束の「十年目」になると、山岡は辞表一通出してさらりと官服を脱ぎ、そのまま家へ引き籠もった。ちょうど明治十五年五月であった。

山岡の退官は山岡には予定の行動で、出仕の始め「十年」と限ったのを、その通り実行したまでであったのだが、世間ではそんなことを知らないから、ぱっといろいろな噂が立った。それは山岡が平素権勢に阿《おもね》らず、威武に屈せず、卓犖不羈《たくらくふき》の行あるを見て、何か胸中企図する所あって退《や》めたのではないかというのが噂の中心であった。西南役が済んで間のないことでもあるし、まだ五十一歳の働き盛りでもあるしするので、そんな取沙汰されるのも無理のないことでもある。清水次郎長など、あれほど山岡の所へ出這りして居ながら、矢張り山岡の真意が忖度《そんたく》しかねていたと見えて、

「先生、どうです、なにかやっちゃあ。俺の手で差当り三千人は集まるが……」

など云って、勧めたことがあった。

山岡に何がそんな企図があるものか。官を退いた時、

「これで伸々した。宮内省にいたって何の用もないのだが、矢張り出ていると気労《きづか》れがする」

と、いかにもせいせいした様子であった。そして是非また出るようにと勧める者もあったが、とんと動きそうにもなかった。そこで止むを得ず陛下からの思召で一生涯二等官として宮内省御用掛を仰付かることになった。

二

山岡が退めたとき杉（子、孫七郎）さんがやって来た。そして「宮中顧問官にするから是非また出仕しないか」との懇談であった。当時杉さんは宮内大輔《だいゆう》、山岡は宮内少輔《しょうゆう》で、始終一所に顔を合せていたのであった。

「切角だが、そいつぁ御免蒙る」

杉さんは

「どうしてもきかんなら勅使を立てる」

これをきくと、山岡はにわかに容子をあらため励声一番
「勅使を立てる！　何を言うか僭越な」

これには杉も一言もなかった。

当時〇〇新聞と云うのがあったが、この噂を漫画にして杉の間から月が出かかっているところをかき「杉まごつき」としてあった。

三

山岡が宮内省を退いてまだ間のないことであった。長野県の大書記官をしていた中山……とか平山とかいった男だ、――何でも知事と喧嘩して免職になって山岡のところへ尋ねて来て、

「今度時世に感ずる所あって党派を立てた」という。

山岡が「何という党名だ」と訊いたら、

「腕力党と名づけました」

と、その連判状を出した。山岡が取りあげて見ると、上州や埼玉の破戸漢《ごろつき》を始め、何だか訳の分らぬ連中を凡そ一万人も集めて居る。

「ところで先生、先生も官をおやめになったのですから、幸いこの総理になって頂きたいと思うのですが……」

と、申し出した。何か山岡が不平で宮内省を退いたとでも思ったのらしい。

「そいつはおれは御免だ」

「なぜってですか、是非なって頂きたいと思うのですが……」

「なぜって俺は宮内省で遊ばせて貰ってるさえ辞退して、やっと閑散な身になったのだから、余計な仕事は真平だ」

と、真向から断ってしまった。

けれども中山は何としても山岡に総理になってくれと強請し、終《つい》に、

「実は先生に断られると僕が困る。先生を総理にするという約束で、これだけの人を集めたのですから、先生に断られると、僕の顔が丸潰れなのです。――僕も先生を見込んで頼みに来たのだ。窮《きゆうちよう》鳥懐に入れば猟夫《りようふ》も殺さずと聞いてる。僕を見殺にするとはあんまりひどい」

と、実を吐いて泣きを入れた。

じろり山岡は中山を見たが、

「そうか、それじゃ仕方がねえ。それほどまでに君が俺を信じてくれたことなら、知己の為に苦痛を忍んで総理になろう」

と云って、「おい、渡辺!」と、傍に居たおれに声をかけた。

「はっ」とおれが、緊張して返事をすると、

「奥へ行って、床の間の刀を持って来い」

と命じた。おれは直ぐ立って、奥から刀を持って来て、それを師匠の前へ差出した。

山岡が刀を取ると、それを中山の前へ抛《ほう》り出して、

「門出の血祭りだ。これで門前へ行って生首三つ四つ斬って持って来い！」

と云い放った。

中山は漸《よう》く山岡を承諾させて、ほっと安心したところを、意外な山岡の命令を受けてびっくりして、

「そんなことが出来ますか。そんな無法なことが……」

と慌て込んだ。

「無法でも何でもねぇ。――全体おまえさんの言うことが無法じゃねえか。政府で今、徒党だとか、党派だとかいうものを恐がってる際に、名前もあろうに腕力党なんて不穏なものをこしらえて、おれの承諾も得ないで総理に推し立てるような無法な真似をしながら、三人や五人の血祭りが出来ない態《ざま》でどうするのだ。おれが総理になるからには、妻子もなんにも放擲《ほう》りぱなしで、これから直ぐ立つのだ。そうして御所あたりへ行って、大砲を一つぶっ放して無茶々々御所へ斬り込んで斬り死する積りなのだ。それだのに何だ。二つや三つの生首が斬れぬなんてやくざ根性で腕力党もあったもんじゃねえ」

「先生、……でもそいつぁひどい。まるで無茶苦茶だ」

「どうせ腕力党なんて、無茶じゃねえか」

「はァ……」

「全体、おまえさん、三つ四つの首が斬れぬという、とおまえさんの為に死ぬ者が、凡《およ》その位あるのだ」

「そうですね、今死ねと云ったら、死ぬものが、五、六人はありましょう」

「なんだ、それっきりか。そんなことならおれは総理なんて真平《まっぴら》だ。上州くんだりまで五、六人の大将になりに行かなくても家で沢山だ。ここにいる若いの（とおれを指して）始め、稽古場に居る連中が、今首を出せといったら、みんな直ぐ呉れる」

山岡は言葉を改めて、

「全体おまえさんが、こんなことを企てたのは、免職になった不平からだろう。そんなことをすると益々ひとに嫌がられて困るぞ。それより謹慎して、おとなしくしていさえいれば、また飯の種にもあり附く、つまらぬことなんか止《よ》しっちゃえ、止しっちゃえ」

山岡に説き伏せられて、中山は悄々《しおしお》帰って行った。その後どうしたか、あんな心掛けがとれなくちゃ、勿論いいことはあるまい。

諸人物の鉄舟評

大西郷は「あんな命も金も名もいらぬ人間は始末に困る。併し此の始末に困る人ならでは、共に天下の大事を語る訳にもまいりませぬ。あの人はなかなか腑の脱けた所がある」といわれた。

或る人鳥尾得庵に向い「鉄舟居士は如何なる人物でしたか」と問うと、得庵子は答えて「マァ神仏の権化とも謂うべきであろう」と云われた。

又た勝海舟は「山岡は明鏡の如く一点の私を有たなかったよ。だから物事に当り即決して毫も誤らない。而も無口であったが、能く人をして自ら反省せしめたよ」と云って居られた。

又た滴水和尚に居士の人格を問う者があると、和尚は毎度「アレは別物じゃ」と云って居られた。

又た南隠和尚は「昔より支那でも日本でも至誠の人は滅多に無いものだが、居士は真に其人であった」と云って居られた。

勲功調査

押売りの元勲

一

明治十四年に政府で維新の際に於ける功績の調査にかかった。旧幕臣も召喚《しょうかん》せられて、或は口述を或は筆記を徴した。

山岡へも通知があったが、

「功績といえば功績だが、人間のやるべきあたりまえのことをしたのだから、別に取り立てて云うほどのことはない」と行かなかった。

するとまた賞勲局から呼出しがあったので、

「それでは行って見ようか」と山岡が賞勲局へ出頭すると、大勢の人から、それぞれ自分の業績を述べた書類が出て積んである。

すると局員がその中から、勝海舟の勲功録を出して来て山岡に見せ、

「先刻勝さんが見えて、斯様《かよう》なものをお出しになりましたが……」

と怪訝な顔して山岡に訊いた。

山岡がその勲功録を見ると、維新に於ける西郷との談判始末を書いて、徳川慶喜恭順の旨趣を体し、四箇条の朝命を奉じ之を実行したことなどが載っている。

「こりゃ変だ」と思ったが、若し山岡が「これは虚構《うそ》だ、俺がやったのだと云ってしまえば、勝の顔は丸潰れになる。よしよし勝に花を持たせてやれ」

と、突嗟《とつさ》に決心して、

「むむ、この通りだ」

と、勝の功績録を肯定した。然《しか》し局員も此の事実は山岡がやったことを薄々知っていたので、不思議そうに山岡を眺めて、

「それであなたの功績はどうしたのですか」

と反問した。

「おれか。おれは何にもない」

「何にもないじゃ困りますが……」

「なに、手柄といえば手柄にもなろうが、君主に臣民が為すべきことを為したまでで手柄顔も出来ないさ」

と、相手にならず、そのまま功績に就ては何も云わずに帰ってしまった。

山岡が何も述べずに帰ってしまったので、局員は三条（実美公）さんに其旨を述べた。三条さんは当時賞勲局総裁であったのである。

三条さんは腑に落ちぬので、岩倉（当時右大臣、具視公）さんにこの話をした。岩倉さんは三条さんから話を聞いて、「どうもそりゃ変だ、山岡を呼んで能く尋ねて見よう」と一日事に託して山岡を私邸へ呼んだ。岩倉さんは当時廟堂きってのやり手で、山岡など「公卿で話せるのは岩倉だ」と信じていた位であった。

山岡が岩倉さんの許へ行くと、岩倉さんは話の序《ついで》に、

「ときに山岡さん、維新の際の西郷との一条は、ありゃ君がやったように思って居たが、賞勲局の調書には勝さんがしたようになってるということだけれど、ありゃ一体どっちがほんとなのだ」

と、山岡の心事を質《ただ》された。

山岡は一寸困ったが、「岩倉さんなら差支なかろう」と、「実は勝からあの様な書類が出ていたので勝の面目の為め自分は手を退いた」と答えた。

岩倉さんは山岡の心操《しんそう》の高潔さにひどく感服し、

「たとえ勝に譲るにしても、君の事業は事業として不朽に伝えて国民の亀鑑に資せなくちゃならぬ」と。達《たっ》て懇望して当時の事実を詳記してくれるように山岡に希望された。そこ

で、山岡もそれを承諾して起草し、岩倉さんに差し上げた。この草稿が岩倉さんの『正宗《まさむね》鍛刀記《たんとうき》』の材料となったのである。

二

勝は才気があって、間に合う男であったが、どうも右のようなずるい点があっていけない。又或る者には、自分の手紙一本で、西郷が江戸城総攻撃を止めたなどとも書いている。とんでもない間違いだ。第一おれは勝の手紙というのが変だと思っている。おれが師匠から当時の話を聞いた時にも、師匠は勝から手紙を受取ったことなぞちっとも云わなかった。『戊辰解難録《ぼしんかいなんろく》』にも手紙のことなぞ書いてない。なにせ勝は口も八丁手も八丁という才物だから、いい加減に人を煙に捲いてしまって、山岡の手柄も自分のしたことのように真実らしく吹聴したから、聞くものは誰でも勝を偉いものにしてしまったのだ。そんなことで小学校の読本にさえ勝が西郷と談判してあの難事を片附けたように書かれてしまったのだ。勝の海舟日記や『氷川清話《ひかわせいわ》』など読んでも、幕末の始末はみんな勝がしたように書いてあって、山岡なんか、てんで載っても居ないのは勝として如何《いか》にもまずい。何時《いつ》か井上さんが山岡へ勲章持って来て、山岡に叱り飛ばされた時にも、「維新の際の始末はおれと西郷とでやったのだ。おまえさんなどはその褌《ふんどし》かつぎじゃないか」と山岡が公言していたのをおれは聞いていた。それを自分の仕事にしてしまったのだから勝もいけない。

山路愛山《やまじあいざん》が勝さんを批評して「其《そ》の白眼にして天下を見、薩長の諸豪傑を小児視して之に慢罵を加えてかえりみず昂然として一世を高歩するの慨あるを以て、直ちに手腕あり力量あり経綸ある政治家なりと推測するものに非ず。余の見るところを以てすれば、彼は到底批評家なり。若《も》し之《これ》を実務に用うれば好箇の外交家たるべし。慈眼愛腸《じげんあいちょう》、一党の中心となり、時代の先達となり、組織的節制的の事業をなさんには別才を要す」と論じているのは適評である。

勝の仕事には右のようなごまかしが交っている。勝が生前既に栄誉を取り尽してしまって、死後段々光彩を失って来たのはこうした所以からである。山岡などは全く之とあべこべで、何事も真実一つで押し通し、労は自ら負い功は人に譲る筆法であったのだから、晩年ほど人が慕って寄って来、死後益々光輝を放って来て居る。けれども、山岡のほんとの光はまだ出ない。一と時代変ってほんとに人間としての価値が批判せられ、賞美されるまでには、まだまだ百年二百年先きのことだ。序だが、勲功調査に功績を出さなかったのは山岡と泥舟ぐらいなものであろう。

井上さん勲章を持って帰る

一

山岡が宮内省を退めた時、叙勲するから出頭するようにとのことで二度まで呼び出しがあったが山岡は出なかった。すると井上（伯、馨、当時参議）さんがお勅使に立った。

山岡の玄関に現われた井上さんは、正装をして手に何か厳かに捧持《ほうじ》して居る。玄関にいたおれが師匠に取り次いで、

「お勅使で井上さんが見えました」と伝えると、

「二階へお通し申せ。粗末のないように……」

とのことで、井上さんはずっと二階へ上り、師匠は奥で紋付、袴に着物を換える。

玄関では噂とりどりであった。「なんのお勅使だろうか」「井上さんの持ってたものは何だろう」「師匠の様子が少し変だ」など勝手なことを云っていた。

程なく師匠は二階へあがって行き、おれも茶を持って二階へあがった。井上さんはずっと上座に居り師匠は下座に坐っていた。おれが茶を出してしまうと、師匠が、

「下って居れ」

とおれに命じた。

然《しか》しおれはどうも師匠の様子がふだんと違うので、何か変ったことでもありゃしないかと気になったものだから、二階を下る振をして、そっと次の部屋の押入れに匿《かく》れ込んで様子を窺った。

すると井上さんの荘重な声で、

「勅使の趣をお伝え申す。――陛下の思召を以て、あなたの永年の勤労に酬《むく》ゆるため、勲

三等を授けるという仰せ、今日勲章を此処へ持参致した。有り難くお受けになったらよかろう」

「恐れ入りました」

と、山岡の声。衣摺れの音がして、山岡が勲章を推し頂いたらしい。――と、静かに畳障りの足音が響いて、二階を下りて行く様子、暫らく誰も来ない。座敷の静寂を破って井上さんが咳をするばかり。

程経て二階へ上って来る者がある。足音によって直ぐ山岡と知れた。

「唯今妻子を集め、お勅使の旨を伝え、勲章を拝ませました。一同聖恩の有り難さに感泣して居ります」

と、鄭重な山岡の挨拶。それに対して井上さんは、いかにも満足らしい様子で、

「むむ、ああ、そうですか」

とよろこんで居られた。

押入れの中でおれは「おやおや、なんだ。これでおしまいか。つまらぬ」と聊《いささ》か張り合抜けがした。

すると突然師匠の改まった声で、

「ときに井上さん、これは御返上するからお持ち帰りを願いたい」

おれはぎっくりした。平地に波瀾を突発させた言葉に井上さんも驚いたであろう。おれ

は井上さんの返答いかにと窺った。果せるかな、井上さんは、

「返上する……？　そりゃまたどういうわけか。……怪《け》しからぬ」

と言葉が改まる。

「怪しからぬことは承知である。委細は明日御礼に参内の節、陛下に直々申上げるによって、今日は穏かにお持ち帰りを願いたい」

と、山岡は落ちつききって、平素と変らぬ素振、井上さんは然し心の興奮を無理に抑えているような様子で、

「勅命によって私が持参した勲章であるから、あなたが返したからって、持って帰ることは出来ん！　是非お請になったらよかろう」

「いや、その段は明日直々陛下に言上するによって何も云わずに今日は持って帰って貰いたい」

山岡の言葉がだんだん落ち付いて来ると反対に、井上さんの言葉はだんだん興奮して来て、

「おれも丁稚《でっち》の使じゃなし、持って帰れと云われたって、唯帰れるものか！」

と言い放つ。その言下に山岡が、

「使だから文句云わずに使だけの役をすりゃいいじゃないか」

と、云い返す。

もう井上さんはすっり逆上《のぼ》せて、

「おれもただの使じゃない。どういう訳で返上するのか、その理由を聞こう。——万一、おれがこれを持って帰ったら、賞勲局の三条総裁始め進退伺いを出さなくちゃならぬ！」

「そりゃ、あなた方の勝手だ。出そうが出すまいが、おれの知ったことじゃない」

此《こ》の時分、井上さんは、その語気から察して、すっかり興奮しきってしまったらしい。押入れの中で、おれにはその顔が見えぬが、屹《きっ》と真赤になって居たであろう。どうなることかとおれは片唾《かたず》を呑んで、此の場の成り行きを窺った。

　すると厳かな師匠の声で、

「全体、井上さん、あなたの掲けているその勲章はそりゃ何だ。云わずとも一等勲章だろう。おまえさんが勲一等で、おれに勲三等を持って来るのは少し間違ってるじゃないか。勅命とは云うものの、その実はおまえさん等が勝手にきめたことだ。一体、おれから見れば、おまえさんなんか褌かつぎじゃねえか。褌かつぎのくせに、自分よりも下の勲章をおれのところへ持って来るなんて、とんでもねえ間違いだ」

　今まで下手におとなしくしていた師匠が、あまり井上さんがしつこいので、急に真向から浴びせかけた。初めはそうでもなかった師匠の口調が、茲《ここ》に至ってすっかり江戸ッ子式になる。井上さんはどうしたのか、返事がない。屹と意外な山岡の言葉に呑まれてしまったのだろう。

師匠は猶お言葉を継いで、

「維新の大業は、おれと西郷と二人でやったのだ。おまえさんなんか、その下ッ葉じゃねえか。下ッ葉の癖に、こんな真似をするなんて法があるもんか」

井上さんは先程の元気は失せて、小さな声で、

「それでもおれはそれだけの手柄がある」

「そうか。それなら手柄くらべをしよう。第一おまえさんどんな手柄を立てて勲一等になったんだ」

すると井上さんが縷々《るる》述べ出した。十八歳の時から戦争に出て、国事に奔走し、何処の戦争ではどこを斬られ、どこの戦争ではどこに弾丸を受けたというようなことをいろいろ述べ立てた。

「そりゃ国事に尽すという志だけはいい。けれども立てた手柄はたいしたもんじゃねえ。一体勲章というものは志に酬ゆるものじゃなくて、手柄に酬ゆるのだ。今おまえさんの話した手柄は、みんなおれと西郷とでやった仕事の跡始末だ。つまりおれたちのやったお蔭で立てた手柄だろう。そんな手柄でおまえさんが勲一等なら、おれのとこへは菊花大綬章の三つ四つかためて持って来なけりゃ釣合がとれまい」

おれは押入れの中で「いや、師匠やったな!」と、思わず莞爾《かんじ》とした。

師匠は更に語を継いで、

「あの際、幕臣中には大義名分を知らぬ無茶な奴等が沢山居た。若し鉄太郎にして大義を弁《わきま》えなかったなら、これ等旗本を集めて官軍を迎撃することは易々たることであった。おれが若しそんなことをしたなら、天下は鼎の沸くが如く煮えくり返っただろう。そうなったら、おまえさんなんかどこの野ッ原で灰になってしまったか、分りゃしねえ」

井上さんは、すっかり声を潜めて、唯山岡の声のみが続く。

「天下を治めるには第一賞罰を明かにしなくちゃならん。薩長は兎に角、ひとのことは云わぬが手近なところで幕臣で挙げれば、榎本はおれのいうことも聴かないで、おれを三度も殺しに来たが、とうとう五稜郭へ走って余計な騒ぎをさせ、負けて死ぬかと思ったら死にもせずにのめのめ官軍に降参し、ロシアへ三年行ってばつを合せて来たが、あれが、どんな手柄があって勲二等なんだ。賞勲局の副総裁の大給だってそうだ。小田原で官軍を喰い止めようと騒ぎ出しながら、一戦もせずに逃げ出したじゃないか。そんな眼の見えぬて、あいがいい加減に胡麻を磨《す》って今勲二等になってるなんて、間違い切ってる。そのほかまだ沢山あるが、云えばきりがない」

もう勲章を持って帰れの、帰らぬのという問題はどっかへ失せてしまった。ふだんは余り口をきかない師匠が、こんな場合はびしびしとやり出し、それも一々的に中ってるのだから井上さんも返す言葉がなかったのみならず、いかにも山岡の話に聞き惚れた様子で折々「むむ、むむ」と感じた口振であった。

暫らくあって、井上さんが、

「それはそうと、おまえさん、宮内省を廃《や》めて、これから如何《どう》するつもりだ」

と、話頭を転じてくだけた話、勲章のことはもう止めてしまった様子。

「そう、食えなくなったら托鉢でもしようかと思ってる」

「それじゃ、子供等が困るだろう。──おれはこの頃年をとったら、子供が馬鹿に不憫になって来たが……」

「そうか。そいつあ、おれとあべこべだ。おれはもとは食うに食えなくて、最初の子供は餓死んでしまったが、聖恩の有り難さ、今ではどれもみんなのびのび育ってゆくので安心している」

どうも師匠の話がずばぬけているので、井上さんとは、とんと釣合が取れない。然《しか》し井上さんは親切に、

「総領（直記《なおき》）はどうしている？」

と尋ねた。

「あれか、あれは籠手田《こてだ》（安定《やすさだ》、当時滋賀県知事）が伴れて行ってる」

「どうするつもりだ？」

「そう深く考えても居ないが、ありゃ馬鹿だから桶屋にでもしようかと思ってる。近頃はバケツというものが流行り出して来たが、あいつの死ぬ頃までは、まだ桶屋で飯が食える

だろう」

桶屋と聞いて井上さんも呆きれてそれきり直記さんの話が出ない。おれも師匠の話が奇抜なので、吹き出したくなった。

もうあらかた、話もおしまいらしいので、おれはそっと押入れを抜け出して玄関へ行っていた。それから二人が何を話したか知らぬが、十分ばかり経つと、二人が二階から下りて来て、井上さんは持って来た勲章をまた持って帰って行った。

井上さんが帰ってから、おれが二階の押入で聞いたことを、みんなに話してきかせたら家の若いやつ等がひどく痛快がった。

二

此の日の夕方、三条さん（賞勲局総裁）から、山岡へ使があったので、師匠は出て行った。なんでも師匠は三条さんに逢って、井上さんに述べたと同様、賞罰を明かにしなくちゃ、国家の和平が保たれぬことを諄々《じゆんじゆん》と述べたそうで、三条さんは頻《しき》りに山岡を撫《なだ》めて、穏かに済ませて呉れと云ったそうである。三条さんは山岡が勲章を突き返したので、山岡に私憤があるかと思って心配したのだろう。山岡にそんなケチな了見なんかあるものか。山岡は賞罰の公正を得なくちゃならぬことを戒めたまでである。

次の日師匠は参内して何か奏上し、その帰途更に岩倉さんを訪ねて、賞罰論を述べた。岩倉さんは山岡の所論に賛したが、何分雑輩の慰撫に骨の折れることをこぼされたそうである。

その当時評論新聞というのがあって、今でいう新しい方の新聞であったが、このことを嗅ぎ知って、大きく書いたものだ。

春風館道場

鉄門の人材

今の赤坂離宮のあるところが旧紀州家の邸跡、其《そ》の横の大きな榎《えのき》のある所に、明治七、八年頃から師匠の邸があった。紀州家の家老の家なので宏大なものであった。師匠が撃剣が熱心なので其の玄関の土間で二、三人の使い手が来ては血だらけになって稽古していた。其の中段々使い手がふえて、毎朝四、五十人も来るようになったので御長屋をぶっ通して床を張り、これを道場にしていたが、それでも足りず、おしまいには邸の裏の主屋つづきに八間に三間半の大きな道場を建てた。

師匠は此《こ》の道場に「春風館《しゅんぷうかん》」と名づけ無刀流《むとうりゅう》の剣法を教授した。春風館の名は、仏光《ぶっこう》禅師（宋僧祖元円覚寺開山）の「電光影裏斬春風」の句によったものである。

蓋《けだ》し春風館は単なる撃剣のみの道場でなく、師匠一流の教育法をもって人材を打出する一大精神修養道場であったのであることは師匠の次の詩でわかる。

題ス㆓春風館ニ㆒

論ズレバ㆑心ヲ総テ是レ惑イ㆓心中ニ㆒。　凝㆓滞スレバ輸贏ニ㆒還タ失㆑工ヲ。
要セバ㆑識ント㆓剣家精妙ノ処ヲ㆒。　電光影裏斬ル㆓春風ヲ㆒。

此《こ》の鉄門に於て、籠手田安定《こてだやすさだ》（旧平戸藩士滋賀島根県令新潟滋賀県知事を経貴族院議員に勅選さる）、北垣国道《くにみち》（京都府知事内務次官等に歴任し後男爵になる）、古荘嘉門《ふるしょうかもん》（国権党総裁初期より数度代議士となる禅学の門人なり）、千葉愛石《あいせき》（本名立造・医師禅学の門人なり）、河村善益《よします》（地方裁判所長、控訴院長等に歴任）の諸名士をはじめ、村上政忠《まさただ》（「鉄門の四天王」参照）、松岡万《よろず》（「鉄門の四天王」参照）、長谷川運八郎（本章に出ず）、山崎勇三郎（千葉県の陽明学者）、石坂周造（「鉄門の四天王」参照）、中條金之助（本書の各所に説明す）の諸豪傑、変ったところでは天田愚庵《ぐあん》（鉄眼《てつげん》、其章参照）、三遊亭円朝、清水次郎長（其章参照）等幾多の人材が打出されたのであるが、其の中師匠から免許皆伝になったのは長谷川運八郎唯一人である。

長谷川は師匠よりも年長で身体の大きな面白い男であった。醬油屋の倅に生れ、少年の頃寺へ小僧にやられたが、煙草好きが崇《たた》って寺を追われてしまった。後上京して山岡の評判をきいて弟子入をし、一心に稽古をはげんだ。天性剣道が上手であった。

師匠の世話で宮内省の門監（皇宮警手の監督格、皇后警手は岩倉さんに喰違の奇禍があった後、師匠の意見で金谷から手あきの旧浪人をつれて来て初て任命されたものである）をつとめ月給十八円貰って居たが、給料が渡ると、酒を一樽求めて楽しみそうに飲んでいた。酔う程に

「師匠に俺は負る筈は無いのだが、試合となると手もなく追い込まれて仕舞う。師匠のは天稟《てんぴん》だ」

とよく一人小言を云うので、

「又長谷川の法螺《ほら》がはじまった」

とみんな笑ったものだつたが、腕は出来ていたと見えて、死ぬ際師匠から免許された。

死病は好きな素麺をたべすぎたあとコレラにかかったのだった。師匠が見舞うと、はげしい病状にげっそり衰弱しながらも、いきなり蒲団から飛びおきて、木剣をふりまわし

「師匠！　まだ大丈夫です。まだ大丈夫です」

と昂奮するので

「そんな無茶をせず寝て居れ」

師匠が無理に寝かしつけて帰ると間もなく

「今死んだ」と云うしらせがあった。

道場生活の思い出

一、道場生活の日常

俺がやっとの思いがかなって師匠の内弟子として入門出来たのは、明治十四年十二月三十一日だった。

其《そ》の頃春風館には内弟子が十人位と、稽古に通って来るのが七、八十人もあったろう。

此《こ》の内弟子の生活たるや、従来の学校生活とは、まるで趣きを異にしている。

朝は毎日四時起床、起きると冷水で洗面するなり、庭を掃き、広い道場に雑巾をかけて、朝食前の剣道の稽古にかかる。竹刀の音がポンとすると、師匠は直ぐに起きて来て「ブルブル」と実に簡単に洗面し、稽古場に出て、内弟子の誰彼に一渡りの稽古をつけてくれる。それが終ると直ぐに朝食であるから、一番新米の俺は稽古を早々に切りあげて飯炊きをし、一同の朝食を用意してから師匠の給仕をせねばならぬ。尤《もっと》も食後の仕末は各自が銘々でするし、副食物は、味噌汁に大根の葉をつけたものか沢庵漬ときまっているので、たいして手数はかからなかった。

朝食後は又稽古場に出て通い稽古の人と手合せをし、其合間をみては、昼食の菜を買いに八百屋に走ったり、邸内の草取りをしたり、風呂を沸かしたりする。

来客は非常に多く、食事時に勝手に行って見ると、いつも三、四人見知らぬ人がまじって食事をしている有様だった。師匠が応待する客も朝から晩迄絶え間がなかった。殊《こと》に明治十五年宮内省を辞されてからは、一層其の数は多くなり、それを誰彼の区別なしに、いやな顔もせずに応待される。夕食には其の人々に酒が出るので、其の給仕やら後仕末やらで容易なものではなかった。早くて夜の十二時、一寸話しがはずむ日は一時二時迄かかることは珍らしくなかった。夫故《それゆえ》内弟子には読書等と云う時間は全くなく、師匠が寝てから、机に倚《よ》っては見ても、一日の過労で身体は綿の如く疲れ如何とも仕方のない有様であった。

蓋《けだ》し師匠の教育法は、徒《いたず》らに書物にのみしたしませて、小理窟でかためた人間にすることを極力さけて、先ず身をもって聖賢の書を読ましめんとする親切心によるもので、尋常一様の師匠のとれる態度ではなかった。

然し俺は勉学を目的に上京したのであるから、日が経つにつれて、千古不滅《せんこふめつ》の生きた経典とも云うべき師匠の如き人物に日常親炙《しんしゃ》出来る幸福をも忘れて、段々不平をもつようになった。

「成る程師匠は偉いには偉い、だが、惜《おし》むらくは青年を教育する方法を知らぬ」

今考えても冷汗の出る話だが、こう勝手な理窟をつけて見ると、春風館《しゅんぷうかん》道場に起居することが時間を労費する馬鹿げたことのようにばかり思われてどうにもやりきれなかった。

此《こ》の不平の矢先に油を注いだ人があった。それは千葉県の陽明学者で、山崎勇三郎（号天遊《てんゆう》）と云う人であった。此の人は当時評判の高い山岡と大いに意見を戦わせて、説伏してやろうと、意気込んで山岡道場に乗り込んで来たのであったが（「鉄舟と禅」の項参照）師匠の大人格に接してはまるで歯がたたず、いつとはなしに門弟格になってしまったのであるが、此の男が

「此処《ここ》に居ては本当の勉学は出来ぬ。学問修行の為には広く天下を歴遊して良師を求めて教えを受けねばならぬ」

としきりにそそのかしたものである。

遂に明治十五年秋、其の頃青雲の志しを抱いて上京して来た次兄と、二松学舎時代の友人佐倉（現二松学舎教授）に意中を語り、賛成を得たので遂に山岡道場を脱して東海道を学問修行に出かけたものである。

此の旅行は旅費も乏しく、人間も出来て居ぬ若輩の事とて色々の困難もあったが、兎に角最初の目的通り京都では陽明学の大家、宇田淵《うだふかし》、大阪では草場船山《くさばせんざん》・菊池三渓《さんけい》・五十川《いそがわ》訒堂《じんどう》等、其の当時天下に名声をとどろかしていた大学者を歴訪したが、どうにも感心せぬ。

師匠山岡鉄舟に親炙した眼で見ると、其の風貌と言い動作と言い、話柄《わへい》と云い、徒《いたず》らに師匠の偉大さを再認識するばかりで、しみじみ此の旅行を続けることの愚を悟った。それ故山岡門下で京都府知事をしていた北垣筆次《きたがきふでじ》のいましめがあったのをよい潮にして、旅費を貰い、同行の人とわかれて、海路東京に戻ってしまった。

二、誓願の皮切り

東京に戻っては来たが、何分にも面はゆくて一ヶ月ばかりは友人の下宿でぶらぶらしてしまったが一日意を決して春風館の門をくぐり、丁度師匠が書見をして居たので

「只今戻りました」

と深く頭を垂れ、今か今かとお叱りを待っていた。すると

「帰りましたかな、何かよい事でもありましたかな」

と相変らず物静かな温容で答えられたのには、知らず知らず慚愧の涙に咽《むせ》ぶばかりだった。

「今後は決して我儘は申しません。どんな事でも辛棒《しんぼう》致しますから、再び御膝下《ごしっか》に置いていただき度うございます」

と悃願《こんがん》すると、俺が道場を飛び出した不平をとうに洞察されて居る師匠は少しの小言もなく、此《こ》の辺で俺をたたきなおしてやろうと思召されてか

「覚悟が出来たら又居るのもよろしいが、兎に角、四分板を一枚買っておいでなさい」

と命じられたので、俺は半信半疑な気持で四分板を一枚削り上げたのを持っていくと、筆をとられて

一、千日修行志願之事　渡辺伊三郎

と墨痕あざやかに書かれて（其当時小倉老人は渡辺伊三郎と呼ばれていた）

「これを道場に打ちつけて、君はこれから千日の間は、雑用は一切せんでよろしいから、剣道の稽古三昧に這入って見なさい」

と儼然言い渡された。いやも応もない。俺も覚悟をして再び飛び込んで来たのだから死ぬ迄やって見せようと決心したものだ。

千日修行と一口に言っても三年の日子かかる。其間朝四時から晩八時迄、食事以外は稽古場にこもったきりで百人近い人達にもまれることは全く捨身の行である。殊《こと》に春風館《しゅんぷうかん》の竹刀は三尺二寸で普通よりも太くて短い。これで力の限り猛烈に打合するのだから、当時警視庁あたりからは「四谷のまき割り」と言って毛嫌いされた位、一日にして精根を枯らす程のものだった。其上《その》
「後輩の身で千日修行とは生意気な」

と云う先輩連の親切も加わって稽古は一日毎に猛烈になってゆく。

然し俺も本当に「死んでやれ！」と云う気になって、無我夢中で毎日を送って居る中、自然と捨身の呼吸を呑みこんで、一月、二月は瞬くまに過ぎてゆき、いつの間にか、奥さんや師匠のお覚えもよくなり、同門の連中にも尊敬されるようになって大いに楽になった。

此の千日修行は師匠はとうに経験済のことだが、此処《ここ》でやらされたのは俺が皮切りで、

これから春風館道場に「誓願」(後出)の規則が生れ、続々と修行するものが出来て来たのだ。

三、女人脱得の修行

然《しか》し其《そ》の年の冬から思いがけなくも、千日修行の荒稽古に更に女人脱得の猛修行が俺に重加されることになった。

山岡の春風館道場はよく「化物屋敷」と呼ばれた程、世間ではどうにも手のつけられぬ難物があずけられていた。然し此の連中が師匠の手にかかると、わけもなく真面目な、仕事熱心な人物に変ってゆくのだ。

此《こ》の門生達に一年に一日楽しい書き入れ日がある。それは十二月二十五日に行われる煤払いであった。煤払いが別に楽しいわけではないが、煤払いの後、内弟子一同が全く無礼講で年忘れの鯨飲をやるのが無上に楽しみなのだ。

此の年は師匠の長女「お松さん」(現に健在にて谷中全生庵に住居さる)の御産があるので、一ヶ月早く十一月二十五日に其の煤払いが行われた。其の夜の幹事役は、照憲皇太后様の思召で山岡にあずけられていた「大炊御門《おおいのみかど》」(現一条公爵の実父)と云う華族であった。俺は少しも知らなかったが、今夜は内弟子一同の間にひそかな申合せがあった。それは俺が日頃酒も飲まず道楽もしなかったものだから、二次会を新宿の遊廓にもっていって、俺に女の洗礼を行わせようと云うのであった。

然し其夜は相当苦心の末、やっと逃れ帰って無事千日修行を続けていた。

或る日の稽古中すっかり手がこわばってどうにも竹刀が動かぬので、いきなり相手に飛びついて組倒した。其の時相手が口惜まぎれに俺の足をねじったのが原因で、関節炎になってしまった。止《や》むなく千日修行を一時中止して、二ヶ月ばかり順天堂医院に入院して、大滝医師の手術を受けた。退院後全快に至る迄の静養に、四谷の鮫ヶ橋の寺に間借りをしていた。

春風館道場に程近いことと、呑気なものだから、内弟子連中が毎日のように見舞を口実にやって来ては馬鹿話に興じていた。

或る日大先輩中條金之助氏（もと千石取りの旗本）が見舞に来られた時、「一枚ずつ海苔を十帖は唾液がなくなって喰べられるものでない」と言い出された。

「何喰べられるとも」と言うことになって、俺が喰べてしまい、賞金五円貰えることになった。当時五円あると六、七人でかなりの遊びが出来たのである。

暇があって金が出来て不良仲間が揃っていたものだから申分はない。とうとう、新宿に繰り出して俺の女難史の一頁がひろげられることになった。

何事によらず手を染めたことは結着のところ迄やり通さなくては後にひかぬと云うのが山岡の家風である上、一度覚えた遊びの面白さにひかされて毎夜新宿へ通うようになってしまった。

やがて身体も全く恢復したので、再び道場に帰り、中止していた千日稽古をはじめた。病気以前は剣道専一だったので、苦しい中にも頑張る力もあったが、今度は稽古が終り師匠が御やすみになるのを待ち兼ねて新宿に走り、朝四時迄に又道場に戻って猛稽古に取りかからねばならぬ苦しさは、身勝手とは言え、言語に絶したものだった。此の俺の精進？振りには、最初さそいをかけた悪友連もおそれをなして、却って忠告して呉れる程であった。

四、命とりの呼吸

或る夜遅くおれが二階の師匠の部屋の次の間で、師匠の書き溜た書の落款を押していると、誰か階段を上って来る者がある。

「先生？」と部屋の師匠に声かけたのは学頭の中田《なかだ》（誠実《せいじつ》）である。中田は撃剣で門戸を張って居たのであるが、後山岡へ入門して学頭になり、相当の腕を持っていた男である。

「こんなに遅く中田が何しに来たのだろう」と思いながら、たいして気にもせずおれは相変らず落款を押していた。然し中田はおれがこっちに居るとは知らなかった。

「中田か、何の用か、這入れ」

と師匠に云われて中田はすっと障子を開けて部屋へはいった。

「何か用事か？」

と師匠が重ねて訊くと、

「先生一寸御相談に参りました。実は渡辺が近頃新宿通いを始めまして、誠に困ったものです」

と云った。中田はこっちの部屋におれが居るとは知らずに居るのだ。話の渡辺とは勿論おれのことなのである。

おれはびっくりした。中田のやつとんでもないことを云い出したとおれは思わず落款を押すのを止めて耳を澄まして聞いていた。

「はァ、新宿へ行きますかな」

と師匠の声。

「どうも毎晩行くようです」

と中田がいう。こりゃ愈々《いよいよ》いけない。中田のやつ困ったことをするものだとおれは青くなってしまった。師匠が怒って部屋越しにおれに「一寸来い！」とでも呼びかけはせぬかとひやひやして腋の下から汗がだらだら出だした。すると師匠が、

「どうです、稽古場は休みますか、稽古は？」

と例の底力のある声で訊く。

「稽古はやっています」

「そんならいいでしょう。遊ぶだけ遊んだら廃《よ》すでしょう。どうせ入間は○水の塊りです

からな」

「はァ」

と中田も呆れてか、面喰ってか、返す言葉がなかった。

どうだ。ほかの先生方や師匠には云えんことだね。余程見識があり、自信があり、放縦《ほうじゆう》自在の腕があるのでなくちゃ、こんな言葉は弟子に向って出るものじゃない。あたりまえの先生や師匠が弟子にこんなことを云おうものなら、「よし来た、やれやれ!」とみんな調子に乗って遊び出して始末に終えるものじゃない。

豪傑の命とりの呼吸はこんなものかとそのときおれはつくづく感じた。

そんなこんなのうちに、さしもの千日稽古も明治十八年十月終り、最後の立切《たちきり》二百面の数稽古も無事に済ませて、師匠から立切二百面終了の焼判のある青垂《あおた》れの稽古道具と、十二箇条目録を貰った時は流石に嬉しくて意気天を衝く思いがあった。

然し日が暮れると新宿のことばかりが思われて煩悩のとりことなり如何《いかん》とすることも出来なかった。俺も自分の不甲斐ないことがしみじみ思われて、どうにかして此の悪所通いの煮えきらぬ気持を決断してしまい度いと思って、新宿の「藤岡」(主人の姓は橋本といった)と云う貸座敷に一ヶ月分の遊興費を前納して下宿することにした。

下宿して見ると思ったより辛いもので、はじめの一週間はどうにか辛棒出来たが、遊女連の昼間のだらしなさと、流連《いつづけ》のあじきなさに、しみじみと此処《ここ》に居るのが嫌になり、一ヶ月暮すのは容易のことではなかったものだ。然しこれで女人脱得が出来たらまことにお安いものだが、一ヶ月後道場に寝起きして見ると忽《たちま》ち心は新宿にひかされ、どうにも仕末のつかぬ有様であった。

俺自身ではどうにでもして一気に女人脱得をしようと一ぱし修行のつもりで居たのだが事実は如何にも無茶だったので、流石の師匠も目にあまったか市ヶ谷の道林道場にあずけられることになってしまった。

道林道場とは昔大名の菩提寺で維持出来なくなり廃寺になって居たのを師匠が貰い受け、南天棒鄧州《なんてんぼうとうしゅう》和尚を塾頭にして、内弟子中の骨っぽいところを、此処で坐禅させていたのだ。寺といっても名ばかりな粗末なもので其上其処《そこ》には警視庁の許可を受けて四畳半の座敷牢が出来て居た程である。

此の頃俺は師匠から今の「鉄樹《てつじゅ》」と云う居士号《こじごう》を貰ったのである。

五、円福寺行

或る日師匠は何と思ってか（明治十九年二月）俺を膝下《しっか》に呼びよせ

「これから三年の間京都八幡の僧堂（円福寺）にいって伽山《かざん》和尚をたずね、みっちり修行して来なさい。いかなる事があっても中道で戻って来てはなりませんぞ」

と儼然と申渡され、旅費として一円貰い受けた。これが師匠と最後のお別れになろうとは思わなかった。師匠の御病気が段々お悪いときいて気が気でなかった俺は、伽山老師の御許しを得て、東京へ戻って来たのだったが、三年の日子が未だ経たぬ為、師匠はどうしても見舞を許して下さらぬので、おれはすごすご京都に戻った。此の為俺は御臨終を知らぬのである。

師匠は弟子の教育には実に親切であった。何事にも率先範を示されたお方で、其の行きとどいた御親切には、思い出す度に感涙を禁ずることが出来ない。

誓願と立切稽古

はしなくも俺が皮切りをすることになった春風館道場の「誓願」と云うきまりを少し紹介しよう。

誓願とは一死を誓って稽古を請願すると云う意義で其《その》方法は略《ほぼ》三期に分れている。第一期の誓願を申出でる者があると、師匠から簡単な垂示《すいじ》があり、次いで道場に白木に書かれた姓名が掲示される。

誓願者は其日から一切の雑用を免ぜられ、一日の怠りもなく千日間稽古を積めば愈終日立切二百面の試合をする。これを立切又は数稽古と呼ぶ。これが無事成就すると、「立切二百面終了」と云う焼印のある青垂れと、十二箇条目録が授与される（既刊の鉄舟伝にある誓願の項は大分ちがっている）。

山岡道場でこれをやったものは一番目が俺で、二番目は松田と云う男だったが家庭の事情で途中で札をはずして帰ってしまった。三番目は今の一条公の実父にあたる大炊御門《おおいのみかど》であった。四番目が柳田元次郎（晩年仙台辺の中学校の舎監をしていたが昭和八年頃死んだ）であった。其外《そのほか》、東条治三郎等二、三の者がやっている。

次に第二期誓願である。これは更に数年の稽古を積んだ上、三日間立切六百面の稽古を終えて仮名字目録が授けられるのである。これは、俺が知っている人では東条がやり、師匠の死後、直記《なおき》さん（鉄舟の長男）から仮名字目録を貰っている。

東条は大阪で豆腐屋の売り子をやって居たが、剣道が好きで上京し、煮豆売りをしながら毎日山岡道場の稽古窓をのぞくので、中村と云う男が引入れて、冗談に稽古をつけてやったのが縁故で師匠の門下になった。はじめは佐野といって居たが、東条と云う家へ養子にいったと見える。担板漢だが、稽古熱心なのでめきめきと上達した。後関口隆吉さん（当時静岡県知事）の世話で静岡の警察に出ていた。前田公の道場で脳溢血で死んで仕舞った。

此の他仮名字目録を師匠から貰って居る者は、多門正文《たもんまさぶみ》、中條金之助、籠手田安定《こてだやすさだ》。中田誠実、香川善治郎、小南易知《こみなみやすとも》、松平莞爾《かんじ》、鯉淵正道《まさみち》（榊原鍵吉の高弟で榊原よりうまかったと云われた男）、高橋道太郎（泥舟の息）等で其外にあったか、どうか記憶にない。

第三期の誓願は更に幾多の錬磨を重ねた上、七日間立切千四百面の試合をすませて免許皆伝の剣客となるのであるが、山岡道場にはこれを終った者は一人もなかった。但し免許皆伝されたものは前述した長谷川運八郎が一人ある。

春風館時代の事で記憶にあるのをいくつか話そう。

法二条

稽古場で懐中時計が無くなったことがある。

学頭の中田が一同に、「今日は用事があるから、暫く帰らずに居てくれ」ということであった。

注意人物は、たいてい見当がついて居たが、学頭の調べた結果も、やはりその男が盗ったと知れた。

学頭が師匠のところへ行って、某が時計を盗んだことを話して、「不都合だから破門してしまいたい」と訴えた。

すると師匠が、

「待て。そいつは俺も行き届かなかった。泥棒するなということを、みんなに云わなかったのはおれの手落であった。これからおれの稽古場じゃ、虚言《うそ》と泥棒はしない規則にしよう」

と申渡し、更に言葉を改めて、

「どろぼうしたからって、破門してしまっちゃ、稽古する必要がないじゃないか。悪いのを叩き直すのが、お互いの稽古だ。悪いことしたからって、直ぐ破門しちゃ、殺すも同然だ。――おれも眼が行き届かないので、君を学頭にしてあるのだから、おれに代って、よく気をつけて貰いたい」

一本参った中田は、腋に汗して師匠の前を引き退った。みんなは学頭が悄《しお》れて帰って来たのを変だと思った。中田は時計のことなど、忘れてしまったように、

「おい、みんな聞いてくれ。今度、師匠の意見で道場に規則が出来たぞ」

みんなは学頭の思いがけない言葉に眼を見張った。

「師匠が、虚言と泥棒はせぬことにした。――こん度犯したやつは誰でも構わないからなぐりつけるから、そう思え！」

この規則は、爾後増えも減りもせず、何時か山岡の道場の掟となってしまった。「法三条」ということがあるが、山岡では「法二条」で治まっていた。

臼井の仇討

一

明治九年臼井六郎（福岡県筑前国夜須郡野鳥村四七八臼井亘理長男後叔父助太夫養子）という青年が、九州から山岡を頼って来て、内弟子になった。真面目に一生懸命剣を励むが、どこか陰気で、山岡も変だと睨んで居た。それもその筈で、臼井の父は秋月藩主黒田長徳の用人であったが、旧藩兵制改革に西洋風を取り入れたことから誤解をまねき、明治元年五月二十四日の暁其《そ》の寝所にしのび入った暴漢の為に母もろとも斬り殺され、当時三歳の頑是《がんぜ》なき妹まで傷を負わされた。然《しか》も父母の死後、賊には何の咎もなく、父のみが「身を思うに厚く国を思うに薄き為、自ら招きし禍」なりと断ぜられた此の惨憺たる無念さが、当時八歳の六郎の肝に深く刻まれ、長ずるに従って父の仇を報いたい一念に、遥々郷里から上京して山岡の門に入った次第なのであった。

ある夜、更けて六郎が師匠の居間へ這入って来て、日頃の胸中を打明け、

「十数年来の宿願ゆえ、どうか先生、聞き届けて頂きたい」と哀願した。然し山岡は、

「そりゃおまえが、親の仇を討ちたいという志は立派だけれども、昔なら兎に角、この明治の聖代に敵討沙汰は面白くない。况《ま》してやおまえの父を殺した人だって、私怨じゃないの

だから、恕すべき点もある。——切角の志だが、思い止まった方がいいだろう」

と、六郎を抑えた。けれども多年思い詰めていた六郎はそんなことで承知しそうもなく、

「お話は御尤もですが、私も十何年来、此のことばかり思い詰めて居るので、今更止めるに止められません」と、切なる心情を吐いて、動きそうもなかった。

「そうか、そんなに思い込んでるのなら、止むを得ない。やって見ろ」

と、とうとう山岡も臼井の望みを許した。臼井は初めて晴々した気持になり、「師匠が後楯なら屹度《きっと》敵が討てる」と、これからは一層稽古に精出し、めきめきと腕があがった。

二

稽古の余暇臼井は敵の動静を探るに腐心していた。すると一日臼井が雀躍《こおどり》して師匠の前へ出で

「先生、敵に今日は会えます！」

と知らせて来た。臼井の敵というのは昔同藩の山本克己事一瀬直久と云う男で、当時甲州で判事をして居て、今日上京するということを内偵し得たのであった。

「甲州街道を大木戸で待ち合せ、やっつける積りです」

「そうか。それじゃ、そうしろ。――六郎、捨身でぶっつかるのだぞ！」

「はい」と答えて、臼井は短刀を懐にし、勇んで大木戸へ向った。

稍暫《ややしば》らくすると臼井が泣いて帰って来た。

「どうした、臼井！」

と師匠に聞かれて、臼井の語る所によれば、敵は乗馬で、属官二人も乗馬でのり込んで来たので、どうすることも出来なかったとのこと。山岡は怒って、

「馬鹿野郎！　きさまが最初から勝敗を頭に置いてかかるから切角千載一遇の好機を逸してしまったのだ。勝てばよし負けたら己も真二つにやられればそれで貴様が親への申訳は立つ。何のためにおれのところに居たのか。腑甲斐《ふがい》ない野郎だ。今日限りおれの家へ置けぬから出て行け！」

と怒鳴りつけた。

事毎に、なんでも捨身でぶっつかって行く山岡の筆法を、常に学んでいながら、つい勝敗に眼が眩《くら》んで、態度を誤ったことに就て、臼井は師匠に叱られても一言もなかった。彼は泣きながら、然し深い決心を固めて山岡の家を出て行った。

三

師匠の戒が身に泌みて忘れられぬ臼井は、今度こそ捨身で、敵と再会の機会を狙ったのであったが、とうとう明治十三年十二月十七日に、京橋三十間堀三丁目の旧藩主黒田の邸内、家扶《かふ》鵜沼不見人《ふみんど》方で一瀬とめぐり合い、之を刺殺し、年来の思いを遂げた。

ちょうど宮内省にいて、此のことを耳にした山岡は、さすがに嬉しかったと見えて、「臼井が本望遂げたぞ」という手紙を書いて、役所から奥さんのところへ知らせた。

臼井は直ぐ幸橋外警察分署へ自首し管轄の京橋警察署に送られた。警視庁では山岡が臼井を教唆したに違いないという疑いを以て、山岡を調べに来た。山岡が、

「そう。おれもあれの師匠だから、敵討の心得は話してきかせた。いずれあいつも短刀でやるのだろう、仇と思ったら短刀は斬るものじゃないぞ、突くんだぞ、と云ってやったが、誰々を殺せ、とはいいつけぬ」

「それじゃ、どうも仕方がない」と、それっきりになってしまった。

当然死罪になるべき筈の臼井が、禁獄終身を申付けられ、それも事実は十年の懲役で済んだのも、山岡が尽力したお蔭である（これは、明治時代最後の仇討として明治十四年九月の各新聞に亙り掲載された）。

四

臼井が監獄から出た時には、もう師匠は故人になっていた。鉄眼《てつげん》（愚庵、当時入道して京都の滴水《てきすい》和尚のところに居た）が臼井に逢って、

「おれは今まで親の所在を尋ねても、尋ねあてられないが、それに較べると、おまえは親の敵にめぐり合って本望を達したので仕合せだ。これでおまえの一生の仕事は成し遂げられた訳なのだから、もう世を捨てて敵や親の冥福を弔うようにした方がいい」

と、しきりに谷中の全生庵《ぜんしょうあん》——鉄舟の霊所——に入り入道することを勧めたのだが、福本《ふくもと》日南《にちなん》が担ぎ込んで何か臼井を利用しようとでもしたのか、とうとう坊主にならずにしまっ

た。

鉄眼のいうことをきいて、臼井が入道したなら、一層終りを飾ったのであったが、惜しいことをした。後に博多の停車場前で、「孝行餅」という看板を掲げて生活していたが、孝行を売物にしちゃまずい。


あの輿押し戻せ!


もう師匠の晩年のことであった。鮫ヶ橋の須賀神社の祭礼の御輿を四谷の山岡の屋敷へ持ち込もうとした。何か敬意を表すつもりで来たのだが、それまで例の無かったことである。晩年になるほど山岡の人気はすばらしくあがって来たもので、これもその一つの現われである。

師匠が稽古場にいて之を見て、みんなを顧みて、

「あの輿せり合って押し戻して見ろ!」

と云った。

みんなは喜び勇んで、稽古着のまま飛び出して今正に門に這入りかけた輿にたかった。いや、やったねー。えっさえっさ押して、とうとう美事に押し戻した。

師匠は、門の長屋の窓から顔出してこの様を眺めていた。

輿を門前に据え、氏子の連中を呼んで四斗樽の鏡を抜いて振舞ってやったら、みんなよろこんで、元気よくまた輿を担いで帰って行った。

死ぬまで元気であったねえ。

額の青瘤

—

得庵《とくあん》、鳥尾将軍が明道《めいどう》協会というのをこしらえた。明道協会というのは、大道社《だいどうしゃ》（本郷竜岡町に本部が設けられ、神・儒・仏を取り入れた、大日本本来の国教を立てんとする運動）の前身で、国粋主義を唱えたものである。鳥尾さん自身は会長格で、副会長に山岡を無断で祭りあげ、大いに気勢を張ろうとした。山岡は副会長になることを断ったのだけれど、鳥尾さんが、「主張もいいのだし、それにあなたを副会長ということにして発表してしまったのだから、是非承諾して貰いたい」とのことで、山岡もその気になり、いろいろ骨を折ってやった。

ところが伊藤（博文）さんと、井上（馨）さんとで、条約改正の件から外人の機嫌をとるため耶蘇《やそ》教を国教にする話が持ち上って、明道協会を圧迫しにかかった。鳥尾さんはその圧迫に堪えかねて、支那の全権公使になって、協会から逃げようという下心で山岡のところへやって来た。

鳥尾さんは何気ない様子で、山岡に
「どうも協会も厄介だから、廃めようかと思うが、どうでしょう」

と相談を持ちかけると、山岡は、

「おれは不賛成だ。協会が自然潰れるというのなら仕方がないが、追々盛大になるものを、何も進んでつぶす必要がないじゃないか。——あなたがそんなことを云う意中は能く分ってる。屹《きっ》と井上から叱られたのだろう。そんな意気地のねえことで、どうなるんだ」

と、あべこべに説得されてしまった。

二

ちょうど、その日が山岡の家の煤掃きであった。

山岡の家例として、煤掃きが済むと、みんな稽古場へ集まって、酒を飲んで、まず師匠次に奥さんと順々に胴上げをして静かに畳へ下ろし、一同揃って、「おめでとう御座います」とお辞儀をし、先生や奥さんからも、「おめでとう」と挨拶するのであった。そして若《も》し其《そ》の時、お客様があると、いやなお客は別だが、左《さ》もなければ敬意を表して序に胴上げをした。

そこで内弟子の中田（元重）が奥へ行って、奥さんに、「お客はどなたですか」と訊くと、「鳥尾さんと古荘《ふるしょう》さんがおいでになって居ります」とのことであった。

古荘とは古荘嘉門《かもん》のことである。この人はもと熊本の志士で、維新の際、脱藩して国事に奔走したのだが、藩規則に触れることがあって命がないことになっていたのを、山岡が庇《かば》ってやって、無事に済ませてやった。維新後三重県や群馬県の知事をし、衆議院へも出て国権党の総裁にもなった人で、佐々友房《ともふさ》と並び称せられた熊本での働き手である。古荘はもと山岡に世話になった関係から、山岡を命の親だと云って、常に出入りしていたのだ。

中田が奥さんに、

「鳥尾さんもお祝いしていいでしょうか?」と訊いた。お祝いとは胴上げのことである。

「いいと思いますが、一応先生に伺ってごらん」

との返事なので、中田が更に師匠の傍へ行って、そっと鳥尾さんのお祝いを訊くと、

「よろしい」とのことであった。

みんなが中田に連れられて、客間へどやどやと這入って行って、「まず鳥尾さんからだ」と中田が声をかけるとみんな鳥尾さんを取り巻いた。

何も知らぬ鳥尾さんは、稽古着を着た酒気を帯びた若い連中に取り囲まれて、ひどく驚いた様子であったが、「どうかお羽織をお脱ぎ下さい」といって鳥尾さんの肩に手をかけて羽織を脱がせようとした一人の横面めがけて、

「何をするかッ!」

と、したたか殴り飛ばした。

之を見てほかの連中が憤《むっ》として、「羽織なんか構わん、やっちゃえ、やっちゃえ！」と、手取り足取り鳥尾さんを担ぎあげた。その中に「癪だ、稽古場へ持って行って板の間へ叩きつけろ！」という奴が出て、みんな「やっさ、やっさ」と稽古場へ担いで行こうとした。鳥尾さんは愈々周章《あわ》てて、手振り足振り抵抗して暴れたもんだから、そのはずみに、鴨居にごつんと額をぶっつけて、見る見る額が腫れあがってしまった。

これを見て師匠が、

「待て、待て。今日は吉例だ、乱暴するな」

とみんなを抑えた。

「そんなら此処《ここ》でやれ！」

と、思いさま鳥尾さんを投《ほう》りあげて、上げっ放しにして、どしんと畳へ落した。

その時古荘さんが立って来て、

「俺もお祝いに預りたい」

とみんなに云ったけれど、みんなは鳥尾さんで興が醒めてしまったので、「あとだ、あとだ」と稽古場へ引き揚げてしまった。

鳥尾さんは腰を撫でて起き上り、「ひどいことをする。どうもひどいことをする」と、不平だらだらもとの席へ来て、

「一体これは、どうしたことなのですか」

と山岡に質問した。鳥尾さんは、今日来た用談が用談だし、何か山岡が意あってやらせたのじゃないかと邪推したらしい。山岡は笑いながら、

「いや、今日は家の煤掃きで、あれは家例なのです」

鳥尾さんは苦い顔して、

「家例なのですか。どうもなかなかひどいことをする、どうもひどいことをする」

と繰り返しぶつぶつ云って、青く腫れあがった額の瘤を擦っていたさまは、平生威張って居ただけに一層可笑しかった。

煤掃きの胴あげでは、折々お客が面喰ったものだ。何時かも西四辻さんがお勅使で見えて、「御免!」と玄関をあがると、胴上げされてしまって、「どうしたのですか? どうしたのですか!」と、喫驚《びっくり》してしまったことがある。――お勅使を胴上げするなんて、まるで無茶だったねえ。

三

鳥尾さんは二十九歳かで中将になった人で、陸軍では異例だそうだ。「おれは若い時は随分元気なものであったが、年をとると、だんだん臆病になる」といつか師匠に云っていた。長州有数の才物だが、どうも才気が勝って真に徹し得なかったようだ。坐禅はほんのとば口だけなのだが、それでも大分鼻にかけて、いつかも滴水《てきすい》さんに蹴飛ばされたことがある。それは全生庵《ぜんしょうあん》で滴水さんと伽山《かざん》和尚、山岡と鳥尾さんと四人鼎座《ていざ》していた時、何か

鳥尾さんが、出過ぎた口をきいたものだから、「こいつ、何を生意気な！」と、ひょこひょこと立って行って、鳥尾さんの胸を蹴ったものだから、鳥尾さんは仰向けざまに、ひっくり返った。伽山和尚はこれを見て「ほう、ほうひどいことをなさる。なかなか元気なことをなさる。ほう」と微笑んでいた。

山岡もそばでにこにこ笑っていた。

雪隠の蛆虫

明治二十年のことだ。野犬狩りの巡査が十四、五人どやどやと山岡の邸へ犬を追い込んで来た。

ちょうど稽古場に居て、之を見た師匠は、

「門を閉めちまえ、しめちまえ」

といったので門を閉めちまった。

師匠は巡査等に、

「あなた方は何だ。無断でひとの家へ這入り込んで……。棒なんか持って穏かじゃないじゃないか」

と咎めた。

「犬を追って来まして……」

「犬を追って来たもないもんだ。こっちへあがんなさい！」

と睨んだ。巡査は相手が山岡なので、仕方なくあがり込んだ。師匠は巡査をあげたまま放《ほ》擲《う》って置いて、相変らず、みんなに稽古をつけて居た。

余程経ってから四谷の警察署長がやって来た。巡査が誰も帰って来ないので、段々尋ねて、みんなここに居ると分ったのだろう。

署長が大に謝罪《あや》まって、巡査を帰させてくれと頼んだが、山岡は

「おまえさんがやらせたのじゃなかろう。三島がさせたのだろう」

と相手にしない。仕方なく署長は帰って、やがて三島さん（通庸《みちつね》、当時警視総監）がやって来た。

「なにか四谷署の巡査が不都合を働いたそうですが……」

「むむ、真昼間棒なんか持って家へ這入り込んで来たので、どうしたのだと聞いたら犬を追って来たのだそうだ。大の男が大勢かかって一匹の野良犬なんかにつまらねー真似するじゃねーか」

「はァ」

と三島さんは「なんだ、そんなことで俺が此処まで来たのか、それとも外に訳でもあるのか」と、見当がつかない。

師匠は煙草を吸いながら、

「ときに三島さん、あの保安条例というのは、ありゃ何だ。壮士だとか、志士だとかいうやつをあなた方はいやに恐がってるが、あんなものは、野良犬にも及ばぬ雪隠《せっちん》の蛆虫のようなものだ。蛆虫だって放擲って置けば、雪隠に納まってるのに、それをおまえさん等が、矢鱈と突き散らすから外へ匐い出して来て、汚くていけねー。余計なものなんか作《こし》らえて……屹度《きっと》おまえさんと山県（当時、内務大臣）のやった仕事だろう。つまらねーことをするじゃねーか」

稽古場にいたみんなは、野良犬騒ぎから師匠がなにをするのかと思っていたら、最近出た保安条例が気に喰わなかったのだと解って、笑い出した。

三島さんは唯々《いい》として、巡査を引卒して帰って行った（林有造・中島信行・片岡健吉・尾崎行雄・星亨は東京三里外に追放されたのである）。

水鳥室

―

雲照《うんしょう》律師が、何か高野山のことで、宮内省へ取次いで貰うために、山岡へ来た。律師は人も知る如く持戒の正しいので一世を圧したもので、山岡なども、律師を尊敬して、律師が見えると、特別扱いに丁重にした。律師は二食で、昼は十一時すぎたらもう飯は食わなかった。だから律師が来ると、家中あわてて律師の飯の仕度をした。便所へ行っても備え付の手洗鉢で手を洗わない。屹《きっ》と自身手洗水を携帯していて、それを使われるので、しまいには山岡の家でも「雲照水」といって、特別に手洗の水桶を備え付けて、雲照さんが見えると、おれだちは早速「雲照水」を桶へ汲み入れたものだ。

その雲照さんが来て、山岡に面会したいと申し入れたのだ。

その時師匠はちょうど不加減で寝て居た。それで取次の者に、

「少し体の具合が悪いので、お目にかかれないが、御来意の向は分っていますから、度々お出にならなくても、御心配はいりません」

と雲照さんに伝えさせた。雲照さんは取次の話を聞いて、そのまま帰られた。

すると、その日の夕方になって、また雲照さんがやって来て、お目にかかりたいと申し込んだ。雲照さんは山岡がたいした病気でもないのだろうと思ったのかも知れない。

雲照律師がまた来たことを寝床の中で聞いた山岡は、何思ったか、むっくと跳ね起き、寝衣のまますたすた玄関へ行って、雲照さんの前へ突立って、何にも云わず、いきなり、

「外のことは兎に角、真言律には病人を虐めろという律がありますか。え？　そんな律があるのですか」

と、少しく怒気を含んで頭から押ッ被せた。

雲照さんは寝衣姿の山岡から藪から棒に突込まれたのですっかり面喰ってしまって、

「は、どうも……」

と、あわてくさって、鼻の先に置いて在った紫の帛紗を其《そ》の儘《まま》にして、挨拶もそこそこに逃げ出してしまった。そして門の外まで来て、ほっと息をつき、長屋の窓の下に腰を掛けて砌《しき》りに額の汗を拭いていた。

ふと雲照さんは、帛紗を玄関に置き忘れたことに気が付いて、取って返して帛紗を持って行こうとした。

師匠は奥へ這入ろうとした所を、雲照さんが帛紗を取りに来たので、

「まだあなたは、そんな所にまごまごしているのですか」

と、大きい声を出して、また浴びせかけた。

雲照さんは、もうすっかり慌ててしまって、帛紗を握ったまま山岡に挨拶もせず、すたこら逃げて行ったが、平生が端厳な人だけに、その様子が堪らなく可笑しかった。

数日経って雲照さんがやって来た時、師匠が、

「先日は一寸殺気を帯びた議論を持ちかけましたが、流石あなたは偉いですな。あそこを引ッ外して逃げるところなぞ……どうも偉いですな」

雲照さんはまずい顔して返事もしなかった。

雲照さんのことを「水鳥室《すいちょうしつ》」と云ったのは右のことがあってからである。律師が山岡に

一喝されて、慌てて逃げた様子が、恰《あたか》も平宗盛《たいらのむねもり》が、水鳥の羽音に驚いて、富士川の陣を逃げ出したのとよく似ていると、口さがない稽古場の誰かが「水鳥室」の号を捧げたのである。

平生あんなに大事にして置いて、そして時にああ怒鳴りつけるのだからね。雲照さんだってそりゃ面喰うよ。

二

師匠の長女お松さんの夫、宗之助《そうのすけ》(石坂周造先妻の子)がコレラにかかって門前に隔離されていたことがあった。当時は呑気だったもので隔離してあったから、警察でも更にやかましくは言わなかった。それで師匠が、巻紙へ「此家《このいえ》にコレラあり」と書いて門にはって置いた。

或日師匠が玄関に居て弟子二、三人と話しているところへ鎌倉の洪川《こうぜん》老師が訪ねて来た。するとと師匠が
「老師、此の家にはコレラがありますよ」

と云うと、

「ほう、それは大変だ！」

と血相を変えて、飛び帰ってしまった。

一世の老大師も一寸したところで足もとを見られて仕舞うものである。

耶蘇以上の偉い人

雲照さんで思い出したが、ニコライの一の弟子の新妻某《にいづま》が三日にあげず山岡を説きに来たことがある。新妻の父は剣術使いで、山岡へよく出入りして居たので、そんな縁故で新妻も山岡を説得しようとしたのである。来る度に、色々な書物を持って来て耶蘇《やそ》を礼讃するのであった。

山岡は最初新妻の話を聞いていたが、あまりしつこく新妻がやって来るので、しまいには煩さくなって来た。

そこへ新妻がおととい来たばかりだのにまた玄関へ現われた。

「また来たのか」と独り言いって、山岡が、ひょこひょこと立って新妻を通した客間へ出て行き、「この間からたびたび耶蘇の話を伺ったが、若《も》し耶蘇以上の偉い人があったら、あなたはどうしますか」

と訊いた。新妻は得意になって、

「そんな人が若しもあったら、私だって節を折ってお弟子になります」

「確かになりますか」

「ええ、喜んでお弟子になります。――然《しか》し今の世に耶蘇以上の偉い人があるとは思えません」

と、極め込んでいる。すると山岡が、

「現に、此処《ここ》に居るが、どうだい」

と、手を出して自分の鼻の頭を指した。

新妻は唖然として、もうそれっきり山岡の家へ来なくなってしまった。

後新妻は何をしたのかニコライを破門されてしまった。

おれの師匠なんて、理窟を云わずに片づけてしまうのだからね。たまらない。

こけおどしはよせ!

仙台藩の者で桜田良佐という人があった。幕末の志士で、山岡や清河八郎などと共に国事に奔走した仲間だが、維新後仙台で士族を集めて開墾を始めたところが中途で資金に不足して山岡へ相談に来た。桜田は山岡の貧乏なことを知っては居たのだが、顔が広いから何とか心配して貰えるかと、あてにして来たのである。

「それじゃ、何とか心配して見よう」

「よろしくたのむ」

ということでその日は別れた。

幾日も経たぬのに、また桜田がやって来て、

「段々苦しくなって来た。是非金の工面をして呉れ」

と催促した。

それから十日ばかり経つと、また桜田が来て、

「愈々《いよいよ》いけない。もう何とも維持が出来なくなってしまった。俺が主唱で始めた仕事が、この様じゃ、みんなに申訳がないから、止むを得ない、切腹する」

と云い出した。

桜田は死ぬ気も何もないのだ。切腹すると云ったら、山岡が本気になって、屹《きっ》と早く金の心配をして呉れるだろうというこけ威《おど》しなのだ。

すると山岡が乗り出して、

「そうか、そりゃ名案だ。君が腹を切れば君が山師でなかったという申訳が立とう」

と、一も二もなく賛成してしまった。

桜田は、「こりゃ少し勝手が違った」と思ったが、云い出した手前、後へは退けず、

「それでは腹を切るから、稽古場を借りたい」

とやり出した。桜田のやつ、どうしても山岡を動かそうという胸の一物があるから、山岡にいやがらせをいい出したのである。そんなことに引っかかる山岡じゃない。桜田に、

「そいつぁ困る。稽古場でやられちゃ汚くていけねえ。それに死んだ跡の始末にも困るか

ら、稽古場は止して前の桑畑でやってくれ。君が死んだあとで、誰か遣って死骸の始末をさせよう」――その時分、四谷仲町の山岡の家の前は、一面桑畑であった。――桜田のやつ、もう、ぐっと参ってしまって、とうとう我を折って、

「いや、どうもいかん、あなたに逢っちゃ威しも利かねえ」

と本音を吐いてしまった。

「ものを頼むのに、そんなこけ威しをするやつがあるものか。そんな精神だから事業が挙らぬのだ。真面目にやってさえ居れば、またいいことも来る」

と、したたか釘を打ち込まれた。

門人に示す（鉄舟遺稿）

剣術の妙所を知らんと欲せば、元の初心に還るべし。初心は何の心もなし。只一途に相手に向って打込んで行計なり。是れ我身を忘れたる証拠なり。行の出来たる人は思案分別が邪魔をして害となる。是を去れば則妙処を知る。先試に上手の人に打たれて見るべし。なかなか唯打たれることは出来ぬものなり。其所をどこまでも忍んで、我よりは決して打たじと覚悟して心を動かさず修行おこたらざるときは、なるほどと云う場処あり。少しも疑の念をいれず修行して見よ。必ず妙処を発明するの時節あらん。

竹刀長短の是非を弁ず（鉄舟遺稿）

上古より剣の寸尺は十拳を以て定法となす。十拳は我半体なり。剣と我半体とを合すれば敵に向い我全体と為る所以なり。又八拳の剣あり。八拳は十拳を減殺するものにして、敵に向い我が精神を鋭進する所以なり。古来撃剣を以て世に鳴り、一家の流義を伝うる者皆十拳以下の竹刀を用いたり。然るに天保年間柳川藩大石進と云者あり。漫に勝負を争うにより、始めて五尺以上の竹刀を作る。江戸に来りて諸道場に於て試合し、頗る勝を得たり。時に大石進と千葉周作との試合あり。大石は五尺余の竹刀を以てし、千葉は之に応ずるに四斗樽の蓋を取りて鍔となせりと云。其争う所戯技に過ぎずして、我所謂剣術には非ざるなり。爾後諸流の修行者、多く古法の真理を知らず、世の風潮に随いて、竹刀の長きを以て利ありとなす。其浅学無識歎ずべきなり。苟も剣術を学ばんと欲する者は、虚飾の勝負を争う可からず。当時浪人師匠と称し、此術を以て名を衒らい口を糊する者、勝負の甚道場の冷暖に関するを懼れ、竟に竹刀を長うするの弊害を生じたり。今也剣道を恢復せんと欲せば、宜く先ず竹刀を作るに古法を以てし、真剣実地の用に当らんことを要すべし。

一刀流兵法十二箇条目録　印

一、二之目付之事
二、切落之事
三、遠近之事
四、横竪《よこたて》上下之事
五、色付《いろつき》之事
六、目心《もくしん》之事
七、狐疑心之事
八、松風《まつかぜ》之事
九、地形之事
十、無他心通《むたしんつう》之事
十一、間《ま》之事
十二、残心之事

以上十二箇条

抑々当流刀術を一刀流と名付たる所以のものは、元祖伊藤一刀斎なるを以ての故に一刀流と云うにはあらず。一刀流と名付たるには、其気味あり。万物大極の一より始まり、一刀より万化して、一刀に治まり、又一刀に起るの理有り、又曰く、一刀流は活刀を流すの字義あり。流すはすたるの意味たり。当流すたることを要とす。すたると云うは、一刀に起り、一刀にすたることなり。然れども其すたるの理通じ難し。於是か、さきより門前の瓦と云えるたとえあり。瓦を以て門をたたき、人出で門開く。此時用をなしたる程に、瓦をすつ可きを、其儘持て席上に通らば、かえって不用の品とならん。是すてざるがゆえなり。行も亦然り。うつべきところあらば一刀にうちて用をなしたる故、ここにすたることあらば、またおこる。万化すといえども、みなしかり。うってうたざるもとの心となる。これ刀すたるの至極なり。又曰く流は水の流るるなり。流るる水の如く、機にすこしもとどこおりなきの理もあり。流るる水の勢又広大なり。山を流し谷をもこす。かくある時は、流は元祖のくせと見るなり。一刀斎が剣術のくせの勢を学と云うなり。俗に云うまねをするの意味なり。一刀斎のまねをして、くせを覚ゆるの心なり。近くは後人師のくせを学ぶが流なり。兵法とあるは武道なり。武芸の総名兵法なり。剣術とあるべきところ、兵法としたるは、ことを広く見せんが為めなり。一芸の一理を以て、万理におしうつるの意味なり。十二ヶ条は、一ヶ条ずつ十二ヶ条目録をあげて其次第を伝うるところなり。一をつみて十二とあげたるは、意味深長なるところなり。一刀よりおこって、万剣に化し、万刀一刀に帰す。年月の数十二ヶ月あり。一陽に起って、万物造化し、陽中陰をめぐみて、万物生じ陰ここに極りて、年月つくるものと見れば、陰中陽を発して、またいつか青陽の春にかえる、陰陽循環して、玉のはしなきが如く、当流守行《しゅこう》も亦如レ斯、一よりおこりて十二におわる。而してまたもとの一にかえりて、つくることなし。またもとの初心にかえり、またもとにかえり、無量にして極りなき心を以て、十二の箇条をあげたり。

二之目付之事

二の目付とは、敵に二の目付ありと云う事なり。先ず敵を一体に見る中に、目の付け所二つあり。切先に目をつけ拳に目を付く、是れ二つなり。故に拳うごかねば、うつことかなわず、切先うごかねば、うつことかなわず、是れ二目をつくる所以なり。敵にのみ目をつけ、手前を忘れてはならぬ故、己をも知り、彼をも知る必要あるを以て、旁々之を二の目付と云うなり。

切落之事

切落とは、敵の太刀を切落して、然る後に勝つと云うにはあらず、石火の位とも、間に髪を容れずとも云う処なり。金石打合せて、陰中陽を発する自然により火を生ずるの理なり。火何れよりか生ず。間に髪を不レ容の処なり。切落すとは、共に何時の間にやら敵にあたる一拍子なり。陰極って落葉を見よ。陰中に陽あって落つると共に何時の間にやら新萌《しんめ》を生じてあり。切落すと共に敵にあたりて勝あるの理也。

遠近之事

遠近とは、敵の為めに打つ間遠くなり、自分之が為めに、近くなれと云う事なり。何故なれば、身体そり仰ぐ者は、打間遠くなり、まびさし伏し莅《のぞ》みかかって打つ者は、打間近し。敵を見おろすと、見あぐるとは、大なる違いあり。遠き面に莅みて、近き拳に勝あることを忘れ、近きに勝あるを知って、遠き面を打つ、是を以て遠近と云うなり。

横竪《よこたて》上下之事

横竪上下とは、真中の処なり。上より来るものは下より応じ、下より来るものは上より応じ、横より来るものは竪に応じ、竪に来るものは横に応じ、心は中央に在って、気配自由なれと云う事なり。之を図に示せば左の如し。

(一) 角形の図は、正方立方形と心得可し

(二) 円を描きて其内に心を箝めたるは、是れ則ち心中央にあれと云う事なり。

横竪上下之略圖

(三) 是れ剣法のみならず、天地万物皆然り。此の如く心中央に在りて、ふれ動かざれば、横竪上下の規矩にはずれずと云うことなり。

色付《いろつき》之事

色付とは、敵の色に付くなと云う事なり。常になれざるかまえなど見ると、そのかまえに取りつき、或はかけ

声などになつむは皆色に付くと云うものなり。たとえ何様のかまえなりとも、己れ修し得たる所の横竪上下の規矩にはずれずば、あやうき事なかるべしとなり。

目心《もくしん》之事

目心とは、目で見るな、心で見よと云う事なり。ここは考え場なり。目に見るものはまよいあり。心よりして見るものは、表裏にまよわず。目は捨目付につかいて、心の目にて見るなり。

狐疑心之事

狐疑心とは、疑心を起すなと云う事なり。狐は疑い多きものなり。狩人などにおわれぬれば、此処彼処と止まり見返り居るうち、脇よりまわりて終にうたるるものなり。是れ疑心深きが為めなり。一筋に逃げ往かば遁るべきを、剣術も亦如レ斯。其敵に対して、斯くしたらばこうあらん、かくやあらんと疑い居る内に、敵にうたるると云う意味なり。

松風《まつかぜ》之事

松風とは、合気をはずせと云うことなり。松に風あれば、さわさわして常に合気なり。合気にはずれねば、よきかちにあらず。弱きに弱き、石に石、綿に綿の如し。打合して勝負見えず。是に依て当流は拍子の無拍子と打つなり、敵弱からん所を強く、強からん所を弱く、敵星眼に来れば下段にして拳下よりせめ、敵下段なれば星眼にして上太刀におさえと云う様に、合気はずれて勝あるべし、風ならば松をたおし、乗取りて勝つ。松ならば風のはげしく来る所をさけ通して、其虎口の間に然かも勝あるなり。

地形之事

地形とは順地逆地の事なり。つまさきさがりの地を順と云い、つま先上りの地を逆と云う。順は勝地とも云うて、敵を拳下りに打ゆえ利多し。逆はあせ地と云うて、敵を見上ぐる形なり。あおむく故、負べきの地とも云わん。風雨日月などにむかいて損あるも、是に籠れり、場所により、逆地にありとも進退かけ引して、敵を逆地におけと云う事なり。

無《む》他《た》心通《しんつう》之事

無他心通とは、敵を打つ一偏の心になれと云う事なり、常の修行中にも、見物多きためなどに心うごき、或は余念に心引れては、自己一ぱいの働きならぬもの故、他に心を通ぜず、己れ修し得たる行丈を以て、敵にあたれとの事なり。

間《ま》之事

間とは敵合の間の事なり。自分の太刀下三尺、敵の太刀下三尺と見て、六尺の間なり。

一足出さねば敵にあたらぬ故、打つもつくも、当流一足一刀と教えたり、此間合の大事、常の稽古に自得すべき所なり。又曰く、間は周光容間《しゅうこうようかん》など云うて敵の隙間次第に入て勝つの意味あり。

残心之事

残心とは心を残さず打てと云う事なり。あたるまじと思う所など、態と打つなどは、皆残心なり。心を残さねば、すたるなり。すたれば本にもどると云う理なり。斯く云えば、ゆきすぎて腰身になるようなれども、斯くあやうき所を務めねば、狐疑心になりて、手前をおしみ、間髪を容るべからざる行の神妙に至ること叶わず。是を以て、勝つ所に負けあり、負くる所に勝ちあるべし。其危き負ある所を務めて、自然に勝ちあることを会得すべし。自然の勝ちとは、節を打つなり。鷹の諸鳥を取るに皆節にあたる。剣術も亦然り。節にあたらざるは勝の勝にあらず。節にあたれば百勝疑いあるべからず。善をすてて悪を務め、悪を務めて善を知る。当伝を捨て又本の初心の一にかえり、怠慢なく務むべきことなり。心を残さねば、残ると云う理もあり。もどるの心なり。たとえば茶椀に水を汲み、速かにすて、又中を見れば、則一滴の水あり。是すみやかに捨つるゆえにもどる。是を以ておしまずすたることを、当流之要とす。是ぞ奥義円満の端、糸口となり、終にみがきし玉のはしなき如きの時に至るべしとなり。

右者当流所伝之十二箇条目録、雖為秘伝、依御執心、令相伝畢、聊無怠慢、御鍛錬可為

専要者也、勉旃

伊藤一刀斎景久
小野次郎右衛門忠明
小野次郎右衛門忠常
小野次郎右衛門忠於
小野次郎右衛門忠一
小野次郎右衛門忠方
中西忠太子定
中西忠蔵子武
中西忠太子啓
中西忠兵衛子正
浅利又七郎義明
山岡鉄太郎高歩 鉄舟 高歩

鉄門の四天王

英雄はぼろッ買い

一

山岡のところへは風の変った者の出入が絶えなかった。師匠がふだんに、

「放擲《ほう》って置いても間違いのない者は、なにもこっちから進んで面倒見てやる必用がない。始末に終えぬやつを叩き直したり、厄介者の免倒見てやるのが、ほんとの世話だ」

と云っていたが、そう云われれば、誰でも大きにそうだと思うのだけれども、いざやって見ると骨が折れていやになってしまう。つまりこっちが余程偉くないとなかなかやりぬけることじゃない。禅宗の坊さんなんかが、ひとのいやがる便所の掃除や、台所の跡始末などして、隠れた徳を積むことを忘れないのと思い合せて、師匠のこうした心掛けは、ほんとに奥床しく思う。こんな点になると勝さんなんかまるであべこべで、ものになりそうな

者は面倒見てやったが、やくざ者は顧みもしなかったものだ。山岡と勝とはこれだけでも人物に差がある。英雄は「ぼろッ買い」だというが、よくもああまで山岡のところへぼろが集まり、またよくぼろの免倒を師匠が見てやったものである。

このぼろの棟領が「鉄門の三狂」と称せられた松岡万《よろず》、村上政忠《まさただ》、中野信成《のぶなり》の三名で、更に是れ等を統帥していたのが師匠の義弟に当る石坂周造で、この四人をまた「鉄門の四天王」などと云っていた。

四天王に就ては山岡と交渉を持ったいろいろな逸話が残されている。師匠の人となりをも窺われるので、記憶に残っているのを話そうか。

村上政忠

一

村上は佐久間象山が暗殺された後、象山の未亡人と夫婦になった人で、未亡人自身では、村上が剣術に達していたから、夫の敵を討ってもらいたかったらしいが、もともと利口な女だけに時運の変遷と共にその望も叶いかねると見て取ったか、或は村上の無法な振舞に愛想を尽かしたのか、とにかくしまいには夫婦別居して、村上には妾をあてがっていた。勝海舟の妹なので、村上と勝とは義理ある兄弟になる訳だ。維新の際には尊王攘夷派で鳴らしたもので、水戸の志士と結び、清川八郎などとも気脈を通じ、山岡へはその頃から絶えず出這入りしていた。剣術もうまかったが、徳島生れだけに太棹《ふとざお》が自慢で、維新後泰平の世となってからは、寄席に行くのが何より楽しみで、たいていの寄席は木戸御免であった。山岡のところへは、三日にあげず来ていた。

二、三方ヶ原の一揆

維新後幕府の旗本が静岡県の三方ヶ原で開墾を始めた時のことである。村上は大庄屋という格で納まり込み、手下の百姓に各々その労力に応じて開墾地を分配してやるということを云い渡した。

段々開墾を進めて居ると、資金が乏しくなって来て、部下の給養が充分に行かなくなり、百姓が不安な心を起して来た。ところへその土地の何とかいう儒者が、百姓を煽動して、「村上があんなことを云うがあれは虚言で、開墾が出来上ったら、おまえ等からみんな土地をとりあげてしまうに違いない」と、とうとう百姓一揆を起させてしまった。

一揆と聞いて村上は驚いて部下の旗本を召集した。集まった者を見ると其数《その》僅かに三十余人に過ぎない。一揆の人数はどの位かと探らせると凡そ四、五百人集まっていて、もう直にここへ押し寄せて来るかも知れないということである。

「なに四、五百人と云ったって、たかが百姓の烏合だ。こっちから先をうってしまえ！」と直ぐ馬を引かせて、自分はそれに乗り、部下三十余人を従えて出かけた。百姓一揆の集まってる所はここから松原越えて凡《およ》そ二里ばかりある。「二里の道を僅か三十人ばかりでぽくぽく歩いて居たらみんな気がぬけてしまうだろう。これは一番元気をつけなくちゃいかん」と村上は一同に「ヤーとこせ、ヨーいやな」を唄わせて、唄の合い間に短銃を馬上から放って気勢を挫かぬように、一揆に近づくと共に一層声張りあげて唄わせた。一揆のやつ等は聊か気を呑まれた形で、進んで攻めようとはしない。そこへ喊声《かんせい》を挙げて皆躍り込んだ。村上は馬を乗り入れて縦横に駆け廻ったので、一揆は忽《たちま》ち蜘蛛の子と散り失せた。逃げ後れた百姓をつかまえて主唱者を調べたところ、例の儒者と判ったので、村上は直ぐさま儒者の家へ押し寄せ、主人を引き摺り出してひっぱたいた。主人は眼を眩《ま》わして倒れてしまった。「先生、死んでしまいました。どうしましょう……」と部下がいうので、

「そうか、よしよし、おれが水の代りに小便呑ませてやる、おれの小便でも飲んだら少しは強くなるだろう」

と村上が、儒者に跨って小便しようとした。ところが気絶して倒れている者に向って、流石に小便が出ない。出なくちゃ大将の威信に関すると、うむ！　と力むと二、三滴出て儒者の口にかかった。儒者はそれで息を吹き返すことが出来た。

甦った儒者を引き据えて、

「貴様がこんな一揆なんかを起させたのは、今まで読んでいた本がいけないからだ。もっ

といい本になるようにおれが肥をしてやる」

と、一同に命じて書物を庭へ出させ、丁寧にみんなで小便をひっかけた。

「この本を数年経ってから読んで見ろ。少しは貴様の見識にも芽が出て、見られるような者になるかも知れぬ」

と悠々そこを引き揚げ、更に一揆に対抗するため浜松へ来て、ここに陣を張った。

この騒ぎが忽ち静岡に聞え、県ではひどく気を揉み、陸軍へ頼んで出兵して貰おうかということにまでなった。

ちょうど県の権大参事をしていた山岡は、評議に列したが、「出兵には及ぶまい。とにかくおれが行って見て来よう」

と単身浜松へやって来た。

山岡が浜松へ行って見ると、村上の本陣は紅白の幔幕を張り廻して、門から玄関まで抜身の刀や槍を持った武士が襷、鉢巻で三十人ばかり警衛している。山岡はちょっと此者等に挨拶して家へ這入って奥へ行くと、村上が座敷の上段に脇息に倚って傲然と構えて居た。

「どうした、村上さん」

と山岡が傍へ行って声をかけると、村上は儒者の煽動で百姓一揆が起り、忌々しいから儒者をひっぱたいて儒者の書物に小便ひっかけ、ここに陣を張って一揆と戦おうと思ってるのだと意気昂然物語った。

すると山岡は、村上の耳もとに口よせて、

「人を殺したか、人を……？」

とそっと訊いた。

馬鹿でない村上は山岡の来意を悟っていたので、山岡のこの言葉の裏に籠る温情にほろりとしてこれも小声で、

「いや、殺さぬ」

「跡どうするつもりだ？」

どうするつもりもなんにもない。行きがかりで止むを得ず虚勢を張ってやり出したのだが、腹の中では困り切ってる、これは山岡に一切頼んでしまえと、

「先生、これだ、宜しくたのむ」

とそっと体がくれに手を合わせた。

「よし、心配するな。人さえ殺さぬのならどうにもなる」

こうして二人が話をして居る間に、裏庭の方で鍛冶の音がする。山岡は不審に思って、

「なんだい、あの音は……？」

と訊くと、村上は頭を掻いて、

「あれですか、あれは刀を鍛えるというわけで、近所の鍛冶屋を集めて鉄を打ってるのだ。

――なに、刀が出来ても出来なくてもどうでもいいので、士気を挫かぬための一策なの

だ」

　二人は相見て笑ったが村上のこの笑いは一揆騒動以来やっと安心出来た心からの笑いだった。

　この騒ぎは山岡の計らいで村上も無罪で済んだ。

　序《ついで》だが熊本の神風連《しんぷうれん》の騒動の時にも、山岡が行って瞬間に片づけてしまったのだ。あの騒動は熊本県士、大野鉄平（太田黒伴雄と称す）・加屋《かや》霽堅《はるかた》・上野堅五《けんご》等が維新後新政の西洋風浸染を憤り（明治九年地租改正され又華士族以下の給禄の制を廃止し、金禄公債証書を下付す各地不平多し）同志を結んで神風連と称していた。十月二十四日の夜俄《にわ》かに起って鎮台《ちんだい》や県庁に火をつけて種田《たねだ》政明《まさあき》少将以下六十人余を殺し、県令安岡良亮《りょうすけ》以下二百余人を傷つけ進んで東京に乗り出し、陛下に上奏するつもりだったのだ。政府でも大騒ぎをして、村上同様出兵するということになったのを、山岡が「それにも及ぶまい」と、急に知事を拝命して単身熊本に行き、二、三日で片づけてしまったのである。首謀者三名は自殺し、余党は多く自首させた。

三、瘤だらけ

　山岡が宮内省へ出るようになると、村上も東京へ移って、絶えず山岡に出這入りしていた。
　四、五日村上が見えないので、どうしたのかと思ってると、ひょっこりやって来た。見ると頭から額から瘤だらけになって顔の形が変っている。

「村上さん、あなたまた何かやりましたな。その頭の瘤はどうしました？」

と山岡が訊くと、村上はもじもじして、

「は、どうも……実は昨夜火事見舞に行って、荷物を運び出してぶっつけました」

「うそつけ、火事見舞に行ってそんなに幾つも瘤をこさえる奴があるものか。何かやったんでしょう？」

と師匠に問い詰められて、とうとう次のようなことを話した。

村上が二、三日前両国の寄席へ義太夫をききに出かけた。寄席がはねてから二人の娘義太夫を伴れて近所の料理屋で一杯飲み、いい機嫌で両国橋にかかると急に小便が出たくなったので、橋の上から隅田川に用を足した。すると橋の袂《たもと》の巡査がやって来て、

「そこから小便するやつがあるかッ！」

と叱りとばした。

いい気持のところを怒鳴られて、むっとした村上が矢庭に巡査をつかまえて橋板の上へ擲《ほう》り投げた。

起き上りながら巡査は村上を手剛《てごわ》い奴と見て、ピリピリと呼子を吹いた。それに応じて二人巡査が駆けて来た。

「こりゃいかん」と思った村上は娘義太夫に、「帰れ！」と合図して自分は巡査三人と乱

闘した。

その中野次馬も加わってとうとう村上はさんざんな眼に逢わされた揚句、警察へ担ぎ込まれてしまった。村上は憤慨に堪えないが、眼が眩んで、体が痛くてどうにもならず、心外ながら謝まって家へ帰して貰った。

家へ帰ると村上は巡査風情に謝まったのが口惜しくてならない。寝ても眠られず、夜の明けるのを待って妻子と水盃をし、短刀一本懐に呑んで警察署へ向った。昨夜の巡査を切り殺して自分も死ぬ覚悟なのである。

警察の玄関に這入ると村上が、短刀を抜きかざして大音あげ、

「昨夜は妻子に未練があったから心ならずも謝まったが、今日は水盃を済ましてさっぱりした。さァ昨夜のへっぽこ野郎、みんな出て来て尋常に勝負しろ！　おれは村上政忠《まさただ》だ」

とあばれ込んだ。玄関の受付に居合せた一人の巡査はおどろいて内へ飛び込んでしまったきり誰も出て来ない。振り上げた手のやり場がない。

すると扉が開いて警部らしいのが出て来て、いかにも馴々《なれなれ》しく、

「やァ、村上さんでしたか、僕はここの署長です、昨夜は僕の留守中、部下がとんだ間違いを仕出来《しでか》して済まんことをしました。僕が居たら、あんなことになるのじゃなかったのですが、どうも失礼しました。僕に免じて許してくれたまえ」

といかにもくだけた口上。村上はそんなこと聞こうともせず、

「今になって謝まったってだめだ。さァ昨夜の巡査を出せ！」

と眼の色を変えている。

「ところがあの巡査ですが、早速免職させようと思ったのですけれど、親一人子一人の家庭で、署内でも有名な孝行者なものですから、つい不憫で首を切りかねてるのです。どうでしょう、村上さん、君が穏かにして下されば、あの孝行者をむざむざ殺さずに済むのですが、どうか一つ勘弁してやっては呉れないでしょうか？」

署長から孝行者と聞いて村上はひょっこり気が折れた。その様子を見て取った署長はしきりに村上を説きなだめた。村上もすっかり話に乗ってしまって、

「そうか、そういう孝行者とは知らずに、あぶなく殺しにかかったのはおれが早まった。――して家はどんな風なのか？」

「それがいかにも可愛そうで、たった一人の女親が病気で寝ているのを、むだ遣いもせずに薬よ菓子よと母に尽すので、僕なんかも大いに感心している次第なのです」

「そうか、それは感心だ。そんな男とは知らなかった。おれも少しばかりだがこれを恵もう」

と懐《ふところ》から財布を出して、署長に渡し、「おれもこれから帰りがけにその家へ立ち寄って母親に逢ってやろう。どこです、家は？」

「いや、御厚意は有り難いが決してそれには及びません。私からよく本人にあなたの御親

切な心を伝えて置きます」

と署長が切角断るので、それではと財布をまた納めて警察を出て家へ帰った。村上は純な男だからうまく署長に扱われてしまったのである。

家へ帰って村上が煙草を一服やると、その時ひょっこり署長に扱われたと気がついた。

「しまったり!」と思ったが、もう遅い。二度までも警察へのめのめ怒鳴り込めるものでもなし、仕方なく頭の瘤を撫でてそのまま引き込んでしまった。

四、あばれ込んだ井上邸

巡査で思い出したが、井上さん(馨)が、自邸で宴会をやった時、村上が頼まれて太棹《ふとざお》を弾いた。語り手は商売人を呼んだ。

村上が得意になって一とくさり弾いて、いざ宴会というので別席へ行った。

席を見ると、村上のお膳は、義太夫語りと一所に並べてあって、ほかの人達よりは一段粗末である。

之を見た村上はかっとした。「井上のやつ、ふだん山岡へ来ては小さくなって居る癖に、俺に対して此の態は何だ。頼まれたから弾きに来てやったのだに、俺を芸人扱にするとは不都合極まる」と、矢庭《やにわ》にお膳を蹴飛ばして、

「おれは芸人じゃねー。ふざけたことをするなっ!」

と井上さんを怒鳴りつけて、義太夫語りを引っ張って一緒に邸を出てしまった。

村上は胸がむかむかしてならないので、義太夫語りと近所の料理屋へあがって一杯飲んだ。ところが飲めば飲むほど井上さんのしうちが癪に障ってならない。とうとう義太夫語りを帰して単身井上さんの邸へまたあばれ込んだ。

宴将《まさ》に酣《たけなわ》であった井上さんの邸ではこの騒ぎに宴会がめちゃめちゃになってしまった。井上さんも仕末に困って、巡査二人に村上を護衛させて、山岡の家へ連れ込んで来て、「よろしく頼みます」と村上を置いて行った。

村上と勝とは前話したとおり、義兄弟になる訳なので、村上が困ると金の無心に勝のところへ絶えず行ったものだ。金をくれぬと、刀を抜いて威かすので、勝も手古摺《てこず》ってしまった。村上は剣術はうまかったからね。本気でかかって来られちゃ勝さんも仕末が悪い。あるとき、村上がいつもの調子で勝さんに金の無心に行った。すると勝が、さらさらと手紙を書いて、「これを山岡のところへ持って行って金を貰え」と云い渡した。勝も度々で殆んど困り切ったので、山岡に懲らしてくれと手紙で頼んだのである。それとは知らずに正直な村上は、早速山岡のところへ来て、手紙を差出した。勝の云ったとおり、師匠から金が貰えるものと心では安心して居た。

山岡が手紙を見終ると、眼を剝いて村上を睨みつけて、

「この野郎！　勝のところへ行って困らせてばかり居るとは怪しからんやつだ。あんな年寄を虐めるという法があるか。貴様のようなやつは生きて居ぬ方がましだ。覚悟しろ！」

と立ち上りさま、床の刀を取って、すらり抜いた。

村上は意外であった。金が貰えるとすっかりいい気持になっていたところを、とんでもない場面に変ったので度胆を抜かれ「あっ！」と思わず身をかわした。

ところがふだん山岡へ出這入りする者の間には掟があって、どんなに苦しくっても「参った」とはいわぬことと逃げる時、敵に背中を向けぬことになっていた。そこで村上の逃げ方が振ってる。

「先生、これだ、これだ」と叫びながら、手を合せながらあとしざりするのである。

「これも糞もあるものか、この野郎太い野郎だ」

と師匠が刀を振り上げたまま進んで来る。山岡の鼻息が荒いので、村上はもう青くなってしまって、「先生、これだ。先生、これだ、これだ」と、一生懸命あとしざりしながら、身をかわしながら座敷中をぐるぐる廻っていたが、とうとう床の間の隅に詰まってしまった。籠手田《こてだ》(安定《やすさだ》)と中條(景昭《かげあき》)が同席していて、之を見て、最初は笑っていたが、だんだん様子が険しくなって来たので、立って師匠に詫を入れて、やっと無事に納まったが、流石に村上も青くなっていた。

なに、師匠は斬る気も何にもないのだ。勿論《もちろん》威かしまでなのさ。然《しか》し村上が逃げなければ、どうしても振りかざした刀を打ちおろさなくちゃならないからね。村上が青くなったのも無理はないよ。

六、不意の抜身

「先生、今日はうまく狂人にやられました」と村上が来て師匠に云った。師匠が「どうしたのですか」と訊くと村上が次のような話をした。

今朝、村上が松岡（万、四天王の一人）のところへ行った。「松岡居るか？」と座敷へ通ろうと障子を開けると、内から、いきなり松岡が「えい！」と物も云わずに大刀を振りかざして立ち向った。

何さま咄嗟のことなので、びっくりして、「こいつ、今日は出来が悪いぞ。危険危険」とそのまま逃げて帰ってしまった。

帰りながら考えると、自分が逃げ出したことが如何にも腑甲斐なく感じられてならないので、「よし、そんなら今度は俺が度胆を抜いてやれ」と、家から槍を取り出して、再び松岡の家へ向った。

松岡の家へ近寄ると、そっと村上は家内の様子を窺って見ると、ひっそりして音もしない。然《しか》し松岡は確かに居るらしい。

「よし」と村上はぬき足差し足近寄ると、矢庭に槍の穂先で障子をかなぐり開けて、

「えい！」

と一と声、ずばり槍を突きつけた。

屹度《きつと》この位のことはあろうと思って居たのか、案外松岡は平気なもので、火鉢のところに座ったまま動きもせず、右手を出して小手を振りながら、

「あぶない、よせ、よせ」

と笑っている。村上も松岡の落ち付いたこのさまに、聊《いささ》か拍子抜けがしてしまった。

師匠が話を聞いて、

「なるほど、そいつは少々松岡さんにやられ気味ですな」

と、平気でいたが、側にいたおれは、あぶない事をしたものだと心配したよ。

七、書生煙に捲かる

ある時、ごろつき書生が三人、村上と知らずに押込んだことがある。

そんなことには一枚も二枚も上の村上だ。「来たな」と思ったが、そしらぬ態で、書生等をあげて話を始めた。村上は盛んに天下の大勢を説いて聞かせてすっかりみんなを煙に捲いてしまった。

「ときに君等は居合を知ってるか。おれだちの若い頃にはいあいが流行って誰でも稽古したもんだ。知らなけりゃやって見せよう」

と立って奥から大刀を持って来て、書生等の前へぴたり座った。村上の居合は有名なものであったのだ。書生等は何をするのかと村上のする様を見守って居た。

やがて村上は下腹へ力を込めて、「やっ！」と叫ぶと、刀はぎらり書生等の眼の先三寸ばかりを電と光って過ぎた。

驚いた書生は、思わず「はっ」とみんなあとしざりした。ところをすかさず、村上が一歩踏込んでまた「やっ」と畳みかけた。「はっ」とまた書生が尻込みする。「えい！」と村上がまたやる。「はっ」と書生が尻込みする。「やっ！」「はっ」「えい！」「はっ」と村上がにじり出るに従ってあとしざりして行った書生は、最後に村上の「えい！」と特別大きな気合とともに仰向けざまに、みんな縁から転げ落ちてしまった。

「どうだ、解ったか。解らなけりゃ、もう一度やってやろうか」と刀を抜いたまま突立って村上が呼びかけた時には、書生は青くなって逃げ出してしまった。

八、村上の行衛

師匠は村上に月々二十円宛《ずつ》やっていた。村上ばかりじゃない、松岡にも、中野にも二十円ずつやっていた。貧乏のなかでも、こうして面倒見てやってたのだから師匠もえらいものだ。二十円といえば今ではなんでもないが、当時の二十円は警部の俸給だったからね。生活にはまあ不自由はなかったものだ。

師匠が死ぬと村上は殉死しようとしたが、人に見つかって止められた。然しあぶなくて仕様がないので師匠の葬式の日は四谷警察にあずけられた。山岡があってこそ村上の村上たる面目も保たれたのだが、山岡と離れちゃ、木から落ちた猿同様どうにもならなかった。そこで彼は三味線一挺抱えて漂然と一人東京を去った。

どこという目的もなく放浪の旅を送りつづけ、人の話では奥州の方へ行ったということだが、どうなったか。奥州は彼が清川八郎などと共に尊王攘夷に骨を折った時分の知己もあるので、或はそれなどを便って行ったのかも知れない。全生庵に、明治三十四年六月二十一日没として墓がある。どこでどんな末路をとったものか其後の消息を知らない（村上のあとは娘一人のこり現在日本橋で指圧療法をしている）。

松岡万

一

松岡は旧幕臣で剣術は相当うまかった。山岡等とともに、攘夷の一人で、国事に奔走した仲間である。性質のきれいな、血の気の多い男で、山岡へは村上と同様絶えず出這入りしていた。若い頃盛んに辻斬りをしたものらしく、師匠と懇意になってからは、師匠に堅く之を封じられたが、それでも師匠に隠れて時々斬ったらしい。後年にはひどくそれが松岡の頭を痛めたものらしく、酒を飲んでずぶずぶになると発作的に「それ、そこへ敵を討ちにおれを殺しに来た」などいって血相変えてとび起ることなどあった。悪いことは出来ないものである。

二、山岡を殺しに来た松岡

師匠がどういうことから松岡と結んだかに就ては面白い話がある。勿論《もちろん》維新前、山岡も松岡も若い時分のことである。

山岡が尊王攘夷を唱えて志士と結んでいるのを、幕府では、とうから睨んでいた。だんだん志士の勢がつのるので、幕府では松岡に旨を含めて山岡を暗殺させようと図った。山岡が剣術のうまいことは松岡も承知である。然《しか》し松岡とても相当自信はあった。なに、山岡なんぞ何程のことがあるものか、と腹に一物抱いて山岡を訪ね、一仕合しようと申込んだ。

けれどもそれは迚《とて》も山岡の相手でなかった。もろくも松岡は負けてしまった。

「どうもおれは真剣でないと本気になれない。真剣で一つやろう」

と松岡がいうので、それなら真剣にしようと腰の刀を抜いて差向った。松岡は辻斬を盛んにやってるので、真剣となると油が乗ったに相違ない。

けれどもこれでもまだ山岡の相手ではなかった。「参った」と松岡は刀を引いた。

「じゃ、一杯飲もう」と山岡が先に立って奥――といっても小石川鷹匠町の例のあばら屋だが――へ行って一杯飲み出した。然し松岡はとんと酒がうまくない。一撃の下に山岡を斬って捨てようと思って来たのが此の態《ざま》じゃ、みっともなくて帰って会わせる顔がない。

なんとかして山岡を殺さなくちゃ使命が果されぬと思い煩った。ふと松岡は、

「おれは実は撃剣はそううまくないのだ。柔術の方が得意なのだ。いい手があるのだが、おまえに一つ伝授しようか」と云った。

「そうか。そんないい手なら教わって置こう」（嘉納治五郎氏の思い出話に「わしがはじめて柔道の先生を探しあてたときの嬉しさったらなかったね。〈中略〉其頃やっていたのは山岡鉄舟ぐらいのもので云々」と『戊辰物語』に出ているのをみると師匠に柔道の心得もあったものと思われるが嫌いらしくて人前でやったのは見たことがなかった）

と山岡が、いうので、「しめた」と松岡は山岡の背後に廻って、山岡を羽《は》交《が》い絞《じ》めにかけた。勿論これで山岡を殺してしまう決心なので、満身の力を込めて、うんと絞めたので、松岡の双腕はぎっしり山岡の首にからんで、正に山岡の首は折れるかと見えた。

　このさまを座に居た中條（金之助）が見て承知しない。

「この野郎、山岡を殺しにかかったな」

とひどく怒って、松岡を斬ってしまうと青筋立てて立ちあがった。

　中條のただならぬ気色に、覚えず松岡が手を緩めた。その手を山岡が払い除け、怒る様子もなく、「飲め」と酒盃を松岡に差した。

　松岡は山岡に双手を払われた時、瞬間に身構えて山岡の仕返しに備えたが、案に外れた山岡の態度に気が抜けた。と同時に重ね重ねの失敗がひどく恥しくなって、「これは到底

おれの相手じゃない」と心から参ってしまった。そこで、「実はおれはあなたを殺しに来たのである」とすっかり打ちあけた。

「まァいい、飲め」

と山岡はとんと平気である。そこで松岡は志を飜して山岡に従って国事に奔走する気になり、「どうかおれを捨てずにくれ！」と頼んだ。是《こ》に於《こ》て山岡も、

「よし、それじゃ一つおまえと約束しよう」

と、これから山岡の発意で、降っても照っても毎日屹《きっ》と山岡のところへ稽古に来ることにした。そして、若《も》し山岡が稽古を休むことがあったら、松岡は木剣で山岡を打ち据え、松岡が休んだら山岡が叩きつける約束をした。

こうして松岡は山岡と別れたが、それからは雨が降っても、風が吹いても欠かさず山岡のところへ稽古に来た。

ところが一日烈しい風雪の日にどうしたのか、松岡が来ない。夜になっても姿を見せぬので、心配して山岡が尋ねて行った。

行って見ると、松岡は食中毒で、吐いたり下したりして、へとへとになっている。

「何だ、松岡！　死んだのかと思って来て見れば、生きてるのか。生きてるならなぜ稽古に来ない。歩けなけりゃ這って来い。人と約束を違えるような意気地なしなら今日限り絶交だ」

と、そのまま帰ってしまった。

　暫くすると戸を叩く者がある。開けて見ると、松岡が寝衣《ねまき》のままで、ひょろひょろしながら雪の中に木剣を杖ついて立っている。

「なにしに来たのだ。もうおまえなんかに用事はない筈だ」

と叱りつけて、戸を閉めようとした。その手を松岡はつかまえて、

「悪かった。先生！　おれが悪かったのだから約束通りこれで打ち殺してくれ！」

と木剣を差し出した。

「いやだ、おまえのようなやくざ者を殺したって、殺し栄えもしねえ。帰れ！」

と突っ放してぴしり戸を閉めてしまった。

　然《しか》し松岡はどうあっても帰らない。曽《かつ》ては殺そうとまでした山岡に対して、堅く誓った約束に背いた自分の行動が心から恥かしくなり、約束通り木剣で打ち殺される覚悟で来たのであるから頑として動かない。こういうことは昔の人は義理堅かったもので、殊に松岡は正直であったから無法な性分の中にもいいところがあった。

　雪の寒夜は段々と更けて行く。腹を下して物も喰わない松岡は、それでなくても寒さが身に沁みるのに、戸外でもう凍え切ってしまった。

「先生、寒い、早く殺してくれ」

と喚《わめ》く悲壮な声ががんがん家の中へ透る。山岡も我慢がしきれなくなって、ほって置くと

死ぬので「うるさい」と書生を呼んで門の外へほうり出して門をしめてしまった。

三、辻斬り

松岡の辻斬りは有名なもので、一つは習慣にもなっていた。大道を歩いていると、妙に斬りたくなるのだそうだ。一つ二つ記憶に残ってるのを話そう。

日の暮れ合いに松岡が山岡と市ヶ谷の堀端を歩いて行った。山岡が小便したくなって、用を足していると、松岡はそれには構わず歩いていた。山岡が用を弁じて振りかえってみると松岡がいない。夕闇に透かしてみると、一町ばかり先きに松岡が人に斬りかけている。「また始めたな、困った奴だ」ととんで行って見ると、相手は大きな武士であるが、懐手したままぬっと突立ってびくともせず、松岡の刀のきっさきは武士の鼻とすれすれになっている。

「いや、こいつは手剛い奴にぶっつかったわい」と、いきなり山岡が、

「御無礼するなっ！」

と叫びながら、松岡の襟を鷲摑みにして後へ引き倒した。倒れて尻餅をつきながらも松岡は「なにをっ！」と刀を武士に向けながら構えている。松岡も武士のたじろぎもせぬ様子に呑まれて、堅くなってしまったのである。

山岡は武士に向って、

「どうも御無礼しました」

ということで、

「有り難う御座る」

というなり、懐手のままばたりこれも尻餅をついてしまった。相手は偉かったのではなくて松岡に斬りかけられて、失神して懐手のまま腰を抜かしていたのである。真剣になったら、そんなものさ。

市ヶ谷の堀端を通ると、山岡が松岡に、

「この辺だったなァ」

というと、「先生！」と狼狽てて松岡が抑えるのであった。

これを思うと、同じ辻斬りでも矢張り石坂（周造）の方が四天王の随一であっただけ松岡よりは偉いところがあった。

それは石坂と、松岡と村上と三人で試し斬りに山岡の家を出かけた時のことである。途中での話だ「こう大きなやつが三人揃って行ってはだめだから、籤引で誰か一人が斬って、あと二人は後見することにしたらどうだ」というので、籤を引いたら石坂が中《あた》った。番町《ばんちよう》から九段《くだん》を通って、俎橋《まないたばし》を渡ると、向うから雲突くような二人の武士が来合せた。石坂は窃《ひそか》に、「先方は二人、こっちは一人だから尋常の手段では叶わぬ」と考えながら先方の前へ行ってぬっと立ち塞がると、二人とも刀の柄に手をかけた。透かさず、石坂が、

「首くれっ！」

と伸びあがって二人の髻《たぶさ》をぐっと摑んで前へ引いた。

「ヒー」と二人が声出して座ってしまった。ところがそうなると斬れぬものだそうだね。

「やァ、御無礼しました」と摑んだ手を放すと、

「いや、どう致しまして」

と双方そのまま立ち判れてしまった。

流石は石坂だけあって、一寸ひとにには出来ぬ芸だ。なにせ、相手は刀の柄に手を掛けたのだからね。それからどう変じて来るか分りゃしない。普通なら、こっちも刀を抜いて斬り込むのだがそれを石坂は伸びあがって不意に髻を摑んだのだからね。捨身で飛び込まなくちゃ、やれんことだ。これで先方もすっかり度胆を抜かれたわけだ。

四、松岡の自刃

山岡が宮内省を退いた時、松岡は要路の人の不明を慨し、山岡如き誠忠無二《せいちゆうむに》の男を君側《くんそく》から離すというのは不都合だというので、短刀を懐にして、岩倉さんを訪れた。岩倉さんを刺し殺して自分も死ぬ覚悟なのである。

流石は岩倉さん、維新以来志士や浪士の応接には幾度か生死の境を潜って来ているので、そんなことには馴《な》れたもので、松岡の唯ならぬ気色に直ぐそれと見抜いてしまった。そして盛んに松岡を煽り揚げてあべこべに松岡を煙に捲いてしまった。

「君のような愛国者が居るとは具視《ともみ》不敏にして今日まで気がつかなかった。今は時世が時

世で、どうにもならんが、どうか邦家のために身命を擲《なげう》つことを忘れずにくれたまえ」と美事《みごと》敵の鋭鋒《えいほう》を奪って却って之《これ》を松岡に擬した。

松岡は岩倉さんの知遇に感激して、すっかり逆上せて岩倉さんの許を辞去した。家へ帰って二階にあがり、身辺の始末をして、自刃した。松岡では、自分が斯《か》く潔く国家の為めに身命を擲ったならば、屹度《きっと》感奮して廟堂の廓清《かくせい》が図られるに違いないと、岩倉さんの言葉を勘違いしてしまったのである。

間もなく山岡の所へ「今、松岡さんが喉を突いて自害なさいました」という知らせがあった。その時おれは二階に居たが、師匠が、

「おい渡辺！　松岡が喉を刺したということだ。おまえ一と足先きに駆けつけてくれ。おれは後から直ぐ行くから」

という言葉なので、おれは直ぐさま飛び出した。松岡の家は市ヶ谷の高力松《こうりきまつ》――今、救世軍の大学になって居る所――に在ったのだから四谷の山岡の家からは一と走りであったのだ。

行って見ると奥さんは座敷によよと泣き崩れていてその傍《かたわら》には血まみれの大刀が転がっている。

「奥さん、渡辺です。しっかりなさい。松岡さんは……？」

泣き腫らした奥さんは声も出ず、二階を顔でしゃくりあげた。

直ぐ二階へあがって、障子をがらり開けにかかると、中から、

「誰だっ！」

と怒鳴った。おれは即座に「よかった、まだ死なないな」と思って、

「渡辺だっ！」

と云いさま座敷へ飛び込むと、ぷんと血の臭がして座敷は一面の唐紅《からくれない》。床の間に向って松岡が座ったまま血まみれになっている。

「ヤ、渡辺君か、松岡、今日国家のため、従容《しょうよう》として自刃した。見届けてくれ！」

「よし、見届けてやる。今、師匠もあとから直ぐ来るからしっかりしろ！」

見ると、創《きず》は首の前と後と二つあって顎の前後から、どくどくと血が脈を打って湧き出ている。取り敢ず、松岡の着物の袖を引き裂いて創口を押え、おれの帯を解いて、ぐるぐるその上に巻いた。

早く師匠が来ればいいと思っていると、師匠が医者を伴れてやって来た。

「松岡さん、先生だ」

「むむ、そうか。――先生！　松岡今日国家のため従容と自……」

「馬鹿！」

と大喝、師匠が、

「何が国家のためだ。ひとに迷惑かけて、国家も糞もあるかっ！　蹴とばすぞ」

と頭から怒鳴りつけた。

妙なもので、それまではしっかりしているように見えた松岡が、師匠に怒鳴りつけられたら、忽《たちま》ちぐにゃぐにゃになってしまって、ばたり倒れたまま昏々と眠りに落ちた。

医者がすっかり創を調べて手当をした。創は気管の一部を切ったけれども、幸大血管を傷《きず》つけなかったので、命には障りはないとのことで安心した。二尺四寸の大刀で、ぐっと前から後に突き立てたので、あまり刀が長過ぎて手許が外れ、斜に顎を貫き刀の先が顎の後に出たのである。

松岡の自刃後一週間ばかり経って、村上がこのことを聞き知り、松岡の家へやって来た。村上はいかにも心外に堪えぬといった様子で、

「松岡、貴様はおれと平素刎頸《ふんけい》の契《ちぎり》を結んで置きながら、死ぬのに俺に相談せぬとは何事だ」

と松岡に喰ってかかった。「なにをっ!」と松岡が布団からがばと跳ね起きて、村上と口論になり、とうとう摑み合いを始めた。切角癒《いえつ》着いたばかりの頸《くび》の創口《きずぐち》がまた弾《はじ》けて血が繃帯をあけに染めた。

そこへ山岡がちょうど松岡を見廻りに来た。ところが二階でこの騒ぎ、「困った奴だ」と二階へとんとんあがって来て、「馬鹿!」といいさま村上を二階から下へ蹴とばした。

そんなことが、その後も村上と松岡との間に二、三度繰り返された。松岡も病気なんか

忘れてしまえば、村上も松岡を病人扱にしない。それでとうに癒りきってる筈の創が度々破れて、大分師匠に気を揉ませたものだ。

五、日記と調息

松岡はあんな無茶な男のようでも、丹念に日記を認《したた》めたもので、何でも若い時から身辺のことを巨細《こさい》ともに書いて置いた。おれが師匠に、師匠の昔のことを尋ねると、よく、「そのことなら松岡の日記に詳しく書いてある筈だ。松岡に日記を貸して貰うとよい」と云っていたところを見ると、余程詳細に渉って書いたものに違いない。けれども松岡はどうしてもおれに日記を見せなかった。思うに辻斬りしたことなどが書いてあって見られちゃ都合が悪かったのだろう。

松岡が自刃した時、この日記も手紙などと一と纏《まと》めにして火鉢の中で燃してあった。師匠が来てこれを見て、「その日記は惜しいものだ。焼け残りだけでも取り出して置け」と言われたので、おれは直ぐ火を揉み消して火鉢から日記を取り出して置いたが、今どうしたかしら。若《も》しやどこかに保存されていたなら、維新当時の隠れた史績が窺われて、貴重な資料になるのだが……。

松岡の無茶は村上の無茶とは違って、ひどく義理堅い一種の特色を持っていた。兎《と》に角《かく》尋常一様の人でなかったことは、水盤に水を一杯湛えておいて、その前に端座して深呼吸をして、暫らく息を調えていると、水盤の水が波を打って沸騰して来るのであった。松岡はいつもこれが自慢で「おれの修行程度はまずちょっとこんなものだ。おまえ達も、捨身で撃剣や坐禅しろ、これ位の得力は朝飯前だ」などと新入者の眼を丸くさせたものである。維新後静岡に隠退し、郷村の為に尽したので生きながら神に祭られている。静岡県磐田《いわた》郡於保《おほ》村にある地主霊社はこれで、志太《しだ》郡岡部町 廻沢《めぐりさわ》飛竜《ひりゅう》神社境内にその末社がある。松岡の日記に「表の方に――松岡万藤原古道幸魂《ふるみちこうこん》、裏の方に――天朝明治三年閏《うるう》十月鎮于此社、右の如く相認め廻沢村の民に与う。執筆は久保先生に相願《あいねが》い申候《もうしそうろう》」とあるから、村民の頼みで書いてやったものであろう。明治五年九月十八日八等出仕被仰付《おおせつけられ》、水利官として新政府に出仕した。神田の万世橋は松岡が当時架けたので自分の名を冠したのである。後警視庁大警部をつとめた。あれも、それでも終りを全うして明治二十四年三月十七日五十四で病死したよ。全く師匠のお蔭だね。

中野信成

一

中野は村上や松岡に較べると遥かに学問が出来て、それにひどく弁舌の立つ男であった。不思議なことには、中野が議論し始めると、夜通し喋舌《しゃべ》っていても少しもくたびれた様子がなく、議論の正否よりも、話の長いので相手は参ってしまうのであった。村上でも、松岡でも、中野に喋舌り出されると流石に往生した。

師匠が中野を庇護してやることになった動機は次のような次第である。

二、死ぬのは待て

中野はもと岩谷敬一とかいって武田耕雲斎《こううんさい》の参謀をしていた男だ。中野となったのは維新後富士の裾野の中野家へ養子に入ってからだ。耕雲斎が常陸に事を挙げた時共に加波山に立て籠ったのだが、藤田小四郎《こしろう》と意見の衝突をして耕雲斎のところを逃げ、東京へ落ち延び、山岡を便って「何とかしてくれ」と頼み込んだのである。すると山岡が、中野の請を弾ねつけて、

「自分の主人が討死するのに、何が何だって、のめのめ生き延びて来るような腐った根性の奴は面倒見ることは真平だ。それよりか潔く切腹しろ」

とひどくやっつけられた。

云われて中野も後悔し、一時の感情の興奮から自分の進退を誤ったことに気がついて、

「なるほどおれが悪かった。腹を切って主人のあとを追おう」

と心から腹を切る気になった。愈々切る段になって、

「それでは先生、御免を蒙ります。あとは何分宜しくお願い申します」

「よし、承知した。立派にやって主人の名を汚すな」

と励まされて、中野は肌押し脱ぎ、短刀を逆手に取ってじっと冥目したが、その顔は流石

に青くなった。やがて中野は眼を開いて、山岡に軽く会釈して、「やっ」と腹に短刀を突き立てようとする刹那、

「待て、その覚悟あるなら、命はおれが預かって置く。腹を切るのは見合せろ」

と、そのまま中野を庇護《かば》ってやることとなった。だから中野は「おれの体は師匠からの預りものだ」と常々云っていた。

三、詩経が何だ

おれが師匠のところへ行った時、第一にぶっつかったのは中野であった。

おれが山岡へ行って間のないことだ。中野が来合わせて、

「おまえ、ここへ来るまで何処《どこ》に居た?」

と訊くから、

「二松学舎に居りました」

と答えた。すると中野が、

「そうか、二松学舎に居たなら、詩経を読んだか、詩経を?」

と頭から大きく出て来た。

「この野郎、いやに学者振っていやがる」とおれもまだ若い時分のことだし、ぐっと癪に障って「なんですか、詩経って……?」

と、とぼけて反問した。中野はますます大きくなって、

「おまえは詩経を知らぬのか。苟《いやし》くも漢学を修めた者が詩経を知らなくてどうするか。孔子も其子《そのり》の鯉に、汝、詩を読まなくちゃいかんと、真っ先きに戒めているじゃないか。詩経は支那古代の民謡で、漢学の真髄だ、その詩経を知らんようなことでどうするか」

と得意の達弁を揮って、碩学を笠に、おっかぶせて来た。

「そんならあなたに訊くが、詩経だって人間の作ったもんだろう。そんなもの読まなくちゃ人間になれぬという筈のものでもあるまい。詩経の出来なかった以前の人は、そんなら一体どうしたのだ?」

と、おれも忌々しいから、遣り返した。

「こいつ、小さい癖に生意気なことを云う奴だ」

と中野がおこったもんだからおれは引込んで奥へ行ってしまった。

師匠が面白がって、も少しやれやれと盛につついたものだ。

こんな連中が、師匠のところへひっきりなしに出這入りしていた。中野でも、村上でも、松岡でも、一人の時にはまだいいのだが、二人、三人と一所になろうものなら、全く危険で、何を始め出すか解らないので、みんな気を張ったものだ。人称して此の三人を「鉄門《てつもん》の三狂」といったのも無理のないことで、いずれも「山岡」という大きな傘の下に天下を横行していたのである。

石坂周造

一

石坂は以上の三人から見れば一枚人間が上で、「三狂」同志の喧嘩は何時でも石坂が出れば納まった。のみならず、山岡の家のごたごたは大抵石坂が始末した。生れつき度胸のいい豪放な男で才気もあるし、頭脳も相当明断であった。

石坂は幕府の御典医《ごてんい》石坂某の養子だが、若い時から勤王の志が厚く、医業など眼中に無かった。当時尊王攘夷論が段々沸騰して来たので、石坂は進んで此の渦中に投じて劃策する所があった。自然幕府の嫌忌に触れ、一時勝（海舟）が牢に投じて殺してしまおうとしたのを、山岡が「とにかくおれが預かって見よう」ということで引き取った。勝も石坂の志のいいことは認めては居たのだが、何分気が荒くて始末に困ったのだ。勝と石坂とはそんな関係があるので、石坂は勝に対してあまり好感を持って居なかったが、さりとて勝に酬いてやろうというようなケチな了見も持って居なかったのは矢張り石坂の大きい所である。山岡の所に引き取られてから、山岡の奥さんの妹を妻君に貰ったから、山岡とは兄弟になるわけだ。山岡よりは二つか三つ年が上の筈である。

二、草鞋で踏みにじった武士の頭

石坂が勤王の志を起したのは十八か十九歳の頃で、盛んに当時の志士と往来したので、幕府から睨まれ身辺が危くなって来た。そこで石坂は友人某と語らい、江戸を脱走して長州へ走ろうと、二人で藤沢まで来た。ところが友人が脚気を病み出して、どうしても歩けない。もともと路用は幾何もなかったので、二人は木賃宿にとまったがそれでも段々金が乏しくなる。そこで石坂は聊《いささ》か按摩《あんま》の心得があるのを幸、旅宿を廻って若干の金を得、病友に元気をつけていた。

ある日揉んだお客は、九州弁の武士で、妾らしい一人の若い女と、四、五人の家来とを伴れた相応の身分の者であった。石坂がすっかり療治をしてしまうと、武士は寝転んだまま、揉料は何程かと訊いた。

「二十五文頂きます」

「そりゃ少し高い。江戸でさえ二十五文だ。此の田舎《いなか》の宿場で、江戸なみに料金をとるのは高過ぎる、二十文にしろ」

「そうかも知れませんが、二十五文に極《き》めて、皆様から頂いて居りますので、きめ通りにして頂きとう存じます。実は私も病人の友達を養って居りまして、薬代もかせぎ出さなくちゃなりませんので、お高いかも知れませんが、二十五文頂かせて下さい」

と只管《ひたすら》哀願した。けれども武士は冷ややかに石坂を眺めて碌々聞いても居ない様子で、

「そんなこと、おれが知ったことか。のみならず按摩風情でありながら武士に言葉を返すとは不届きな奴だ。これを持ってさっさと退れ！」

と寝たまま二十文を石坂に擲りなげた。

石坂は既に値切られた五文を取り返すのに、心ならずも度々頭を下げたことが不愉快でならなかった。今はこうして按摩こそして居れ、一旦志を得たならこんな奴等はおれにお百度踏んで頭を下げるようになるのだと思う心を顔にも出さず、じっと耐らえて居たのだが、おれの哀願を聞いてもくれぬのみか、寝たまま金を擲り投げられた冷酷さに、若気の一徹、覚えず赫《かっ》となって、眼前の金を拾うが早いか、はっしとばかり武士の顔めがけて投げつけた。武士は面喰らいながらも、「無礼者！」と云いさま、起き直って刀を取った。石坂は、もう血相変えて、

「なにっ！　おれだって、ただの按摩じゃねー、来い！」

と懐から短刀を出して身構えた。

折よくそこへ女中が通りかかけて、急を主人に知らせたものだから、主人や番頭が飛んで来て、主人は武士を、番頭は石坂を宥《なだ》めて、やっと其《そ》の場は無事に、石坂を外へ送り出した。外へ出るとはらはら涙が石坂の頬を伝って流れた。石坂は歯噛みをしながら、

「糞！　何という今夜の態《ざま》だ。こんな恥辱を受けて、これで男の顔が立つかっ！」

と木賃宿へ帰ってもまだ涙がとまらない。これを見た友人は、おどろいて

「石坂、どうしたのだ？」

と病床から起き上って気を揉みながら石坂に尋ねた。

石坂は宿屋での話をして、

「おれは実に、今夜という今夜、生れて初めての恥辱をうけた。口惜しくて堪らない。──病中の貴公にはすまないが、今夜限りおれと別れてくれ。おれは実は万一の用心に、ここに五貫持ってる。これを貴公にみんなやるから、この金でどうともして何処《どこ》かへ去ってくれ！」

と胴巻ぐるみ金を出した。友人は石坂の気色が穏かならぬので、

「それで貴公、一体どうするというのだ？」

「おれか。勿論おれはあいつを叩き斬っちゃうつもりだ」

「そうか。そんならおれも一所に行こう」

「馬鹿いえ、貴公のそのひょろひょろ腰でどうなるものか。おれは一人でやっつけるから、是非おれの云うことを聴いてくれ！」

と、友人に言い含めて、その夜は共に枕を並べて寝たが、口惜しくて迚《とて》も眠られない。夜の明けるのを待ちわび、身仕度固めて、木賃宿を出で、武士の来る街道を近道して、とある並木の木隠れに身を潜めた。

かくとも知らぬ武士は、妾と伴とを伴れて、街道を並木に差しかかった。

「待て！」

と叫んで飛び出した石坂は、

「ヤイ、武士！　ゆうべの此の面《かお》に見覚えがあろう。昨夜は常々世話になってる宿に迷惑かけちゃ済まんと思って我慢したのだ。さァ命を貰うから覚悟しろ！」

と長刀を抜いた。武士はおどろいて、さっと青くなったが、

「何をぬかすか、小僧！」

とこれも刀を抜いた。家来も妾も咄嗟のことに胆をつぶして立ち悚んだ様子である。

暫く睨み合っていると、がらり武士が刀を引いて、

「悪かった。許せ」

と頭を土に磨りつけた。

斬ってしまおうかと思ったが、謝まるものを流石に斬るに忍びず、「こうしてやれ！」

と草鞋で武士の頭を五、六遍泥土の中へ踏み躙って、

「これで許してやる」

と刀を鞘に納めたが、その時は夜来の鬱憤がさらりと晴れて、好い気持であった。

三、空読みの出師表

石坂は常に山岡をあにきといっていた。石坂が山岡よりも年上だのに山岡をあにき、と呼んだのにはまたそれだけの理由がある。

石坂が山岡と相知り、又山岡の妻君の妹を貰ってからも、覇気の強い石坂は、山岡をあにきと呼ぶのを快しとしなかった。何か機会を得て山岡の度胆を抜き、自分があにきになろうという考えが常に胸中を往来していた。これは勝気な石坂としては当然なことであった。

けれどもその機会がなかなかない。真に山岡をあっと云わせるほどの仕事もなくて過ぎた。

すると維新に際して、山岡が石坂を静岡へ使にやった。無事に用事を果して、そして帰途箱根に差しかかり、三島で籠を雇って山を越えようとした。ところが籠屋が、誰も応じない。段々訊くと、伊庭《いば》八郎（軍兵衛《ぐんべえ》の子）が同志を集めて箱根に立て籠り、官軍と戦って居る最中だと分った。

「戦争中だって構うものか、いくらでも骨折をやるから籠を出せ」

と籠屋の望むままに八両の約束で籠に乗った。

箱根に差しかかるとなるほど銃声がする。段々山に這入ってゆくといよいよ激しくなって、折々音を立てて籠の間近に飛んで来る。峠近くなると弾丸はしきりに身辺をかすめ去る。籠屋はもう怖くなってしまって、「ここまでの賃金だけ貰えばいいから帰してくれ」と云い出した。

「だめだ。今更そんなこと云っても承知出来ぬ。若《も》しおれの言葉に背くならぶち斬るがどうだ」

と無理に威《おど》しつけて籠を進めた。銃声は益々募り、弾丸は籠を打ち抜いてとぶのもあった。

ふと石坂は気がついて、懐に手を入れ、孔明の出師表《すいしのひょう》を取り出した。この出師表は常々石坂が愛誦したもので、肌身離さず持っていたのである。

「こんな危険な場合に臨んでも、此の表が、一字一句間違なく読めるようでなくちゃだめだ。いい機会である、一つやって見よう」

と、表を拡げて石坂は籠に揺られ揺られ、大声あげて読み出した。そうした間にも弾丸は折々籠をかすめて飛ぶのであったが、それでも石坂は一字一句間違えずに読み通すことが出来た。

是《ここ》に於て石坂は考えた。「昔支那に何とかいう偉い男が、大事件の起った時、平然として本を読んで居たが、あとで気がついて見たら、本が逆さまになっていた、という話がある。おれはその男よりは確かに偉い」。と、心中山岡をへこます種子が出来たと大に勇んで江戸に帰って来た。

江戸に着くと石坂は山岡に逢って、恙《つつが》なく使命を果したことを伝え、その帰途、箱根で伊庭と官軍の戦争の最中出師表を一字一句間違わずに読むことが出来たと内心大に得意で物語った。

山岡は石坂の話を聞いて、

「そりゃ偉い。そんな危険な場合に、懐から出師表を出して読もうと気のついただけでも既に尋常でないのに、表を一字一句間違えずに読み得たのは確かに見あげたものだ」

と褒めたので石坂は愈々得意になった。すると山岡は言葉を継いで、

「それで石坂さん、読んでて、何時ものように涙が出ましたか、え、涙が出ましたか……？」

読むことだけは確かに読んだが、弾丸に気が取られて、平素のように、感激の沸くことが更に無かった石坂は、山岡のこの一言にぐっと参ってしまって得意の鼻は美事へし折られた。

「おれと山岡とは天分が違う。山岡は到底おれの及ぶ所でない」とつくづく石坂は山岡に敬服して、此《こ》の時から山岡のあにきになろうという考えを捨てた。そしてそのことを山岡に告白して、

「どうかおれをほんとの弟だと思ってひっぱたいて呉れ」と頼んだのであった。

「勝は徳川の柱石だが、山岡は国家の柱石だ」

と、口癖のように石坂が云っていたが、流石豪放な石坂も山岡には心から服して居たのである。

四、維新後の石坂

石坂は覇気が強く、能く進むことを知って、退いて守るに疎かった。だから世が泰平に

なってからは、いろいろな仕事に手を出して着々失敗を重ねた。しまいにはひとが石坂を山師扱いにして信用が段々薄くなってしまった。それでも山岡が陰になり、日向になり面倒見てやったのでひどいぼろも出さずにしまったが、山岡自身はそれが為めに三十万円の借財を背負わされた。この借財は山岡が死ぬまで祟って山岡を苦しめたが、山岡の死後徳川さんと勝さんとで整理してくれたのであった。山岡の貧乏は呼びものになっていたが、それは山岡自身が贅沢して貧乏したのではなくて、みんなひとのために貧乏して居たのである。

日本で最初に油田を開拓して石油を造り出したのは石坂だ。石坂が石油に目をつけたのは明治初年牢内でであった。五年十一月には米国のコロネル官A・C・ダンを連れて、長野新潟方面を油田発見に跋渉《ばっしょう》している（明治六年一月号信飛新聞所載）。六年の秋には遠州相良《さがら》の鑿井《さくせい》に成功して、十月十六日には早くも良質の石油一石を得た（明治六年十一月新聞雑誌一六六号）。事業に大胆で頭のさえている石坂は、直ちに石油会社を創立し、新潟県三島郡出雲崎《いずもざき》町尼瀬《あまぜ》（明治六年はじめて石油が採取され二十七、八年頃は湧出量多く今は振わず）に米国より一大新式機械を据えつけて華々しく事業をはじめたときには世人が皆目を見張り、真似する者も出て来た。石坂は明治七年米国に遊んで石油業を視察し、其《その》子宗之助《そうのすけ》（鉄舟長女松子刀自の婿）をペンシルバニヤ州に八年間止めて石油の製法を勉強させ、自分は明治八年三月十三日帰朝（明治八年三月十六日東京日日所載）大いに石油事業に打ちこんでいる。然《しか》し創業早々にて採算のとれよう筈がなく、又最初に雇ったA・C・ダンと云う男が、ひどい喰わせ者だったので、これが為一時は石油王と言われた石坂も明治十一年には破産してしまった。石坂が「アメリカ」へ往来の船中で、ある時富田鉄之助（当時米国の領事をしていた）と同船した。富田が石坂に「お茶を飲みに来ないか」というのでその船室へ行くと、富田が玉露に「ミルク」を入れて石坂に出した。

「銘茶にミルクなんか入れて飲むような毛唐かぶれの根性の奴が、領事なんかしたら、日本の国威を失墜するにきまってる。気をつけろ！」

と茶は飲まずに富田の横面を殴りとばした話などが伝わっている。

石坂が差押になってから人は陰で石坂を蛇蝎《だかつ》のように厭がったものだが、さて逢うと、誰でも煙に捲かれてしまったもので、どこか矢張りひとよりも優れたところのある男であった。

石坂が企業で失敗を続けて逆境にいた当時副島《そえじま》さん（種臣《たねおみ》）との一挿話がある。

石坂が伊勢大廟の参詣路に当る宮川に鉄橋を架けようと計画した。大廟の参詣に宮川を舟で渡るのは風雪の時など参詣人が困難するし、舟賃を払わなければ大廟に参詣出来ぬのも面白くないので鉄橋にしてそんな心配を無くしようという考えなのである。

石坂は計画の旨意書を持って、有志の寄附を募り廻った。そして副島さんにも応分の喜捨を仰ぎたいと思った。

副島さんは由来清廉を以て知られている。金の寄附を頼んでも貧乏で迷惑であろうと考えて、石坂は書を二、三枚書いて頂こうと其の玄関を訪れた。

副島さんは石坂の山気の評判を聞いて知ってるので、石坂の請を断ってしまった。

石坂はいやな気がした。そこで更に「書はお願いしませんから閣下にお目にかかってお話を承わりたい」と申し入れた。副島さんに逢って一矢酬いたく思ったのである。

「それではお通り下さい」と石坂は応接間に通された。

いろいろの話の末に、石坂は思い入った調子で、

「私の兄の山岡も閣下と同じく宮内省に居るが、出身が出身なので、あまり重用されない。それでも邦家を思う赤誠《せきせい》の念慮は人一倍である。閣下は宮中顧問官の要職に居られるが、寡聞にして未だ閣下が何等憂国の進言をされたということを聞かない。――私の家は山の高台で、東京の下町が一望の下に見渡されるのであるが、古い昔と変らず一面炊煙が立ち登っている。けれども平和な太古の煙りと、今日の煙りとは、煙りの色が違う。これを見るにつけても真に国家の前途が思いやられてならない」と慨嘆した。

副島さんは俄《にわか》に態度を改められて、書を希望だけ何枚でも書こうと云い出した。

「いや、お断りします」とそのまま副島さんを辞去した。

石坂は明治十六年には千葉県手賀沼の埋め立を目論見、十七年には大日本帝国各宗有志協会の設立に全国を奔走する等、生涯、大活動に終始して死んだ。嘗て某新聞社で静岡二

十傑を投票で求めたとき政治家として関口隆吉、奇行家として金原明善《きんぱらめいぜん》等と共に事業家としては石坂周造があげられていた。

松岡万遺稿（日記公私雑事心覚より）

○戊辰の頃

我が君のまごころここにあらわれて、雲よりはるる臣が思ぞ。
一筋に御つつしみましし真心の、御功ここに立ちし嬉しさ。
神代よりためしだになき世となりて、あけくれ心安き間もなし。
いと明き学びの道の力もて、よしあしわけん我心かな。

○明治二年の頃

大井川なる御堤の上に常夏の花のうるわしく咲き出でたるを見て読める
世の憂さを忘れよとてかやさしくも堤に咲けるなでしこの花。
庭に雀のおどり居るを見てよめる
庭もせに餌拾う雀なにわざぞわがうき心知らず顔なる。
身のはてはいかになるとも武士の立てし心はかわらざりけり。
憂きことも悲しきわざも盟いてし、友と同じくなすぞ楽しき。

身はたとえ餓えて死すとも武士の操はかえじ日本魂。

水は谷薪は林汲み拾い賤が手業もともになしてん。

身はたとえ金谷ヶ原に埋むともなとかいとわん武士の道。

かねてより盟いし友ともろともに金谷ヶ原に身をや果なん。

○明治十六年の頃

出さぬ間に　子にあてらるる蜜柑かな。

茸狩や　村雨しのぐ　松のかげ。

蜻蛉や　飛ではまたも　もとのとこ。

○鉄舟大先生

智愚言わず、聾盲腰ぬけも　好かず嫌わず　つかう大物。

○明治十七年

飛こんで月影くだく蛙かな。

鉄門の逸材

鉄門錚々の士

一

おれは谷中の全生庵《ぜんしょうあん》へいって師匠の墓を参詣をする度に、言うに言われぬ感懐にうたれる。偉大な師匠の温容を象徴するかのような落着いた大墓碑をとりまいて、安らかに眠っている石坂・松岡・村上・千葉・円朝・中村・棚橋・荒尾・栗津・松原・東条・依田・鈴木・桑原・三神・宮本・内田・はては車夫忠兵衛等同門の人達のささやかな墓碑にぬかずくと、死んでまで師匠の側を離れたがらなかった是等の人達の純情が思い出されて思わず涙にくれて仕舞うのだ。

それ等先輩同輩の一人一人には、それぞれ懐かしい忘れられぬ思い出話があるのだが、あまり私事に渉ることが多いので此処《ここ》には記さぬことにしよう。

兎に角師匠の感化は偉大なもので、其《そ》の葬儀には殉死のおそれある者が幾人も出来て、四谷警察に保護を頼んだ程であると云うから門下生としての情も決して通り一辺のものではなかった。

師匠の晩年車夫忠兵衛が病気のとき、当時めずらしい洋服の書生が二人で、無理に師匠をのせて挽き歩くのが勇ましいと、人目をひいたというが、車をひくのはおろか（明治十九年一月十三日東京日日新聞）どれもこれも全く師匠に命もいらぬ程うちこんでいたのだ。

二

申すも畏れ多いことではあるが、我が御英邁《ごえいまい》なる明治大帝の御青年時代に、侍従として鉄舟が奉仕した功績は真に大なるものがある。

又静岡県藩政輔翼《ほよく》として、徳川十五代将軍慶喜の後をうけた、少年家達《いえさと》公を扶育《ふいく》して、多難の時代によく徳川の社稷《しやしよく》を全くせしめたのも、鉄舟の力によるものが多いことは今更申すまでもない。「ぼろっ買」と云われ、「化け物屋敷」と呼ばれ、時に不良の巣窟のように思われた鉄門より出でて国家有用の材になった者には前章の四天王をはじめ、中條金之助・北垣筆次《ふでじ》・籠手田《こてだ》安定・河村善益《よします》・古荘嘉門《ふるしよう》、等がある。天田鉄眼《てつげん》・平沼専蔵・千葉立造・三遊亭円朝、等も鉄舟によって一廉《ひとかど》の人物たるを得た人々である。

鉄舟に直接大感化を受けてた者には、清水次郎長、九代目団十郎、角力の高砂浦五郎等がいる。

右の中、中條さんの事は各所に出ているから此処《ここ》では述べぬ。北垣さんは維新当時師匠の奥さんに刀で羊羹をつきさして喰べさせたことのある乱暴な八木剛三で、後高知県令や宮内省の大書記官をつとめ、又京都府知事をやったり（有名な京都疏水事業は此の人がやった仕事である）北海道長官・内務次官等に歴任して後男爵を授けられた立派な人物である。

籠手田さんは、もと平戸《ひらど》の藩士で明治元年大津県判事試補をふり出しに元老院議員になり、後に島根県・新潟県・滋賀県等の知事に歴任し、名知事で良二千石と云われたのは籠手田さんがはじまりである。撃剣もうまく、師匠には深く推服して居た。安部正人《まさと》の『鉄舟言行録』にある師匠の随筆と称するものは此の籠手田さんから出たと言われて居り、又色々な本に見える師匠の武士道論も籠手田さんから出ているのだが、どうもおれにはどこまでが師匠の本物か、合点がいかぬ。貴族院議員にも勅選されたが明治三十一年三月六十歳でなくなっている。

河村さんは、石川県の人で安政五年生れである。明治十二年に司法省法律学校を卒業し、京都及び福井の地方裁判所長、大阪控訴院部長、大審院判事、大阪地方裁判所長等をやり、外国にもゆき、函館控訴院長から明治四十年には東京控訴院検事長等になった司法畑の大先輩である。貴族院議員に勅選されたが、大正十三年九月になくなっている。河村さんは
「私は明治十六、七年の頃から四、五年間、みっちり鉄舟先生の御教訓を受けたが、自分

が今日あるのは全く鉄舟先生の御かげである」とよく人に話していた。

古荘さんは天保十一年肥後熊本の藩医の家に生れたが、医者になることをきらって国事に奔走し、後山口県脱徒の乱に坐して罪を得各所に潜伏した。其の頃、勝の添書をもって山岡に来て師匠にかくまわれたのが動機で門下になった。やがて師匠の意見で自首して出て二年の禁獄にあった。司法省七等出仕で判事になったのが振り出しで師匠在世の頃既に、青森県・大分県の書記官、第一高等学校長等をやり、又紫溟会《しめいかい》と云う国家主義の団体を組織したりした。おれが内弟子時分もよく出入したが、師匠の死後は国権党の総理になったり、政治的には野心も大きく、代議士も五期程つとめた。三重・群馬等の知事にもなり、貴族院にも勅選された。此の人の後は立派になっている筈だ。大正四年五月死んでいる。

然《しか》し鉄門の中で、師匠から受ける感化も深く、全く師匠によって人間になったとも云うべき二、三の人について次に話そう。

天田鉄眼

一、桃山の愚庵

鉄眼は文筆（詩と和歌と書）に達していたので詩人墨客の間には今日でも其《そ》の名を知ら

れて居る。

磐城《いわき》、平《たいら》の士族で、本名は五郎、また愚庵とも号した。山岡の所へは始終出這入りし、よく無心にも来たが、山岡は鉄眼の志がいいから可愛がってやっていた。鉄眼の志というのは十五の時より親と妹との行衛《ゆくえ》を尋ね廻って居たことである。

二、初陣

鉄眼が親兄弟と別れたについては哀れな話がある。

徳川末期、磐城国、平の城主安藤対馬守の藩中に甘田《あまだ》平太夫《へいだゆう》と云う人があった。徒士目付《かちめつけ》から勘定奉行となり禄高四十五石を得ていた。

平太夫には妻お浪《なみ》との間に二男一女があった。長男は善蔵《ぜんぞう》と云い父に似た律義者で、平遊《へいゆう》と号した父が六十で隠居し、家督を相続してからじきに山奉行に出世した。次男は久五郎（安政元年生）長女はお延（安政五年生）で、此《こ》の次男の久五郎が後の愚庵和尚である。

甘田一家の平和な朝夕に、明治戊辰の兵乱の余波が思わぬ不幸をもたらすこととなった。

由来磐城の国は奥州路の咽喉である為に、京軍をここで喰い止めようとする奥州同盟の列藩はそれぞれ多数の加勢を平藩に送った上に、遊撃隊とか純義隊とかいうような江戸からの脱走兵も加わって背水の陣とばかりに平の城に立て籠った。官軍でもそれと見て取って、海陸三面から雲霞《うんか》の如《ごと》くに其《そ》の城をめがけて打ち寄せた。

甘田一家は長男善蔵が出陣したあと日夜別なき砲声に追われて、四人の親子は城下から一里ほど南に離れた中山村の甚作《じんさく》と云う縁故をたよって避難した。

折悪しく母のお浪（当時四十七歳）は病んでいたので十五歳の久五郎と十一才のお延が、ひたすら父の世話と母の看護に努めた。

其の間戦争は刻一刻にはげしくなってゆき相つぐ味方の敗報に年少客気の久五郎はじっとしては居られぬ亢奮《こうふん》を覚えた。やがて兄が新田山で負傷したとか云う噂をきくようになっては矢もたてもたまらず、心の迷を断ち切って、父の許を乞い、親族にあたる加藤覚左衛門の陣屋をたずねて出陣した。時に久五郎は十五歳であった。

覚左衛門は非常に喜び、公の沙汰として直ちに元服を申付けた。其後勇猛がみとめられて常に激戦の場所に向けられ、相当の手柄をたてた。久五郎は或る日偶然にも通りがかった父平遊と会し、場所柄も忘れて物語を続け、味方の戦況が有利である事をつげて父と別れた。

一時平穏であった合戦が七月十日未明におこり、難攻不落と信じた平城も僅か一夜で落ち、味方は無残な敗北を見るに至った。其の秋には会津の城も陥り、仙台以下の諸藩も悉く兵を収めて帰順するに至り、冬の頃には平藩士にも旧地に帰り更に朝命を待つべきの由の御沙汰が下る有様となった。

そこで久五郎は七月十三日の敗戦以来、味方の人々と共に逃げ延び落ち延びしながら荒涼たる仙台の山奥から故郷の平へ帰ろうとした。子供の足弱と連日の疲労で、ともすれば後れ勝になる。或時味方といっしょにとある樹蔭に休息した折うとうとと思わずねむってしまった。

暫くして眼をさますと四辺《あたり》には誰も居ない。日はもうとっぷり暮れて踏むべき道も判然《はっきり》しない。「こりゃ困った」とおどろいたが今更どうにもならず、つかれた足を引きずってとぼとぼ歩き出した。暫く行くと、傍の藪の中から、突然、「こら、まて！」と怒鳴って立ち現われた者がある。「すわ、敵！」と鉄眼は子供ながら咄嗟《とっさ》に身構えて、「誰だ、きさまは！」と叫ぶと、件《くだん》の男は近寄って来て、星の薄明りに鉄眼を透かして見ていたが、「その声は五郎じゃないか？」と云われたので、「さては味方か、それにしても誰であろう」と近寄って覗《うかが》うと、豈図《あにはか》らんや、その人は自分と一所に平から会津へ馳せ参じた叔父であった。

「やっ、おじきん！　うれしい！」と、いきなり獅我《じが》み附いてわっと覚えず泣いてしまった。初めて親の許を離れて、初めて戦争に出て、そして敗けて夜道を一人であてもなく歩いていたのであるから小供心に悲しかったんだろう。

「矢っ張り五郎であったか。よしよし、これからおれが一所《いっしょ》に伴《つ》れて行くから安心しろ。実はおれも会津を落ちのびて、ここまで来たのだが腹が減ってならぬので、誰か人が通ったら無心してやろうと待っていたのだ」

との話。「その時のうれしさは今になっても忘れない」といつか鉄眼が話したことがある。

叔父と一所に郷里へ帰って我家に這入ると、こは如何に、家には父も姉もいない。人に殺されたのか、此の家を去ったのか、書置も無ければ、さりとて家の中を取り乱した様子もなく、勿論血の跡もない。近所で訊いてみても、親戚を尋ねても全然何等の手がかりも

鉄眼和尚と其の放浪時代の写真

ない。鉄眼はほとほと途方に暮れてしまった。

孝心の深い五郎は戦争終結後一藩復帰の事務員として立ち働いていた兄に別れてそれから親と妹とを尋ねに出た。彼が一生の仕事は、只何とかして親と妹との消息を知り出すことであった。

――この心が鉄眼を純にし、また広くひとからも同情を受けた所以である。

親と妹とを探し出すため、鉄眼の苦労したことは一と通りでなかった。上は権門から下は穢多の群にまで投じて消息を伺った。筆が立つので、文士仲間へも出這入りし、そのつてで各地の新聞社に広告しなどした。山岡が顔が広いので若しやという一念で山岡へ来たのが縁で、大変世話になった。妹が娼婦にでも売られて居はせぬかと、日本中の娼家へ登楼してもみた。

こうして広く世間を渡っている中に、いつか世間が明るくなり、人生の裏表、人情の機微に徹し、たいへん眼はしの利く男になった。けれども親兄弟の行衛を尋ねる位の人だから、性来曲った所がなく、性質は実にきれいなものであったから、悪擦れにならず、どこかのびのびしたいい精神を保有して居った。

三、鉄眼参る

文士で思い出したが大岡育造（元文部大臣・東京市会議長等に歴任す）との話で面白いことがある。

鉄眼が大阪の某新聞社に居たとき、大岡が東京で弁護士をしていた。久々で上京した鉄眼が訪ねると、奥さんまでが大喜で迎えるので、愉快に一杯やっていた。

「久し振りだから、天田、角海老を奢ろうか」

「それもよかろう」

と大岡が誘って鉄眼と吉原へ行った。

ところが大岡の部屋は立派なのであったに拘らず鉄眼の部屋は遥に貧弱なものであった。短気な鉄眼はこれを見て「大岡のやつ、失敬な。お客のおれを粗末にして自分で贅沢をしているとは怪しからぬ」と大岡に黙って先きに帰ってしまった。

鉄眼は大岡の家へ来て奥さんに、

「大岡はいい年をし、おれを吉原なんかに引っ張って行ったのです。屹《きっ》と明朝ぼやぼやして帰って来ましょうから、帰ったらうんと油を絞っておやんなさい」

と焚きつけて寝てしまった。

翌朝眼が醒めると大岡の部屋で奥さんの声がする。聞くともなく聞いてると大岡と一所にきゃっきゃっいって笑ってる様子だ。「何をして居るのだろう」と鉄眼が大岡の部屋へ行くと、奥さんも大岡も鉄眼の顔を見て笑っている。

「どうした大岡、早いじゃないか」

「うん、君が帰ったというからおれも直ぐ帰って来た」

「何笑ってるのだ、変じゃないか……?」

「いいや、まァそこへ座れ、お茶でも入れるから」

と笑いながら奥さんに、

「昨夜の品を天田(甘田久五郎は後天田五郎と姓名を改めた)に渡したらいいだろう」

と云われて、奥さんがくすくす笑いながら立って持って来たものは古新聞の包みだ。奥さんは
「これは昨夜吉原であなたのお忘れものだそうです。お帰りのあとで女中さんが主人のところへ持って来て、あなたにお届け下さいと頼まれたのだそうです」

何かと思って鉄眼が新聞包を開けて見たら、自分の古褌であった。

四、次郎長との関係

鉄眼が清水の次郎長の養子になって山本を名乗ったのも、親や妹を尋ね出したいためで、次郎長の顔が広いから、何かとつてが多かろうと、山岡が心配して養子にさせたのである。次郎長は後妻の子と鉄眼とを夫婦にさせようと思ったのだが、なぜか鉄眼は之を嫌って、とうとう次郎長の所を出てしまった。鉄眼の終生の目的は前云ったとおり親を尋ね出すのにあったので、親でも妹でも所在が知れた上ならとにかく、まだとんとその手がかりもないのに、結婚して身の束縛を受けるのは本意でなく、またそうした現世の悦楽に耽る気もなかったことは明かである。然《しか》し鉄眼は次郎長の人物には心服していて、山本を廃してか

らも次郎長のことに就てはいろいろ心配した。次郎長が牢へ入れられた時なぞ、早速山岡へやって来て、山岡に力添えを頼んだりした。

その時のことだ、鉄眼が山岡に頼みを入れて清水へ帰ろうというとき、金がないので「先生旅費を少々頂きたい」といった。すると山岡が奥へ行って五円札を一枚持って来て鉄眼に渡した。

「先生、も少し……」

と鉄眼がいうと、

「足りないのか、足りなけりゃよせ」

と山岡が札を引き込ましにかかると、狼狽《あわ》てて鉄眼が、

「いや、先生、結構です」

と早速札を手にしてしまった。おれは傍に見ていて、おかしくて笑い出してしまった。

鉄眼が次郎長の伝を書いたものに『東海遊侠伝』というのがある。これは次郎長の正伝で、次郎長を調べる者には唯一の確かな書物である。

五、鉄眼の入道

鉄眼が次郎長のところを出て来たので、山岡は有栖川宮家の家令をしていた藤井(希璞)に頼んで暫らくその下に置いたが、後、山梨県の警部に推選した。鉄眼が県庁へ行ってみると、県では二十五円しか出せないというので、そればかりの金で縛られるのはいや

だと帰って来てしまった。

この頃には最早《もはや》親を尋ね始めてから二十余年になっていた。けれども皆目行衛が分らないので、鉄眼も大分あきらめて来た。たとえ親が無事で生き長らえていたとしても、年齢から推して病死してしまったかも知れないという疑念もあった。そんな様子が山岡にも見えて来たので、一日鉄眼に、

「これほど尋ねても未だに消息が知れなくちゃあ、もう大方だめだろう。一そすっかりあきらめて坊主になれ、そして親や妹の冥福を祈ったらどうか」

と説いたので鉄眼もその言葉に従って世を捨てる気になった。

そこで山岡が相国寺《しょうこくじ》の独園《どくおん》さんと、天竜寺の滴水《てきすい》さんとに添書を附けてやって、「どちらでもおまえの気に向いたところへ行け」と申渡した。

鉄眼は先ず独園さんの所を尋ねた。ところが独園さんは人も知ってる通りの学者であるから、話に学問が交り、窮屈に感じたものだから、ここを辞して更に滴水さんのところへ行った。滴水さんは鉄眼に逢うなり、頭から鉄眼を小僧扱いにしてしまったので、鉄眼も度胆をぬかれ、爾来滴水和尚に腰を据えて師事した。何せ、入道の動機がいいし、山岡という立派な後楯があるし、師家は有名な滴水さんだしするので、ひどく評判になって、日本新聞の陸実《くがみのる》や、国分青崖《こくぶせいがい》や其《その》他の新聞記者達が筆を揃えて書き立てたものだ、また鉄眼自身も、今はさっぱりと世を捨て慾をはなれてしまったので、心境が馬鹿に進み、性来き

れいな人格が、際立って良くなった。若い時から苦労していたので人を見る明もあったし、座談はうまいし、それに山岡へ長年出入していたので見識は高いし、兎《と》に角《かく》、常人の域は脱していた。文章の外、和歌や発句なども作り、いずれも人の珍重する所となっていた。短気が欠点であったが、それも彼が正直の半面と見ればよい。

六、愚庵の臨終

鉄眼は明治三十七年一月十七日京都の伏見桃山《ももやま》愚庵《ぐあん》で死んだのだが、おれは当時神戸にいたので、死ぬ前から往来して臨終にも傍にいてやった。度々血を吐いて、その度真青になり脈も絶え絶えになるのであったが程経て気が確かになると、もうふだんのように元気になるのであって、殆《ほとん》ど病を忘れていたかのように見えた。血を吐いたのだから肺が悪かったのだろう。

鉄眼は臨終が近いと知るや、すっかり生前に別れの手紙を出し、所持の品はそれぞれ知り合いの者に配ってやって、きれいに一物も残さず始末してしまい、自分は食を断って死を待った。死ぬ時にはまたひどく血を吐いて人事不省に陥り医者と、友人の桜井（一久）が駆けつけた。おれにも知らせがあったので、直ぐ行くと、その間に医者がカンフル注射をしたので、正気になったが、「また注射したな。いつまでおれを苦しませるのだ！」と叱ったそうだ。桜井は是非入院させなくちゃいけないと主張したのだが、おれはそれに極力反対して「鉄眼はあれだけ決心しているのに、今更まわりでさわぎ立てて人の死に際をみにくくしてはいけない」といったら、「それなら荒木博士（寅三郎）に診せようとの事で、荒木さんを迎えにやると、まだ荒木さんの来ぬ中に息を引き取ってしまった。兎《と》に角《かく》覚悟していただけに立派な死に方であった。

師匠は五郎を「軽っ尻の尻焼猿」と呼び呼びしたと云うことが鉄眼の『血写経』にも出ているが、一個の放浪児天田五郎を暗黒の道から救って、世間の尊敬を集めて居る今日の桃山の愚庵和尚を作ったのは、勿論彼の胸奥に純真な肉親愛の至情が一貫していたことにもよるが、最大の力は最も深く彼を愛し、常に聡明な愛護を彼の上に与えていた師匠鉄舟の賜だ。教育家としてながめても師匠のような偉大な教育家は一寸見当らぬじゃないか。

七、おれと鉄眼

鉄眼は俺にとっても忘れられないなつかしい人だ。臨終にもついていた程懇意に往来したが、俺が死んだ家内の家へ入夫して小倉姓をなのるようになったのも、鉄眼が媒妁をして呉れたからだ（九頁写真参照）。

家内の父は小倉庄之助といって、南禅寺の毒湛《どくたん》和尚の居士で師匠とも関係が深く大阪では巨万の富を擁していた。俺も若い頃から何かと世話になり八幡に道場まで立てて貰った事があるが、日清戦争後の経済状況の変動ですっかり財を失い、失意の中に死んでしまった。

俺は満州から帰って此の事をきき、須磨《すま》にいた遺族を訪ねた。其処《そこ》には母親と十七になる娘のちか子とがたった二人で寂しく暮していた。俺の口から言うのもおかしいが、ちか子は神戸小町と呼ばれた程一寸奇麗だったので、貧すれば気の毒にも、のっぴきならぬ人から当時の財界で飛ぶ鳥を落す勢いだった藤田某の妾にと懇望され、母娘は毎日泣いて居た。鉄眼が此の事を知って気の毒がり俺が独身だったものだから小倉母娘の望みを入れて媒妁に立ち、色々の事情をしりぞけておれを小倉家へ入婿にさせたと云うわけだ。然し俺の家内は半年後は肺病になり、一ヶ年半俺は帯もとかずに看病したが到当死んでしまった。……私事にわたって恐縮だが、俺のような老人の事だからのろけにもならぬだろう……。

愚庵遺稿

　頭おろしける頃
鶯の声ばかりして山寺の春はしずけきものにぞありける。
墨染のあさの衣手朝な朝な手向くる花の露にぬれつつ。

　林丘寺偶詠（此歳薙髪事無異老師）
疎慵敢掃貴人門、　好向山中礼世尊、
一榻清風吾欲老、　不短是仏是天恩。
月上老松子尺枝、　巌光潭影夜離奇、

忍然玉砕金竜走、出定山僧洗鉢時、
満地松花珀琥薫、洞門鶴老不成群、
庵中衲子為何事、日臥空夜平榻雲。

明治十年（二十四歳）春故郷に帰り昔に変りし城跡の荒廃の様をみて

吹く風は問えど答えず菜の花のいずこやもとの住家なるらむ。

明治十二年（二十六歳）旅廻りの写真師となり父母の行方を捜索中。伊豆川奈浜で権田直助門下の人々と会した折福西四郎右衛門より贈られし返歌によみしと云う

小車のめぐり逢わずに十年あまり歳の三年となるぞ悲しき。

明治十七年（三十一歳）巫女の言に欺かれて、はるばる奥州の山奥に父母の行方を探り、空しく都に帰る途すがら詠めると云う

父母と見れば夢なり、よしや夢にだに其の面かげよ消えずもあらなん。
花薄招く方こそ床しけれたずぬる人の跡もなければ。

父母を夢にみて

愛子我巡り逢えりと父母のその手を執れば夢はさめにき。
夢ならば継ぎて見ましと我思えど音のみ泣かれていねがてぬかも。

夢四首の中に

世になしと思える親をぬる衣おちず相みつるかも夢のたらちに。

臥床四首の中に

世を棄てし我にはあれど病む時は猶父母ぞ恋しかりける。

癸卯感懐

ちちのみの父に似たりと人がいいし我眉の毛も白くなりにき。

かぞうれば我も老たり母そはの母の年より四とせ老いたり。

桃山結廬歌

打日指京のうちをことしげみ伏見の里に我は来にけり。

三吉野の吉野の若杉丸木杉柱にきりてつくる此庵。

癸卯五月回向院観大相撲（明治三十五年）

東は梅ヶ谷かよ西は誰ぞ常陸山とぞ名乗あけたる。

大山はゆるき出たり西東関の大関ゆるきいてたり。

堅庭を泡雪の如向股に蹶はららかす雄猛のよさ。

潔よくしきれ壮夫立つ時に待てとはいうなまちはするとも。

梅とよい常陸とさけひ百千人声をかきりにきおいとよもす。

天地も今や砕けむ増荒雄かいかづちのことおいすまえば。

大相撲日には九日見てはあれど常陸山には勝つものもなし。

虎とうち竜とおりて壮士かすまうを見れば汗握るなり。

此相撲ただ一つがい見んためと西の都ゆはろはろに来つ。

突く手さす手見る目もあやに分かねとも組みてはほぐれほぐれては組み。
東の関もなげたり常陸山天が下にはただひとりなり。
辞世
大和田に鳥もあらなくに梶緒たえ漂う船の行方知らずも

平沼専蔵

一

平沼は武州飯能の生れである。少年の頃江戸に出で小僧をして居たが、品川で有名な土《ど》蔵相模《ぞうさがみ》の瀬川と云う娼婦に夢中になって、主人の金百両あまりもつかいこんでしまった。仕末に困った平沼は瀬川と心中を約して、白帷子《しろかたびら》を着て登楼した。すると情死の約束の瀬川は他の客に見受されて其処《そこ》にいない。青くなっておこった平沼は、短刀をぬいて妓楼中をあばれまわった。其の頃品川の料理屋の女将で、女長兵衛と呼ばれた俠骨のある女が居た。丁度其処に居合わして日頃から平沼の気風を愛して居たものだからなだめて家へ連れ帰り、自分の娘の婿にした。平沼は此処《ここ》でも養家の金を蕩尽した末、横浜に出た。そして石炭屋明石屋平蔵の番頭になった。

これから平沼は刻苦して貯金をし、二十両出来たところで独立して石炭屋を出し、次第に信用をとりもどして土地を購ったりして来た。此の横浜に出る前から師匠の門下であったのである。後羅紗唐桟《らしやとうざん》輸入、生糸売込商を営み、米国南北戦争の時は綿糸の買占をなし、又安価な外国米の買占をする等して大利を得た。其他土地の売買、株式等に着々成功して千余万円の大資産を作った。其の後自分の資産を四分して其の一を自分の手にとどめ、他を長子八太郎、養子延次郎《のぶじろう》、庶子久三郎に分配した。すると、延次郎は忽《たちま》ち投機に失敗して無一物となり、又其経営するところの平沼銀行の店員某が株に失敗し八太郎の名をつかって、手形を濫発し、大問題をおこした。勿論《もちろん》平沼の知ったことではないのだが、世人の迷惑を思って全部を自分が脊負って仕末したのは当時美談とされたところだ。

平沼は精力絶倫な男で、貧乏華族に金を貸したのが因で、華族中産を傾ける者が出来一時世人の指弾するところとなった。然し慈善事業にもよく寄附して後正五位勲五等に叙されている。大正二年七十七で死んだ。

二

平沼は小僧の時から山岡の稽古場へ来ては、窓越しに撃剣を眺めているので、弟子の連中が奇特に思って引き入れて話をしてみると、「是非剣術を教えてもらいたい」とのことであった。「そんなに好きならやれ」と師匠が弟子にしてやったのが縁である。平沼は武士になりたかったのだが師匠は「おまえには武士は適当しない。それよりも商人になれ」

といって横浜へやった。横浜へ行ってからも絶えず山岡へ出入りしていた。

平沼が長子を亡くした時にはひどく悲観してしまって、山岡へ来て坊主になりたいと云って聴かなかったが、師匠は「坊主になるよりうんと商売に精出し、貰けた金で慈善をしろ、それが亡き子に一番の供養だ」と諭されてまたその気になり以前よりは一層商売を励んだので終に千万長者になることが出来た。山岡の弟子で金で成功したのは平沼一人だが、一代であれだけの富豪になっただけ、それだけ彼の努力と着眼に鋭いところがあったことは事実である。

三

あるとき平沼の一番番頭の某が来て、山岡に貸した金を返してくれと申し込んだ。それは平沼の命令ではなくて、番頭自身の計らいからであったのである。

山岡はその時二階で書をかいていたのであったが、番頭の言葉を聞くと、

「返せっておまえ、何にもありゃしないぞ。あるものは此の家屋敷だけだ。これでよければ何時でも持って行っていいが、然《しか》し家の前へ売屋の札を掲げるのもいやだから、裁判所へ訴えろ。おれが証文書いてやるから持って行け」

と前に拡げてあった唐紙一杯に筆太の借用証を書いて落款を押して番頭に渡してやった。

番頭は仕方なく唐紙を持って横浜へ帰り、主人に右の旨を告げた。

平沼は唐紙を見ると驚いて、すぐさま横浜からやって来て、師匠に会い、

「私の知らぬ間に番頭が怪しからぬことをして誠に相済みません。以後あの男はお宅へ出入りを差留めましたので、どうか御免下さい。——然し先生、金はもとより頂きませんが、あの唐紙は紀念に下さい」

と云って帰って行った。

「先生の為めなら縁の下の土までも差上げます。私の今日あるのは先生のおかげなのですから」

平素平沼が云っていたとおり、師匠の死後も彼はよく遺族の面倒を見て山岡生前の恩に酬ゆることが厚かった。全生庵の前に建って居る山岡の碑も平沼が師匠に対するせめてもの心遣りに、勝に頼んで碑文を書いてもらって紀念に建てたのである。

世間では平沼を人情のない鬼のように悪く云ったものだが、人情を容れぬ所は断然容れぬし、また人情で行くべき所は充分人情で行ったもので、決して血も涙もない守銭奴ではなかった。平沼が悪く云われたのは貧乏な華族に広く金を貸したのが禍したので、とうとう彼を貴族院から抛《ほう》り出してしまった。然しそれは平沼が悪いか、借りた方が間違って居るか問題だ。むずかしい話だが貸したのを催促するのはあたりまえの話で、利子を取ったり元金を返して貰わなくちゃ金貸しの身が立ち行きゃしないから此の辺は恕すべき点だと思う。

四

平沼は貸家を四、五百軒も持っていて、その中には随分家賃を滞らす者があったけれども、決して無理にその督促をしなかった。

年末になって貸屋の調べをして、家賃の滞納者を挙げ、滞った家賃の額に応じて、誰は何程某はこれだけとそれぞれお歳暮として金を持たせてやる。平沼はそれで幾分でも滞納者等を賑わしてやる積りなのだが、貰った方では気が咎めて、屹《きっ》と家賃を持ってくるか、左もなければ夜逃げをしてしまう。

これは前の一番番頭の某が話したことだが、あれだけ仕上げた平沼のことだから、その辺の呼吸は心得たものであったのだろう。

この一番番頭というのも平沼の下に働いていて四、五十万の財産を作り上げた男で、誰と云ったか、たしか山村徳蔵だったと思うが、今名まえを忘れたけれど、その男の若い時の話に面白いことがある（山村徳蔵氏はよく全生庵に墓参に来ていたが昭和十一年八十幾歳かで逝去した。耳は遠かったが達者な老人だった）。

それは某が平沼に小僧から段々用いられて月給十円ほど貰えるようになった頃のことである。友人に誘われて品川の遊廓に足を踏み入れたのが、つい深入りしてしまって、大分四方に不義理の借財が重なって来た。愈々困ってしまったので、「今夜という今夜は思う存分遊んで、これっきり廃《や》めよう」と決心し、苦しい中から十五円の金をこしらえた、当時品川あたりで一とばんに十五円の金をつかうのはたいしたものであったのだ。

某は金を懐にしていそいそと品川へ行き、潜り馴れた女郎屋の暖簾をすっと潜ると、そこにはいつものように美しく着飾った女のきれいな顔がずらりと並んで店を張っていた。それを見ると「ああいいな」と心が動いて、さっきまでの決心は瞬間に消えたが、「こんなふうじゃ、おれはまた来たくなるぞ！」と思ったので、格子先へ立ち寄って来た自分の馴染の女に、十五円抛り投げて飛び出し、それっきり遊廓へ踏み入ることを止めた。

多少偉くなる者は、矢っ張り違うね。思い切りの悪い、しみったれたやつには薬になる話だ。

千葉立造

一

師匠臨終の際介添をしたのは門下の千葉立造である。千葉は初め岩佐純国手《いわさじゅんこくしゅ》（侍医《じい》）の代診として山岡家に出這入ったのであるが、出入して五、六年にもなるが診療以外の話は一言もしないので師匠も其《その》風格を面白く思っていたが、どこか気位がたかく人にきらわれるところがあったので、折あらば鍛えてやろうとまっていた。

或る日師匠は別室に呼び茶等入れてから突然容《かたち》を改めて、

「あなたはお医者さんだと云っているが、……どうも長いこと見ているのに我心が強くていけない。そんなことで本当の病気が見られますかね。鞍上無ㇾ人、鞍下無ㇾ馬という語があるが、総《すべ》ての術の奥義は皆此理《このり》に帰着します。此の理がわからなかったら何の術でも盲目者の手さぐりだ。あなたのように自身が有ったり、患者が見えたりしていては本当に病の診られる道理がない。病が診られぬとすればあぶない話だから明日から医者を止めたらどうです」

　突然威丈高になって侮蔑の言葉をはかれるので、千葉医師はむっとして「いくら高官であろうが豪傑であろうが医道には門外漢である山岡が無礼千万なことを云う」と、席を立って帰ろうとしたが、日頃の温容と高風に接しているだけに、立つ決断もつきかねて、

「それでは真個《ほんと》の医者になれる方法がありますか」

と質問を発した。

「それはある。然《しか》し君には、なれる方法を究めるだけの根気があるまい。無駄とわかって教えても仕方がない」

　重ね重ねの暴言に、千葉立造は流石に今は憤激して身を震わせ顔色を変え、声をあらげて詰問を発した。

「同じ人間で他人の出来ることを私にだけ出来ぬと云う筈はありますまい」

　師匠は此の機をみて、

「それでは教えましょうが、其の前に「宇宙無《うちゆうになく》㆓双日《そうじつ》㆒乾坤只一人《けんこんただひとり》」と云う句があるが、これはどう云うことか参究《さんきゆう》して見なさい。然し並大抵なことではわかりませんよ。これを究めるのには四六時中下腹に力を入れて寝食は勿論、心身共に忘れる程骨を折らねば本当の事はわかりませんぜ」

と物静かに垂誨《すいかい》した。

爾来千葉氏は師匠の見込たがわず熱烈に参究して、約一ヶ月の後乾坤只一人を透過《とうか》した。師匠はついで兜率三関《とそつさんかん》の「即今上人性在㆓甚処㆒《そくこんしょうにんのしょういずれのところにありや》」を授け、千葉氏は更に一身を拋出《なげだ》して究め、あまり師匠の言葉通り下腹に力を入れつづけたので脱腸になった程だったが、晒木綿で腹を巻いて猛進し、遂に即今上人性を透過した。

師匠は引続き数則の話頭《わとう》を授けたが千葉氏は破竹の勢いで透過し、就㆑中「滅㆓却心頭㆒火自涼」の則に於ては師匠も其俊発に感心された程である。

此処《ここ》で師匠は五百年間出の白隠和尚の掛物を千葉氏に贈り、禅宗の事を詳しく語ってきかせたので、千葉氏も今は師匠の親切が身にこたえ、生れかわったような気持で居た折柄だったので、深く仏教に帰依するようになった。

其時師匠が白隠の掛物に裏書された言葉は次の通りである。

豆州竜沢寺始祖神機独妙禅師、定ノ一字ノ大書。在リ㆑止ルニ㆓至善ニ㆒知リテ止ルコトヲ而シテ後有リノ㆑定ルコト之十字ノ小書、即チ現住星定老師所レ贈ルレ予ニ也。而シテ今千葉道本居士参禅甚タ勤ム。因復贈タルレ之ヲ。庶幾クハ護持セヨ焉。

二

千葉は段々修行に骨を折るにつれ、本当に修行をするには坊主になって寺に這入らなければ駄目だと考えて師匠に相談したが、一言でまだ早いと退けられて仕舞う。三度目には師匠が許さなかったなら脱走して寺に這入ろうと決心して師匠にはかったところ、其《そ》の決意が勿論《もちろん》師匠にわかっているので、何とも言われずに、折よく本郷の麟祥院《りんしょういん》に来て居た、京都天竜寺の滴水《てきすい》和尚にあてた添書を与えた。

千葉は喜んで滴水和尚をたずねると

「坊主になって何にする」

と一言のもとに退けるが、固い決心の千葉は一向に意に介せぬ。すると老師は「至道難《しどうなん》の則《そく》」を看たかと訊かれるので、まだ看ませぬと答えると、老師はすぐ様

「至道の当体《とうたい》は如何」

と問われた。千葉がこれに対して見解を呈すると

「無難《ぶなん》の端的《たんてき》は如何」

と問われた。千葉氏が解りませぬと答えると

「それでは無難の端的を徹底看破して来い」

と垂誨された。

それから千葉は一心不乱に突進し、旬日《じゅんじつ》の後省察するところあって、老師の室に趨《はし》り、

「坊主になるどころか足の爪先一分も踏出すことは出来ませぬ」

と答えると、老師は静かに笑われて、

「皆それがわからぬから狼狽《うろた》えまわるのだ」と諭された。

三

千葉さんは或時又本当に禅をするには情欲を断たねばならぬと考え、師匠に其旨《そのむね》を告げた。師匠はおどろいて、

「エライ処に気がつきましたね。情欲は生死の根本だから、之を断たぬ間はいくら修行しても皆半途だ。然《しか》し情欲を断つのは容易なことではないが、君はどう云う手段で情欲を断つね」

と反問された、そこで千葉は

「一生妻女を遠ざけ情事を行わぬつもりです」

と答えた。すると師匠は呵々《かか》大笑されて

「それでは断つのじゃない、抑えるのだ。所謂《いわゆる》臭い物に蓋をするので蓋がとれれば忽《たちま》ち又臭くなるじゃあないか」

と簡単に一本参らせられてしまった。

「それじゃどうすればよいのでしょうか」

「そりゃ君、更に進んで情慾海に飛びこむんだね。そして一生懸命真正面から其正体と戦って脱得するより方法はなかろうじゃないか」

と言われたので流石の千葉さんも一言もなかったとの事である。

四

師匠にとっては何もかも修行である。嘗て門弟の吐いたへどを大口あいて喰べて「浄穢《じょうえ》不二《ふに》」の修行をされている（本書著者石津氏も医学博士の身でありながら或宴会の折一友人のへどを喰べ出来がたき先人の修行を試みていられるのを目撃して一驚した。光明皇后が癩者のうみを吸われたと云うことを古書でみたが、先人が修行に対し徹底した真面目さを持っているのには敬服させられる。　牛歩）。

女色にかけても非常な苦労をされている。三十三、四の頃から盛んに遊んでいる。其の頃の事で聞いた話を二、三しよう。

奥州白河の酒造屋の主人で、東京へ商用に来る度に吉原で豪遊して、大門《おおもん》も二、三度閉めさせたと云う其の道の苦労人があった。吉原に気に入った女が出来て愈々身受けをしようとすると其の店の番頭が

「あの花魁《おいらん》だけはおよしなさい」

としきりに忠告する。

「どうしてかな」

ときくと、

「どうにもこうにもしようのないぼろ書生がついているし、花魁までが其の書生にまいっている様子だから、よし身受をしてもどんな事になるかわかりません。悪いことは言わぬから、およしなさい」

としきりに止める。流石は苦労人だけに其酒屋は
「それでは其の書生に会って見よう。今度見えたら何は無くとも一献お近づきに差上げたいからと丁寧に御招待して呉れ」

番頭は「物好きなこと」とは思ったが、上客の頼みなので、山岡が登楼したとき其旨を告げると、「おれ見たいな男に会い度いなら会おう」と云うわけなので、山岡を其の酒屋の部屋に案内した。お互に初対面の挨拶をかわし酒屋は山岡を上座に据えて、出来るだけの御馳走を並べて歓待した。しばらくたった時山岡が突然、

「酒は大変結構ですが、出来るなら御肴を頂戴したい」

ときり出した。

酒屋はいぶかしがって
「はて肴は、此処《ここ》で出来るだけのよいものといって註文したのですが、何がお望みでしょ

う」

と反問した。すると山岡は威容をあらためて

「実は其処《そこ》に居る花魁を頂戴したいのですが」

と、どうなることやらと小さい胸をいためて居た、其の席の馴染の花魁を指さしたものである。

酒屋も苦労人であったから、最初は軽い、いたずら心もあり、時によっては将来のある年少の身で道楽をするなどとはもっての外と、親にかわって意見もして見たい老婆心で招待してみたのだが、会って見ると案に相違した人物の立派さに打たれ、ひそかに舌をまいていたのである。其処へ山岡から此の頼みがあったものだから

「どうぞ、御肴に御持ち帰り願い度い」

と心よく其の花魁を譲って呉れたと云うことである。

師匠の事だから一娼婦と雖《いえど》も不人情に棄て去るなんて筈はないのだが、其後どうしたのだろうか。又其の時師匠が返礼として、唐紙に書を書いて酒屋に贈ったと云うことだが、どんな事を書いたのだか、其の酒屋の娘婿に面白い男が居たがそれの話では火事で焼いてしまったとの事だ。

新橋のお幾《いく》と遊んだ時も、かなり突き込んだものであったらしい。泥舟《でいしゅう》をはじめ親戚中はこれが為に師匠の奥さんに離縁をすすめた程だったし、奥さんも、あまりの放蕩に一時

は自殺をしようと決心した程だった。うそか本当か其の時師匠は手をついて、「おれの道楽は修行の為にして居るので遊びではない。其のうち気がつくこともあろうから、どうかもうしばらくの間目をつむって我慢をして居て呉れ」と奥さんに頼んだと云うことをおれはきいている。

此の遊び振りも、しみったれたきたないものではなく颯爽としたものだったにちがいない。お幾は師匠の死後も生きていて、嗣子《しし》の直記《なおき》さんが待合で遊んで居るとかぎつけてはやって来て

「おまえのお父さんは、こんなきたない遊びはしなかった。ここはいつまで居るところじゃないさあさあお帰りお帰り……」

と追い立てを呉れるので閉口したと、よくおれにこぼしてたものだ。

師匠は

「人は生死脱得と云うことを問題にするが、おれは維新の際弾雨の間をくぐっていたので左程《さほど》にむずかしいことには思っていなかったが、色情というやつは変なもので、おれは二十一の時から言語に絶した苦心を嘗めたが、四十九の春、庭前の草花を見ている時、忽然《こつぜん》機を忘れる事若干時《しばし》。茲《ここ》に初めて生死の根本である色情を裁断することが出来た。色情脱得の方が余程むずかしかった」とよく述懐された。

鉄舟の色情修行（鉄舟夫人英子刀自談）

夫婦間の恥話をせねば解りませんが、鉄舟は二十一歳で私と結婚しました。その当時より、往々独言に、「色情と云う奴は変なものだ」「男女の間は妙なものだ」と云って小首を傾げていますので、私もおかしいことを考える人だと思っていました。全体鉄舟は何の道を修行するにも、尋常の事では満足せず、どん底まできわめようとする、其の為には一切を賭して掛かると云う性質でした。そこで結婚後二、三年は無事でしたが、二十四、五歳より盛んに飲む買うという様になりました。なんでも日本中の売婦を撫斬りにするのだ等と同輩の者には語って居たそうです。

何分其頃鉄舟は一命をなげ出している諸藩の浪士等と、朝暮交際していたのですから、私は勢止むを得ぬこととあきらめていました。されど親族一同が騒ぎ出し鉄舟を離縁すべく幾度か私に逼りましたが、私は飽くまで不服を唱え且鉄舟を弁護していました。然し鉄舟はそんなことに少しも頓着せぬので、遂に親族一同より絶交を申込んでまいりました。すると鉄舟はコハ結局面倒がなくてよいといって、「如何様とも御勝手たるべし」と挨拶してまいりましたので、それより全く親族と絶交になりました。が私は女の意気地なく、彼此心配の結果一年余り患いました。其の頃鉄舟は大低東京に出て居り、私は三児を抱いて静岡に留守宅を護って居ました。所が或夜の事、鉄舟の枕辺に顔蒼《あお》ざめ、身やせおとろえた妾がチャンと座っているので、鉄舟は驚き「お前はふさではないか」とツトおきあがると其の影は消え失せたそうです。後間も無く鉄舟は帰宅して、つくづく私の顔を見入り「お前はこわい女だな」と申しますから、私は「何故でございますか」とききますと、今の話をしてきかせますので私は覚えず懐剣を取り出し、「放蕩を止めて下さらなければ三児を刺して自害するよりほか御座いませぬ」と泣いて諫めました。すると鉄舟が初めて色情の修行のために放蕩していることを明かして呉れ、私も色々と思いあたることがあって、成程と合点がゆきました。そして鉄舟は、「もうお前を心配させぬよ」と云って、パッタリ放蕩をやめましたので、親族一同も安心し、兄泥舟の発議で仮に相続していた弟の信吉から正式に山岡家の家督を相続させました。これが恰度鉄舟三十四の歳であったかと思っています。（牧田の鉄舟居士の真面目より）

鉄舟遺稿

鵑を聞きて
珍らしや　四五年ぶりで　郭公
蝸牛を画きて
行先に　我家ありけり　かたつむり
海舟筆麦魚の画に

薄氷　とけて目高の　鼻そろい
烏瓜を画きて
我祖師に　似た処あり　からすうり
自像を画きて
死んだとて　損得もなし　馬鹿野郎

鉄舟の書

鉄舟と岩佐一亭

一

飛騨に於ける山岡鉄舟を知ることは師匠の少年時代を知ることである。

飛騨は世にも美しい国である。山々は深く立こめて、高原の気は色々の花をうるわしく咲かせ、谷々に湧き流れる水は清く徹っている。高峻で、雄大で、そして柔かいうるおいに充ちている自然の美しさが、鉄舟の純情で透明な魂に影響を与えなかったという筈は無い。夕日に輝く崇高な飛騨山脈が彼の高潔な心情に触れなかったとは考えられない。確かに飛騨の自然的環境はこの純潔な英雄の魂の発展に多くの寄与をしたに違いない。

飛騨で過ごされた師匠の少年時代を知ろうとするものは、特に岩佐一亭《いわさいってい》との関係を注意しなければならぬ。後年小野道風《おのとうふう》に比せられた師匠の書道こそ実に高山在住時代に、岩佐一亭によってその真髄を伝授されたものなのである。

岩佐一亭、名は善倫《ぜんりん》、字《あざな》は君明《きみあき》、通称を市右衛門《いちうえもん》と呼んだ。安永八年亥八月二十四日、高山町三之町に生れ、家は代々荒木屋と呼ぶ呉服商で彼は家督を相続したが、後弟兵助《へいすけ》に譲って、自分は専ら書道の研究に没頭した。

初め一亭は高山天性寺町の旧家、八賀《はちが》仁《に》助寿仁《すけとしひと》に従って書法の手ほどきを受け、文化九年五月には、尾張蜂須賀村蓮華寺住職権大僧都《ごんだいそうず》大道《だいどう》定慶《じょうけい》の門弟となった。定慶は、弘法大師入木道《じゅぼくどう》五十世の伝統を継げる人、一亭はここで弘法流の書道極意を究め、ついに五十一世の伝統を授与されるに到った。

しかし、その間に於ける一亭の努力には、まったく異常なものがあった。一という字だけを三年間練習したと云われ、また一日三合の墨汁を限って、練習に練習を重ねる事十余年に及んだと伝えられる。

かくて、天保三年十月九日には、折から上洛して朝廷の御絵所預《おんえどころあずかり》狩野秀信の許に滞在していたが、松聲《しょうせい》の二大字を絹本《きぬぼん》に書し、秀信の伝奏《でんそう》によって、仁孝天皇の天覧に供せられる光栄を担った。

安政五年二月には、国分寺で八十歳の賀宴を開き、同十一月二十八日に没した。

二

鉄舟が高山へ来た時、一亭は既に六十七歳の老人であったが、鉄舟は寺小屋へ通っていた事実もあるので、一亭に師事したのは一、二年後の事では無いかと考えられる。

師匠が一亭に書を習い始めた時、書法は全く知らなかった。一亭は『千字文《せんじもん》』一巻を書いて、手本として鉄舟に与えた。鉄舟はそれに随って練習する事約一ヶ月、どうやら字の形ができるようになった。

或る夕方、父は新しい美濃小半紙を鉄舟に与えてこう言った。

「これまで稽古した字をこの紙に清書して御覧」

そこで鉄舟は直に机に向って筆を取り、楷書で『千字文』全部を書し、年月日と署名を六十三枚に書き終って直ぐそれを父の居間へもって行った。父はその筆蹟の見事なのに驚いて、其《そ》の上達の速いのを大いに賞讃し、かつ励ましたと云うことである。

次の日、父は一亭を陣屋に招いて、昨夜の清書を示した。

「成程、美事なものです。他人が見たらとても子供の字とは思いますまい。殊にそれが僅かの日数で、これまで上達するとは驚くの外ございません。まことに末頼母《たのも》しいお子様でございます」

そう言って師一亭も驚嘆した。その場にはまた井上清虎もいたし、御用絵師で松村梅宰《ばいさい》もいたが何れも非常に鉄舟を賞讃して励ました。かくて鉄舟は書道に熱心に精進した。

三

鉄舟が師一亭に差上げた誓約書が残されている。

書法入門之式一札

始而就書法入門之時正心潔斎

謹之御伝授相請之事

誓約

鉄舟が少年時代を過した高山陣屋

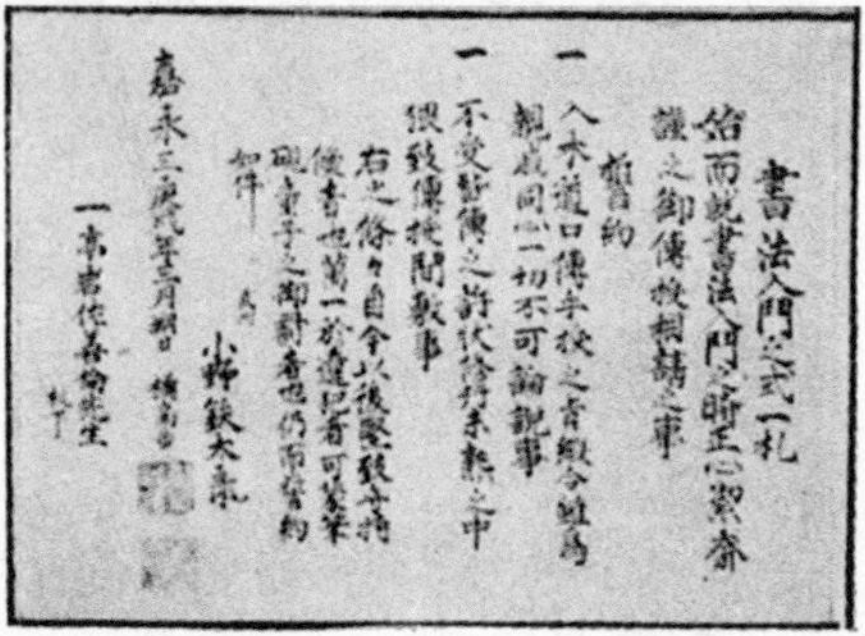

書法入門之式一札
始而就書法入門之時正心潔斎
謹之御傳授相請之事
誓約
一 入木道口傳手伎之旨趣今雖爲親戚同志一切不可論説事
一 不受皆傳之許状除打未熟之中猥致傳授間敷事
右之條々自今以後堅致守持候者也萬一於違背者可蒙筆硯童子之御罰者也仍而誓約如件
嘉永三庚戌年三月朔日
小野鉄太郎
一亭岩佐喜明先生

鉄舟が一亭に出した書法入門書

一　入木道口伝手授之旨縦令雖為
親戚同心一切不可論説事
一　不受皆伝之許状修行未熟之中
猥致伝授間敷事
右之条々自今以後堅致守持候也万一於違犯者可蒙筆硯童子之御罰者也仍而誓約如
件

武州
小野鉄太郎
橘高歩

嘉永三庚戌年三月朔日

一亭岩佐善倫先生　机下

日附によれば、鉄舟はこの時既に十五歳である。入門之式一札となってはいるが、この時に初めて師事したという訳ではなく、恐らく弘法大師の伝統を受けんがための正式の入門書ではあるまいか。事実この誓約書の筆蹟は既に美事なもので凡手の及ぶ所で無いし、殊に同じ年の十月、即ち入門書を出してからわずか半ヶ年後に、一亭が大師流の免状を与えている事と思い合せると一層そのように考えられる。

目録

一　大師伝来十二点

右　岩佐一亭の書　（入木道五十一世の印あり）
左　山岡鉄舟の書　（入木道五十二世の印あり）

一 永字八法

一 永字七十二点

一 変体附法

八分書点画

草行楷点画

一 篆書法大篆、小篆

別梵字之書法

入木道略系

韓方明 弘法大師 ― 此所数代略之 ― 敦直孫生直子 藤木甲斐守司直

― 司直之弟子江州人 桐渓近藤有正道達 ― 嗣子平安人 寂眉 ― 正瑶国宝 ― 長男 南門 ― 時憲章郷

― 尾州 蓮華寺権大僧都大道定慶 ― 飛州高山住人 一亭岩佐善倫 ― 小野橋高歩（山岡鉄舟）

許状

入木道年来御執心不浅之間手授口伝自先師伝来之通不残令伝授畢従今後無怠慢御熟練之上執心之人於有之者従其級等堅以神文可有御指南者也

仍入木道許状如件

嘉永三年庚戌冬

飛州高山　岩佐善倫　印

小野橘高歩君

かくて鉄舟は一楽斎《いちらくさい》と号した。やはり師一亭より譲られたものだそうである（此項は高山観光協会発行、『飛騨に於ける山岡鉄舟』を参考にす）。

鉄舟と王羲之十七帖

一

師匠は、江戸に出てから後も屢《しばしば》飛騨の一亭と書簡を往復し、美濃紙等を贈られ、時に書も見て貰っていたことは、当時の師匠の書簡が高山の岩佐家に保存されているので明かである。其等《それら》の書簡の一つに（十八、九歳の頃）

猶以て面白き古書類は御手に入り候哉《そうろうや》。私方にては何も面白きものは一向之無《これなく》、唯々○○にて唐詩選等を見出し楽しみに致し居り候。唯今は筆道極意真書を心得候人は且而《かつて》無之《これなく》、先生と小子のみにて、江戸には書等は思いも寄らず、書法少々も心掛け候仁はなかなかに無之儀に御座《ござ》候《そうろう》。此流伝之程有難存候《ありがたくぞんじそうろう》。何れも取急ぎ後便万々申上可候《もうしあぐべくそうろう》。

匆々

東都　一楽斎拝

一　亭　先　生

尊　下

とあるのを見ると、其《そ》の当時江戸に於ては、師匠が尊敬して習って見ようとする程の書家は居なかったものと見える。

二

夫故中年からは、物徂徠《ぶつそらい》の秘蔵したものだと伝えられている宋刻羲之《そうこくぎし》十七帖を手に入れて、二十年間これを熟観し、其の神《しん》を会得されたと言われている。

門下の千葉立造（愛石と号す）が、或る時、手本について師匠に質問した。

「書を習い度いと思いますが、手本は何がよろしいでしょうか」

「書は王羲之《おうぎし》が一番よいと思うから、羲之を手本にしなさい」

「他から聞いた話ですが、羲之は初心者には取つきにくいから、寧ろ米芾《べいふつ》・子昂《すごう》・董其昌《とうきしょう》等から這入《はい》った方がよいとの事ですが」

「学問をするのに、そんな卑屈なことを考えてはいけない。若し天下に羲之より外に手本が無かったら、誰の書を学びますかな。なんでも師匠をとるときには初心の時から最善を択ばなくてはならぬものだ。おれが平生、はじめて撃剣の稽古に来る人を相手にして見ると、一寸竹刀を合わせただけで、手ほどきをした師匠がいいか悪いかがわかる。次善を選ぶなんて、はじめっからそんなケチな了見ではいけねー」

と云って、秘蔵の羲之の手本を授与されたとの事である。

千葉氏は後これを三百部飜刻して知人に分ち、原本は日光東照宮に納めた。

師匠は何の道でも古法を重んじたが、書も常に斯道の大家成瀬《なるせ》大域《たいいき》氏（長女松子刀自はしばらくここにあずけられていた）に問い正して、篆隷楷行草《てんれいかいぎょうそう》の各体共、一点一画もゆるがせにされなかった。其辺の八ヶ間敷屋《やかましや》といわれた某氏が、師匠の草書に疑いをいれて、三度もつっこんで来たが、師匠は其《そ》の度毎に辞書を出して、証拠を示されるので、流石の某氏も「鉄舟の書には誤字がない」と云っていたとの事だ。

鉄舟の揮毫数

一

師匠の健筆は誰でも知るところだ。少年時代既に其の愛読書を一本ずつ手写されている。もっとも師匠は元来覚えが悪い方で、こうして努力しないとよくのみこめなかったと自分で言っているが、天才も全く努力から生れるのだ。全生庵《ぜんしょうあん》に当時手写された『日本外史』が保存されている。

明治十九年五月、健康が勝れぬ為、医者の勧告で「絶筆」といって七月三十一日迄に三万枚を書き以後一切外部からの揮毫を謝絶することが発表された。すると我も我もと詰めかける依頼者が門前市をなして前後もわからぬので、朝一番に来たものから順次に番号札を渡したと云うことだ（明治十九年六月三日東京日日新聞）。其後は唯だ全生庵から申込んだ分だけを例外としていたが、其の例外が八ヶ月間に十万千三百八十枚（この書は全生庵執事から師匠に出す受取書によって知る）と云うから驚く。

明治十八年鉄舟寺建立に際しては、各官庁の判任官には三十銭・等外出仕で二十五銭寄進した者には報酬として揮毫の全紙一枚を与えて居るから、此の枚数もかなりの高になる（明治十八年八月四日読売新聞）。明治二十年旧忍藩主松平子爵家の危急に際しては、金八千円をなげ出し、其上屛風千双を揮毫して与えられた（明治二十年二月二十五日読売新聞には二十万枚を揮毫して与えたと出ている）。こんなことは数えあげればきりがない。

薨去《こうきょ》の年でさえ二月から七月迄の間に褥中《じょくちゅう》で、剣道場篤信館建設の為、扇子十万本中四万本を揮毫されている。

師匠は同じ頃の明治十九年十月から『大蔵経』の書写を発願され、増上寺の朝鮮版『大蔵経』を借用し昼間は多忙なものだから、夜分点灯後に書写され二十一年七月十八日、即ち薨去の前日迄に『大磐若経』百二十六巻を書写されている。それは写真（四五九頁参照）に示した通り一点一画をゆるがせにされない見事なものであって、皆全生庵に保存されていたが、惜い哉同寺の火災に焼失してしまった。

二

或人が師匠に、

「海舟さんや泥舟さんは、大いに自重されているが、先生のように無雑作に揮毫されていると書の値打がなくなりますよ。も少し自重されたらよろしいでしょう」

と忠告したことがあった。すると師匠は

「おれみたいな者にも頼む人があるので、ことわるのも申訳ないから書いているまでで、書を売るんじゃないから値打があろうがあるまいがかまったもんじゃない。又おれに書いて貰った人が、それで鼻をかもうが、尻を拭こうがそりゃ俺の知ったことじゃない」

と平然として居られる。又或る人が、

「今まで御揮毫の墨蹟の数は、大変なものでしょうね」

と云うと、

「なあに未だ三千五百万人に一枚ずつは行き渡るまいね」

と師匠が笑われた。三千五百万と云えば、其の頃の日本の人口なのだ。何と云っても、桁はずれの大物は、ケチな常人の了見では、尺度に合わぬものだ。

蝸牛に富士

　みんな集って、師匠が書をかくのを見ていた。すると師匠が唐紙にさっと一筆に富士を描いてその下に蝸牛を書き添えた。讃に

　　かたつむり富士にのぼらばのぼるべし

とかいて、みんなを見廻し、

「どうだ。誰でもこの歌の下の句をつけて見い」

みんなてんでにいろいろのことをいった。然しどれも師匠の気に入らない。
「こうやったらどうだ」
と師匠が書くのを見ると、
精神一到何事か成らざらん
「歌」にこだわって居た一同、大笑して頭をかいた。

二

明治大帝が墨をすって居られたとき、

「これはよさそうな墨だ。おまえもっていって使え」

と小さくなった墨のかけらを下さった。師匠が家へもって帰ると間もなく宮内省から人が見えて、

「あれは由緒のある墨だから返して呉れ」

といって来た。

「なんだ、切角拝領したんだに、馬鹿馬鹿しい」

と返したことがあった。

三

市川団十郎はよく師匠の家へ出入りをしていた。或日、贔負《ひいき》の豪商から贈られたと云う、新富座の縮緬の引幕、長さ十四間、巾五間のものを持ちこんで揮毫をたのんで来た。

あまり大きいので道場で書くことになり、箒大の筆と、墨汁がなみなみ用意された。

師匠は何かしばらく思案されているので、弟子共はきっと名文句を考えて居られるのだろうと思い、何が出るかと皆息をころしていた。

すると師匠は躍るが如く幕上を疾駆されたかと思うと、「大入叶」と三大字が飛竜の如く見事に書かれたので、今更一同は感心した。

其時の墨代ばかりが十八円かかった。

揮毫と謝儀

一

師匠の揮毫数は実におびただしいものだ。一日に五百枚でも千枚でも忽《たちま》ちに書いて仕舞うと云うことをきいて、当時の書家長《ちょう》三洲《さんしゅう》が「そんなに書けるものではない」とどうしても本当にしなかったが、後に事実であるのを知って舌を巻いて驚いたと云うことだ。

師匠は此の事をきいて

「そりゃ長さんは字を書くのだから骨が折れるが、おれのは墨を塗るのだからわけのない話だ」

と言ったそうであるが、晩年の病身で、一日五百とか千とかの墨蹟をのこすのは、やはり剣禅で鍛えた賜で、こうなると隠居芸ではない。

師匠が揮毫に用いる墨は、奈良の鈴木梅仙《ばいせん》が一手に供給していた。「梅仙墨」等と云うのを作っておさめていたが、あまり需要が多いので一時墨すり機をこしらえてやっていたが、やっぱり手でする程うまくゆかないので、十五、六の若い小僧を四、五人、師匠専属に朝から晩まで墨をすらせていた。

梅仙があまり墨の事で骨を折るので、師匠は「墨癲居士《ぼくてんこじ》」と云う居士号をやったものだ。然し梅仙は師匠の為に墨で儲けて身代をおこした。

当時師匠の玄関には朝から晩まで、揮毫を頼みに来る人があとをたたなかった。何せ無料でやるのだから、いくら書いてもあとからあとから持ち込んで来る。しまいには蕎麦屋の看板まで書かされた程だ。然し師匠はちっともいやな顔はしなかったね。そりゃ来たもんだよ。

二

師匠は一生清貧に甘んじて居られたが、社会公益事業に、教育事業に、災厄救助に、各宗教の慈善事業に各宗寺院の復興に、此の腕一本で寄進された金額は莫大なものである。国泰寺《こくたいじ》や鉄舟寺の復興も、全生庵《ぜんしょうあん》の建立も皆こうして出来たもので、例を挙げたら枚挙にいとまがない。他人に物をたのまれれば多少にかかわらず出来るだけ面倒を見てやられたものである。

師匠の両親の墓のある飛騨の宗猷寺《そうゆうじ》で観音堂を建立した際の事である。当時の和尚が、師匠の名声が高いので、相当の寄附金を貰って来るつもりで、わざわざ供まで連れて東京に来た。すると師匠は
「おれは貧乏で金は出せぬが、かわりにどっさり書を書いてあげるから、それを売って金にしたらよかろう。書の出来るまで、ゆっくりここに逗留して東京見物でもして居なさい」

と云うことなので、一ヶ月あまり山岡家に滞在していると、なんと鉄舟の書いて与えた書が、ひと背負あったと云うことである。

師匠は人が揮毫の謝儀を呈すると、「有り難う」といって快く受け、其儘それを本箱の中へ仕舞って置かれた。そして困ったものが来て救助をたのまれると、自分でのこのこ玄関に出て其の実状を見、例の本箱の包を解いて、相応の恵与をした。千葉立造がこれを見て、

「先生は御揮毫の謝儀をみんな人に御遣りになって仕舞うのですか」

と訊くと、師匠は
「一体字を書いて礼をとる気はないが、困って居る者にやり度いと思っているから、呉れ

ば有がたく頂戴している次第だ」と答えられたそうである。

飜刻羲之十七帖の後に

世《ニ》多二十七帖一。而《シテ》独《リ》於《テ》二此宋脩内司本《ニ》一視《ル》二其《ノ》精神《ヲ》一。称《スル》二之《ヲ》玉中連城《ノ》璧《ト》一亦何《ゾ》不可《ナラン》。楚山産二霊玉《ヲ》一得二下和《ヲ》一光初《メテ》発《ス》。嗚呼玉石之判《ハ》在二于玉人《ニ》一。而命《ズル》レ之《ヲ》者。其在《レル》二于明君《ニ》一矣乎。物莫《シ》レ不《ル》二皆然《ラ》一也。後之論《ズル》レ書《ヲ》者。曰《ク》懸腕。曰《ク》直筆。曰《ク》何。曰《ク》何。窘《ンデ》二外貌《ニ》一而《シテ》少《ナシ》二精神一。未《ダ》為《サザル》レ得《ルト》也。夫《レ》我《ガ》所《ノ》レ伝《フル》之入木者《ハ》、異《ナレリ》二于彼《ニ》一焉。身心倶《ニ》忘《レ》。自有《リ》下天地万物帰《スルノ》二于一筆一之妙上矣。不《ンバ》レ至《ラ》レ是《ニ》。則此《ノ》帖《ハ》徒《ラニ》属《スル》二乎片璞一而已。余愛二玩《スル》之《ヲ》一旧《シ》矣。今贈《ル》二千葉氏《ニ》一。氏飜刻《シテ》欲レ頒《タント》二諸《レヲ》同臭一。因《テ》贅二言《スト》其末《ニ》一云《フ》。

明治十五年十二月

鉄舟居士識

鉄舟と貧

顔回の心境

一

山岡の貧乏は天下の通りものであった。生れ落ちた時分から貧乏であった訳じゃないのだが、生来衣食住に冷淡な性分のところを、禅で磨いて心の訓練に力を致したので、一層そうした方面の執着が無くなったのだ。だから傍から見れば、ひどく貧乏なようでも、山岡自身には王侯に優る心の裕《ひろ》さを持っていた。つまり貧乏が山岡には、ちっとも貧乏じゃなかったのである。

山岡の父は前述べたとおり六百石取りの小野朝右衛門で再び起《た》たざるを知るや鉄舟に金三千五百両を託して同母弟五人の世話を云い付けて逝かれた。利慾に恬淡《てんたん》な鉄舟は、その金をそれぞれ弟達に分配し、余ったのは異母兄小野古風《こふう》に贈り、自分は僅か百両だけを持って山岡家に入ったのである。この山岡家へ入った事についても、山岡家はその当時は没落してたしか二人扶持金一両という足軽の身分である（鉄舟先生長女松子刀自は当時五十人扶持だったかと聞いていると言われた。牛歩）。六百石取りの家から出て、遥かに卑賤《ひせん》な家へ婿に行ったということが、たとい師匠山岡静山《せいざん》の人格に推服していたとしても、既に名利に疎く意気を重んじたことを思わせるに充分である。況《いわん》や鉄舟は当時ぼろ鉄の綽名《あだな》さえ受けて、身辺の修飾は更に意に介しなかった事実があるのであるから、あたりまえの人なら最も外見に衒《てら》いたがる結婚時代に於てさえも、てんでしゃれ気なんぞ無くて、心持の立派さを貴んだことが窺われる。こういう優れた先天的の素質に加うるに、禅で磨いて磨きぬいたのだから、偉いと云っても普通の偉さと偉さの桁が違ったのだ。幕末の偉材勝海舟の如きも、昔は山岡に負けぬ貧乏で、座敷の裏板を剥がして薪物《たきもの》に代えたほどであったが、そこは抜目のない男だけに、死ぬ時には地所や金を貯めていた。山岡には、そんな我身を愛護する精神は毛ほどもなかったのだから一生涯貧乏であった。勝は死して金を残し、山岡は徳を積んで無一物で死んだ。そこに二人の人間としての相違がある。

明治二十年五月、師匠はなくなられる一寸前に子爵に叙されたが、内命を受けたとき、

食うて寝て働きもせぬ御褒美に
　蚊族（華族）となりて又も血を吸う。

と詠んで、自分の感懐をもらして居る。

当時、勝海舟・大久保一翁・榎本武揚《たけあき》等にも一様に子爵に叙すべき内命が賞勲局よりあったが勝海舟は

いままでは人並の身と思いしが
五尺に足らぬ四尺（子爵）なりとは

との一首を吟じて辞爵し、其の結果遂に伯爵を得たと云う。こんなところにも、二傑の人格の相違が窺えるような気がするじゃないか。

二

山岡の貧乏についてはいろいろな挿話がある。

鉄舟は山岡へ行くまではぼろ鉄と綽名されても何でも、兎に角衣食には事欠かなかった。けれども山岡の家はなにせ足軽二人扶持金一両というのだから貧乏さも大抵想像出来る。そこへ山岡静山が衣食に恬淡で、槍術《そうじゅつ》に因って得た謝礼はみんな弟子に振り撒いたから、余財などありよう筈がない。

こういう家政状態のところへ、鉄舟がまた衣食の念に淡く、常に志士と往来していたの

だから貧は益々募るばかりであった。結婚当時及其後《そのご》の鉄舟は小石川鷹匠《たかじょう》町に居たのだが、この小石川時代が一代中貧乏の極度であった。

山岡の昔話によると、当時金に困って、家財道具から着物まで段々売り払い、畳までも売って八畳の間に畳がたった三つ残っただけで、あとはがらがらの空屋になってしまった。この畳三つの中の一つに机があって、ほかの畳二つは寝たり喰べたり客を通したりする席になっていた。勿論《もちろん》何年経っても畳替えも出来ぬから段々ぼろぼろになり、机の前の山岡の座る所は、畳が丸く凹んで、それがしまいに床板に届いてしまったという話だ。

夜なぞ敷く夜具が無くて、たった一つの蚊帳——それもぼろぼろの古蚊帳にくるまって夫婦で寒中抱き合って寝て寒さを凌《しの》いだ。

「どうしてあの蚊帳だけが残ったものか。屹《きっ》と余程の襤褸《ぼろ》なので屑屋が持って行かなかったのかも知れない」

と師匠が何かの時、話したことがある。

三

飯など三度三度食えることは一と月の中に何回もなかった。大抵は一度か二度で、全く食うものがなくて水を呑んで通すこともあった。

「何も食わぬ日が月に七日位あるのは、まァいい方で、ことによると何にも食えぬ日が一と月の中に半分位あることもあった。なァに人間はそんなことで死ぬものじゃねえ。これはおれの実験だ。一心に押して行けば、生きて行けるものだ。おまえ等もやって見るがよい、死にはせんよ」

と師匠が云っていた。大灯国師の遺誡にも「道を修むる者、衣食の為めにする勿《なか》れ」と戒めているのと思い合せて、山岡などの心の用い方が常人と違っていることが泌々《しみじみ》感じさせられる。「亜聖顔回《あせいがんかい》が一瓢《いっぴょう》の飲一箪《いったん》の食《し》、回《かい》や其《その》楽しみをあらためず」と孔子をして感嘆せしめたのも、山岡などとおんなじ心だ。

貧乏の程度

一

師匠が養子にいった当時、山岡家がどんなに貧乏であったかは、最初に生れた子が、奥さんの乳が出なくて死んでしまったのでも分る。つまり奥さん自身が食事を完全に採れなかったものだから子供は栄養不良で死んだのである。

この初めてのお産の時、奥さんは敷くにも掛けるにも一枚の布団もなくて、山岡は自分の着ていた着物を脱いで、産褥《さんじょく》の奥さんに掛けてやって、自分は褌《ふんどし》一本で奥さんの枕許に座って看護してやった。然《しか》し奥さんは、

「それではあんまりひどいから、どうか羽織だけでもひっかけていて下さい」

というので、「そうか」と裸体の上へ羽織をかけていたが、お産の疲れですやすや奥さんが寝落ちると、そっと羽織を取って奥さんにかけてやった。奥さんが眼を覚ますと、また鉄舟が裸で坐禅してるので、おどろいて着物を取って山岡に羽織らせようとすると山岡は押し留めて、

「心配するな、裸の寒稽古をやっているのだ」と意に留めさせなかった。けれども、「こんなおれになんだって惚れて夫婦になる気になったものだろうと寝ている妻の顔を眺めては我知らず不憫の涙がこぼれたことがある」と、いつか師匠が話したことがあるが、惚気《のろけ》もこうなると、ひどい誡だと今だにおれの耳底に残っている。

こんな貧乏な境遇にいても、山岡は一分銀三粒を刀に結び付けて決してそれを放さなかった。つまり武士の嗜みで、どこで死ぬかも知れぬので、死んだ時屍の始末をするだけの金の用意を忘れなかったのである。

二

そんな有様だから、奥さんなども勿論《もちろん》着る着物がなくて、夏冬一枚ぎりで、冬は夏の着物の裾にぼろ綿を縫い込んで、ごまかして通したと、奥さんの述懐談であった。

ある時、関口隆吉《たかよし》さんが慶喜さんによび出されたことがあった。維新の非常時に女のことで一寸不謹慎な噂が立っていたので「切腹だな」と覚悟をきめて、山岡に訣別しようと尋ねて来たら、ちょうど山岡は留守で奥さん一人ぎりであった。

関口さんが玄関で「御免御免！」と大きな声を出すけれども誰も出て来ない、反復呼び立てると、奥さんが襖の影から顔だけ出して挨拶した。

一枚看板のひとえものを洗濯して、乾く間、裸でいたので、関口さんの応接に出ることが出来なかったので、そっと襖で身を隠して挨拶した次第なのである。

関口隆吉さんはもと艮輔《ごんすけ》と呼び旗本で、山岡等と国事に奔走した仲間で師匠よりはずっと身分がいいので、師匠が晴れの場所へ出る時には、よく関口さんの身の廻りの道具を借りて用を足したものだ。維新後関口さんは山口県の知事などをしたが、静岡の知事をしているときか、沼津静岡間の汽車の開通式にいったとき、汽車の正面衝突にあって腰をひどくいため、それがもとで死んでいる。此《こ》の人のあとは今の関口泰《たい》さんで朝日新聞の論説委員をやっている。

関口さんは此の時別におとがめはなく、山岡や松岡といっしょに小田原鎮撫を申つかったとの事であった。

三

山岡が夫婦で、食うものもなく幾日かを過ぎた。知人の所へ行って、米を貰って来ようという段になったが、履《は》く下駄がない。ないのではなかったが、薄っぺらに履き減った下駄の片方が破《われ》てしまって用を為さないのである。そこで雑巾を懐中し、裸足で知人の処へ行き、玄関で、懐から雑巾を出して足を拭いて上り、米の無心をした。

「米と云ったって、持って行くのが厄介だろうから、これを持って行って米に換えて下さい」

と知人が若干の金を出し、久し振りだからと酒を出された。

山岡は一杯飲み、金を懐にして礼を述べ帰ろうとした。

「山岡さんのお帰りだ！」

と大きな声で主人が注意したもので、女中が急いで玄関へ行って下駄を直そうとすると、山岡の下駄が見えないのでうろうろしている。

山岡が玄関へ行くと、女中や奥さんがまごついて山岡の下駄を探しているので、「しまったり！」と腹で思ったが、瞬間にままよと思い定めて、

「御免！」

と一と声、玄関を裸足で飛び出して一散に外へ駆け出した。

どう思ったのか、知人が翌日新調の下駄を使に持たせて寄こした。

四

これも矢張り小石川時代のことである。志士の往来に暇のない山岡は、一昨日家を出たきり帰って来ない。

生れたばかりの赤ん坊を抱いて、空屋にもひとしいあばら屋を、奥さんは淋しげに見廻した。たべる物はみんな尽きて、乳は出ず、ひもじさに乳房に獅我身《しがみ》つく赤ん坊をだまし

だまし縁側に出た。

日はもうとっぷり暮れたが、ともす油がない。夫は今頃何処に、何にして居られるだろうと、あてどもなく夕闇の空を眺めていた。

その時突然がさりと音がして、何だか白い塊まった物が塀外から庭へ擲《ほう》り込まれた。奥さんは何かしらんと不審に思って、庭へ下りて、白いものを見ると、紙の包である。包を開けたら、中から蕎麦のもりが三つ出て来た。

不思議なことがあるものだ、どうしたことなのだろうと躊躇ったが、腹が空き切ってるので、天の与えと、推し頂いて醤油がないから、水で喉を湿おしながらたべてしまったが、三日越し何もたべなかったので、そのうまさは迚《と》ても忘れることが出来なかった。

翌日山岡が帰宅して、

「昨夜は友人と家の前を通ったのだが、用事の都合で寄れなかった。屹《きっ》とおまえが腹を減らして居るだろうと思って、蕎麦屋でたべ残したもりを包んで、通りがけに外から擲り込んだが食べたか」

と云われたときには、夫の心のうれしさに胸が一ぱいになってしまって、奥さんは返事が出来なかった。

五

山岡の庭の木は薪物《たきもの》にするため段々切られて行った。その庭木の中に柏の木が一本あった。

師匠の隣が菓子屋で、毎年柏餅の時節になると、師匠のところへ柏の葉を貰いに来て、そのお礼だといって奥さんに若干《そくばく》かの金を置いて行くのであった。

庭の木が追い追い切られてしまうのを見て、菓子屋の主人が一日、師匠の奥さんに、

「あの柏の木だけは切らないようにして下さい」

といった。菓子屋の主人の心は、この柏の葉で幾らかの生活費に宛て得るなら切らぬ方がいいという山岡への老婆心もあって云ったのである。

師匠は奥さんから、隣の主人の云った話を聞いて、菓子屋風情に憐みを受けるのが心外でならなかった。奥さんの話を聞き終ると、鋸を持ち出して、すたすた庭へ下りて行って、件の柏の木をごしごし切り出した。

之を見た隣の主人は驚いて飛んで来て、

「山岡さん、どうしてその木を切ってしまうのですか。残して置いたらいいでしょう」

と詰る如く問い寄った。

「がさがさ枯葉が音をして、勉強の邪魔になってうるさくていけねー」

と、とうとう切り倒してしまった。

偉いやつは、窮地にいても、しみったれやしない。

六

武田耕雲斎《こううんさい》が常陸に事を起して、山岡へ訣別に来た。帰りしなに耕雲斎が奥さんに、

「お英さん、これで一生の別れだ。かたみに何か置いて行こう」

と、自分の体を見廻したが、締めていた兵児帯《へこおび》を解いて奥さんに置いて行った。それは新調のみずみずしい浜縮緬《はまちりめん》であった。

貧乏で絹ものなど、手にしたことのなかった時、この餞別は奥さんには非常に嬉しいものであった。早速仕立てて腰巻にこしらえ上げた。

ちょうどそれが仕立てあがった時、どうしても金のいることが起って、まだ一度も身に着けない腰巻を、質に入れなくちゃならぬことになってしまった。其後《そのご》質から出したい出したいと思っていたが、とうとう出せずに流してしまった。

それを考えると今でも惜しいと思うと奥さんはよく語られた。

大成後の鉄舟

一

師匠が維新後静岡藩の権大参事《ごんだいさんじ》になり、後また宮内省へ出て、も早《はや》食うことには差支なくなったが、それでも貧乏の時の心を失わなかった。普通の人なら、身分がよくなれば、

それにつれて衣食も贅沢になるのだが、師匠にはそんな形跡は全くなかった。

ふだん敷いている座布団なども、ひどいつぎだらけの煎餅《せんべい》布団で、夜具などもつぎ八丁の薄っぺらな昔のままの古物であった。

あまり山岡の座布団がひどいので、義弟の石坂（周造）が銀座から大きな豹《ひょう》の皮を買って来て山岡に敷かせようとして持ち込んで来た。

ところが山岡が無心でつぎ布団を用いているのを見て、見栄ばった自分の心が恥しくなり、豹の皮が出せなくなって、切角《せっかく》買ったものを、そのまま持って帰った。その時石坂が玄関で、「あにきとおれとは、どうしても人間の桁が違うわい」と独りごとして出て行った。

二

古夜具についてもおれの頭に教訓的に残ってる話がある。

明治十五、六年頃のことであった。おれが師匠の傍で、晩飯の給仕をして居ると、茶の間から奥さんが這入《はい》って来て、師匠に紬の縞の反物《たんもの》を示し、

「あまり夜具が傷みましたから、これで夜具を新調したいと思います」

と反物を師匠の前へ出した。すると師匠が、

「そうですか。お客用ですか」

と訊くと、

「いいえ、あなたのお夜具があまりひどいものですから……」

皆まで云わせず師匠が、

「そりゃ止《よ》したらいいでしょう。今ので間に合ってるのですから、新しくこしらえるにも及びますまい」

と奥さんの言葉を遮り、

「お互い昔は敷いて寝る布団もなくて、古夜具にくるまって、抱き合って寒さを凌《しの》いだこともあるのですからな。聖恩の有り難さ、食うに困らなくなったからといって、昔を忘れるようじゃいけませんな」

と云われたので、「はい」と奥さんは頭を下げて、そのまま紬の反物を持って座を退った。

よしや昔は困ったからって、昔は昔、今は今だ。なにもそんなに昔を忘れずに居なくても、出来る身分になったらやるがいいじゃないかと、今の人は云うだろう。それもそうだが、それでも困る。

三

名まえをちょっと忘れたが、山岡へよく出這入りしていた人で、廓然無聖居士《かくねんむしようこじ》と綽名《あだな》された男があった。

この男がある年の暮、玉子の折を持って来て山岡に会いたいとやって来た。

師匠が会って用事を聞くと、金に困って年が越せないから、金を貸して貰いたいとのことであった。

「渡辺！」

と師匠がおれを呼ぶから、何かと思って師匠の所へゆくと、

「今の玉子の折をここへ持って来い」

とのことなので云われるままに玉子の折を持って来ると、師匠がそれを居士の前へ差し出し、

「食えなけりゃ、これを食ったらいいだろう。大分はいっているようだから、当分凌《しの》げよう。それを食っちゃったらおまえさんの帯の所に時計がぶら下ってるじゃないか。それを質に入れたって差しずめ食って行ける。その中には何とかなるだろう」

おれは傍にいて笑うに笑われず廓然無聖居士悄然として、玉子の折をまた提げて帰って行った。

食えないからって、山岡などのいう食えないのと、食えなさ加減が違う。

俸給の行衛《ゆくえ》

一

師匠は宮内省へ出てからも、相変らず貧乏であった。金に頭を置いて置かないから、這《は》

入《い》る金は右から左へと出してしまった。それだからといってむだ費いをするのじゃない。みんな親戚、故旧《こきゅう》周囲の者に出したので、山岡自身は依然旧態のままの貧を続けていたのである。

親戚の中で一番師匠を金で困らせたのは石坂で、山岡に三十万円からの借金を背負わした。石坂がああいう才気の勝った山気の強い男だから、維新後いろいろな仕事に手を出しては失敗したのを、みんな山岡が始末してやった。つまり山岡の借金の大部分は石坂の借金なのだ。石坂が兎角《とかく》の世評があったに拘《かか》わらず体面を維持して行ったのは、全く山岡のお蔭といわねばならない。

泥舟《でいしゅう》は維新後全く仕官せず、閑居《かんきょ》していたので、山岡同様貧乏であった。山岡は、それでも自分の収入の中から毎月三十円ずつ泥舟に送って賑わしてやっていた。幕末の遺臣村上、中野、松岡へは毎月二十円ずつを与えていた。一時ならとにかく、毎月送っていたのだから山岡もなかなか楽じゃない筈なのだが、そんなことはとんと平気であった。そのほか、昔の友人や、知り合いの者が頼って来ては金を持ってゆくのだからね、貧乏するのも無理はない。

いつか鉄眼《てつげん》（愚庵《ぐあん》）が清水から、養父の次郎長のことで相談に来た時、帰りの旅費を頂きたいと申入れたら、師匠が五円出して渡した。鉄眼が「先生も少し……」といったら、師匠が「五円じゃいけないのか、そんなら止せ」と引き込ましにかかると、慌てて「いいですいいです」と五円札を取ったのを見ていて、おかしくなってしまったが、山岡には五円が精一杯なのだ。

山岡家が貧乏しているのを見かねて、勝が香川善治郎と云う人をよこして金の整理をしてやろうとした。その人は家政の整理には長けていた人なのだそうだ。ところが、いくら整理しても迚《と》ても整理がつかない。半年ばかり経つ中にその男の頭の毛が真白になってしまった。つまりあんまり一生懸命整理にかかって、頭をつかい過ぎたせいだろう。然《しか》しこれは整理しようと思う方が無理で、山岡の頭に金がないのだから帳面どおりきちんと行くものじゃない。

二

松村という金貸があって、そこから千円山岡が借金したことがある。間もなく松村が来て、借金の証文を貰いたいと申込んだ。直ぐ山岡が「よし」と、傍にありあわせの画仙紙へ、

なくて七癖わたしのくせは
　借りりゃ返すがいやになる

右の癖有之《これあり》候《そうろう》間《あいだ》証文にして借用金は一切出来不申候《もうさずそうろう》貰の事は少々出来可申《もうすべく》と存《ぞんじ》候《そうろう》

と書いて渡した。松村はびっくりして、

「先生冗談じゃありません、これじゃ仕方がないじゃないのですか」

というと、山岡は大笑いして平気でいるので、松村も手がつけられず、そのまま画仙紙を持って帰って行った。ところがこの書がたいへんよく出来ているので、ある人が、「そんなら、千円を私が差し上げるから、その書を貰いたいものだ」と云うと、松村又もやびっくりし「そんなにいいのなら急に私も大切になりました」と早速表装して家宝にすることにした。

山岡は借金の期限が来ると、金を持って松村の所へ行くと、松村は前の話をして、「金は入らぬから是非あの書を頂かしてもらいたい」と云って金をとらない。山岡も仕方がないから、

「そんなにおれの書がいいのなら、もっと書いてやろう」

と、お礼のつもりで幾千枚か書いて松村にやった。これと似た話が平沼のことでもあるが、少しでも金に執着があっては、こんな放れ業は出来るものじゃないのだが。

紙撚りの束

一

山岡は無頓着な豪放なようでも、あれで実に細心なものであった。大行は細瑾《さいきん》を顧みずなどいうが、魂の大きいのと、心の細かいのとは自ら別物で、小さなことまで気が配れるようでなくちゃ、大きな仕事が完《まっと》うせるものじゃない。おれは山岡に親炙《しんしゃ》していて、そういうことをつくづく感じた。ただ山岡は口に出さないまでで、腹ではなにもかもちゃんと承知していたのである。またその無頓着のように見えるのも、一つには、ほかの人のように要らぬことまで気をつかわないからで、ものの大綱はちゃんと握っていた。

手紙などは屹《きつ》と下書きしてから書いたものだ。それも昔は知らぬが、おれが山岡へ行ってから見たところではいつでもそうした。手紙を書き終えると、くるくる捲いて畳んで、それをまた拡げて読み直して、それから状袋へ入れた。下書で出来た反古《ほご》は、自分で細かに裁って、かんじんよりにして置く。だから山岡の机の下には、かんじんよりの束が、いつでも転がっていた。

二

おれは大抵師匠の傍に居て用を足していたが、飯の給仕の時、何時でも感心したことは、晩飯のお膳に菜《さい》が二つ附くと、その中の一つだけ食べても、あとの一つは必ず手をつけずに残し、魚が附くと片身だけ食べてあとの片身は残しておいた。残したお菜は、口じゃ云わぬが、下げて下女に食べさせるつもりなのだ。山岡はむかしひどく窮乏した覚えがあるからこんな細かいところまで気がつくのかも知れないが、あの真似はちょっと出来ない。

おれが、書の落款を捺して、夜一時か二時頃まで遅くなった時には、きっとお嬢さんに茶を入れさせて持って来させたものだ。時には師匠自身二階へあがって来て、「やァ、御苦労」と、菓子の包なぞ懐から出してくれた。あの大物が、おれのような小僧ッ子なんか、眼中にありそうもないように思ってる所へ、そうされるのだから、参ってしまう。

遺稿

村上政忠は通称俊五郎と称し幕下屈指の猛士なりしが、後遊蕩に身を没し、救うべからざるの境に至る。師匠は常に彼を誡め、他に迷惑の及ばざるを念じ、辛うじて其の身を保たしめたり或る時村上例によりて師匠に自己の遊蕩費を弁ぜんことをたのみ来る。師匠手元不如意にて如何ともすること能わず。翌日左の書簡をおくる。

昨年月迫財有寒

内話心中不能看

他言怒我休君懼
白刃飛来又無難
右を打てば　左へつりる　つるぎ業
目はふさぐとも　あたらざりけり。
山岡鉄太郎
昨日の御返事に御座候
一月七日
村上政忠様

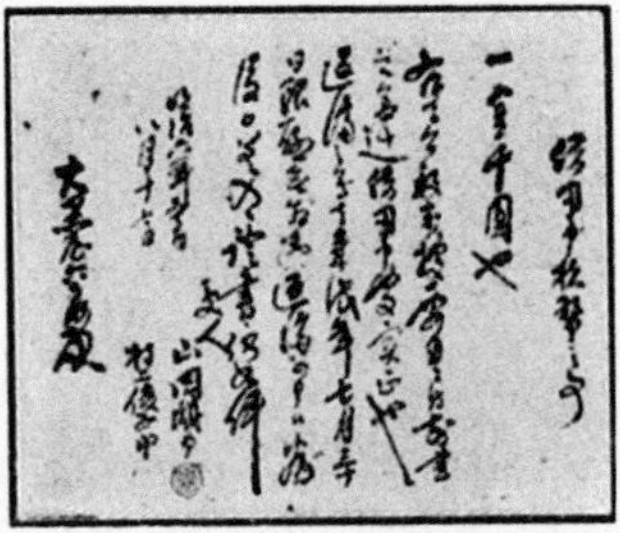

山岡受人の借用証書

鉄舟と酒

酒仙池田徳太郎

一

山岡は酒がほんとに好きであった。酒でいろいろな挿話がある。

小石川鷹匠《たかじょう》町に居られた頃の話だ。まだ二十代の貧乏時代のこと、池田がひょっこり尋ねて来た。

池田というのは山岡などと一緒に尊王攘夷党の幹部として働いた池田徳太郎のことで、山岡に負けぬ酒豪であった。維新後も絶えず山岡へ出這入りしていたが、来ると酒ばかり飲んでいるものだから、山岡の奥さんにはうけが悪かった。

山岡が出迎えて見ると、池田が片手に一斗樽を提げている。

「山岡、今日は少し金がある。ゆっくり飲もう」

「そうか、然し何にも肴がないぞ、菜葉《なっぱ》ばかりだ」

山岡の菜葉は有名なもので、安くて沢山あって、腹の足しになっていいと、貧乏な山岡は大根や菜葉ばかり食って居たそうだ。それが癖になったのか、死ぬまで山岡は菜葉や大根の茎が好きで、それを刻んだのを、飯の上にかけて、さらさらとうまそうに食べていた。

「大方そうだろうと思って、今ここへ来がけに蕎麦を註文して来た」

池田が貧乏な山岡を犒《ねぎら》うつもりか、間もなく蕎麦のもりが五十運ばれた。

二人はいい気持で飲み出し、一斗の酒を平げてしまって、まだ飲み足りなくて、池田が更に五升足したが、それはさすがに一升ばかり残した。

二

池田が千鳥足で帰ったあとで、山岡は少し飲み過ぎたと思ったが、どうも頭が痛くなり、嘔気はするしして、とうとう夜通し苦しんだ。

「屹《きつ》と池田も苦しんでるに違いない。あいつが見舞に来ない中に、こっちから先越してやれ」

と、夜の明けるのを待って、池田のところへ行って見ると、家の中で何やら妻君の声がする。

「池田がこんなに早く起きて居る筈はないのだが、定めし飲み過ぎて苦しんでるに違いない。一つ元気をつけてやれ」と、家へ這入ってみると、案の如く池田は布団の上に腹匍《はらば》いになって、頭に鉢巻をし、妻君がその背中を撫でている。

「おい、池田！　どうした、苦しいのか」

と山岡が声かけると、池田が、

「むむ、少し苦しい」

「意気地がねえ、しっかりしろ！」

「貴公はどうだ？」

「平気だ」

「そうか、そりゃ偉い。おれは昨夜少し飲み過ぎたので、気持が悪いから、今朝五升買いにやって、迎え酒をやったところだ。まだいくらか残ってるから一杯飲め」

と、枕許の茶碗を差し出された時には、さすがに山岡も閉口して手が出せなかった。

あの負け嫌いの山岡が負けたのは、後にも先にもこれ一つだ。

猩々会

一

これも山岡が小石川に居た頃のことで猩々会《しょうじょうかい》という酒呑みの会が出来て、その発会式が深川の料理屋で催された。旧幕時代には泰平のあまり、こんな馬鹿気た会が真面目に流行ったものだ。

山岡も酒が好きだというのでその招待状が来た。山岡が行って見ると、発会式の次第書が大きく掲げてある。それによると客は誰でも一升入りの大盃になみなみ注いだ酒を、下へ置かずにどれ丈《だ》け飲み続けられるか、一番沢山飲んだ者が、会長になるといううきめであった。

みんなてんでに沢山飲んだが、多くは五、六杯稀に七杯位やる者があったが、それ以上の豪の者は無かった。

愈々《いよいよ》山岡の番になったので、山岡は大盃を取ると、たてづめに無茶苦茶飲んだが、何杯傾けたか、自分には分らなかった。然《しか》しちゃんと盃をかぞえる役の者があって、その者の記載では九杯飲んでいた。席上の者みんな感心して、屹度《きっと》会長だろうと噂した。ところが山岡の上を越すやつが出て、その男は十一杯やって、とうとうこれが会長に推され、山岡は副会長ということになって解散した。

山岡は負けたので「もう二度と来るものか」と思って立ちかけた。ところが会長に推された男が、帰ろうとして玄関へ下り、戸口の敷居を跨ごうとしたら、腰がくだけて、へたへたとそこへ座ってしまった。

会の規則で、一歩でも敷居を出ればいいが、敷居内で倒れたらだめということになっていたので、此《こ》の男は会長を退めさせられて、山岡が会長ということとなった。

山岡はこれで胸が晴れたが、どこをどう歩いて小石川まで帰って来たのか、覚えがなかった。

二

或る時某家の撃剣道場落成の賀宴に招待を受けた。一座の酒豪は師匠と松田虎雄の二人である。

「今日は珍らしく両雄が相会したのだから一つ酒呑み競争を拝見したいものだ」と云い出したものがあって、審判役には酒嫌いの中條さんが推選された。先ずはじめに七五三の大盃で忽ち一組宛乾杯し、次に席上最大の肴の空皿でやったが勝負がつかない。真面目な中條さんは血気にまかせて身体をこわしては面白くないと思って「最早両君の腕前もわかったから後は此程度にしては如何」と膳部の吸物椀で酌交すことにした。其の中突然師匠は「一寸失礼」と挨拶して中座された。一同は用便とのみ思っていたが、大分手間取って帰って来ないので「愈々山岡も閉口して便所に倒れたか」等と想像して、結局軍扇は松田に挙がった。其内次第に夜が更けたが、山岡は帰らぬ。中條さんは此儘《このまま》捨置くわけにもいかぬので取急ぎ便所を調べたけれど影だになく四隣寂として声がない。すると向いの炊事場にあかりがさして幽かに話声がきこえるので是《こ》れを便りに出懸けて見ると、豈計《あにはか》らんや山岡は料理番を相手に樽から開け替えた手桶の酒を柄杓で汲んで、競争なんど殆ど忘れて談笑して居るではないか。いつまでも勝負にこだわっていた中條さんも呆然たらざるを得なかった。

人間の威力

もう一つ酒の話がある。

講武所の連中が集まって、泡盛を飲んだ時のことである。将軍家の御料馬《ごりようば》で、逸物であるが、荒くて誰も手がつけられぬという話が出た。

山岡は泡盛をやがて一升ばかり飲んで、馬鹿に元気になって居たが、この話を聞いて、

「そんな筈があるものか。人間にけだものが自由にならぬなんて意気地がねえ」

というと、一人が、

「そんなら貴公あのあばれ馬が自由になるか」

と口を入れた。

「なに、わけがねえ、自由にして見せる」

「そんならやって見ろ！」

「よし！」

ということで、泡盛で勢いがついてるので一座の者、揃って厩へ行った。山岡があの暴れ

馬をどう乗りこなすかを見物しようというのである。

山岡が件の馬の傍へ進むと、いきなりその尻尾を摑んで厩から引き摺り出そうとした。

「山岡！　危ない、馬鹿なことをするな！」

と、見て居た連中ははらはらしたが、山岡の気に吞まれたものか、馬が何とも抵抗しないで、そのままずるずると厩から引き摺り出された。

「もういい、山岡、分った分った」

とみんなが止めたが、山岡の無茶に誰も呆れてしまった。

二

この話を何かの時、稽古場で師匠がおれ達に話して聞かせて、

「然し泡盛は飲み過ぎるなよ、白い煙が口から出るぞ」

と云っていた。

向島の花見

一

まだ一つ酒の話がある。

維新前のことだ。池田（徳太郎）を始め、二、三人の者が集まって、席上向島へ花見に

行こうということになったが、誰もあまり金を持っていない。

みんな金を集めてやっと酒五升買って、それを一斗入の大瓢箪に詰めて出かけた。

この一斗入の大瓢箪はあとあとまで山岡の家に残っていて、稽古場で花見をやる時には、いつも松岡（万《よろず》、四天王の一人）が担ぐ役であった。一斗二、三升はいる大きな瓢箪であった。

小石川から向島まで大分道程があるので、途中でちびりちびり飲みながら歩いて行く中に、隅田川へ着いたら瓢箪が空虚になっていた。

「酒が無くっちゃしょうがねえ。──一番この土堤を片ッ端から飲み尽そうじゃねえか」と議が出て、みんな賛成した。

昔の花見は、今とは違い、親しみの深いものであって、知らぬ同志でも、花の下で飲んでる所を通って、「やァ」と声をかけると、「まァ一杯」と先方からも挨拶して盃を出したものだ。山岡等もそれを片ッ端からやって行こうというのである。

段々飲み干して、土堤を行くと、いつか、すっかり酔ってしまって、どこでどうしたか、何にも分らずに山岡は酔いつぶれてしまった。

二

ふと眼を醒ましてあたりを見ると、一夜明けて朝日がかんかん射して自分は草の上に寝ていた。

「山岡、眼が覚めたか」

と云う者を見れば池田である。

「いや貴公には困ったぞ。昨日の夕方から一と晩中ぐうぐう寝ていて、放擲《ほう》って帰るわけにも行かず。仕方がないからみんなを帰しておれが夜中貴公の番をしていたのだ。おれは酒が醒めてしまうし、腹は減るし……さァ立て！」

とこぼされて、見廻すと、ここは三めぐりの先であった。

晩年の酒

師匠は酒がほんとに好きであった。晩年は胃を悪るくして、酒量を制限したが、それでも晩酌は一升ずつであった。飲むにも小さな猪口でちびりちびりやるのじゃなくてコップでぐッぐッと飲むのだから忽《たちま》ち酒が無くなる。おれが傍に給仕をして居ると、折々飲み足りなそうな顔して、「渡辺、これっきりか」と訊くので、

「そうです」と答えると、

「これっきりか。どうも変だな。間違いじゃないか」

「いいえ、間違いじゃありません、奥さんがそれで一升だと申しました」

「はァ、そうかな。変だな、いつもの半分位しか飲まんような気がするが……。渡辺！それじゃ奥さんとおれの間を取って、もう半分持って来い」などいうこともあった。

二

山岡の胃癌が嵩じて来て、好きな酒が通らなくなったことを陛下が聞こし召すと、陛下は不憫に思召して、結構な御酒を陛下御自身御吟味遊ばして、「これなら屹と喉へ通るであろう」と仰せて、盃ごと山岡へ賜わったことがある。嘗ては陛下に御酒を封じた山岡が、陛下から御酒を賜わるというのも妙な因縁である。

山岡の胃癌は酒が災したものらしい。山岡もそれを承知で、次のようなものを勝に示した。

二豎何《ニ》因《ツテ》煩《ワス》ニ此《ノ》躬《ヲ》一。　暴飲暴食害不レ空《シカラ》。
転《ジテ》レ苦《ヲ》為《ス》レ楽《ト》観自在。　生死任《セテ》レ天《ニ》臥《ス》ニ褥中《ニ》一。

徹底しぬいた山岡には病気が病気にならなかった。

鉄舟と逸話

叙爵顛末

一

明治二十年五月（薨去される前年）宮内省から御召状があって参内すると、子爵を授けられる旨で、御前に侍立の伊藤総理大臣より辞令が手交された。其《そ》の後で伊藤総理が青山御所（英照皇太后並東宮在す）へも参内御礼を言上すべきことを注意した。すると師匠は「微臣《びしん》が寸功《すんこう》を以て、一方《ひとかた》ならぬ天寵を辱《かたじけ》のうしたるさえ過分の光栄である。然《しか》るに更に叙爵の御沙汰に及ばれたるは、真に我が心のくるしみとするところである。それを御礼言上にまわる等六ケ《むつか》敷《しき》事なれば、此の際拝辞申上げたい」と辞令を返された。此《この》意外の事に伊藤さんも狼狽して前言を取消した為、御受けしたものだ。

師匠には華族に列せられることなんかは真に迷惑であったように思われる。なお幕末の頃、共に死生の巷に出入して、然も不遇な末路を得ている気の毒な人達の身の上を考えるにつけ、全く自身の栄達は師匠の気性として出来ないことであったのだ。

二

師匠が華族に列せられて間も無く、遠州牧之原に隠棲する中條景昭《かげあき》さんから祝詞が来た。師匠はこれを披見して居られたが顔色を変えられ、些《いささ》か怒気さえ含まれて、

「誰だ！　中條さんに通知を出したのは……」

師匠が顔色を変えられること等、いつにも見ない事だから、みんなびっくりして色々詮議したがはっきりしない。すると師匠は春風館《しゅんぷうかん》の世話係中田誠実（当時一流の剣士で道場をもっていた）を呼ばれて、

「あなたは、中條さんに通知を出したような覚えはありませんか」

と儼然と尋問された。師匠の見込に違わず通知は、中田が出したのであった。

「中條さんに、先生が叙爵されたよろこびを早くお知らせしたいと思って独断で御通知申上げました。差出た所為を致しまして誠に申訳御座いません」

と中田は今更隠蔽も出ぬので正直に白状に及んだ。

「ああ、取りかえしのつかぬことをして呉れた。何故独断で取りはからったのか。困ったことをして呉れたものだ」

といつに似ず師匠は苦悶の体であった。

師匠は中條さんが、清貧に甘んじて牧之原に鋤鍬を採るとき、自分のみが「華族」に栄達するのが真実苦痛であって、青山御所に御礼言上に伺候《しこう》することさえしなかったのだ。然し中田さんにしてみれば、師匠の大人格に感じて、門下の一員に加わったのだ。師匠に対し叙爵の恩命が遅いのを憾みとこそすれ、其《そ》の栄達に僻見《へきけん》を抱くようなことは断然なく、よろこんでいち早く祝詞をよせられたのだ。師匠の謙徳は、御体裁ではない。こうなっては唯頭を下げるばかりだ（明治二十年五月二十五日官報に授爵が発表された）。

三

師匠が華族に列せられたとき、程経てから親戚知己を招いて祝宴をはられた。

師匠の生家、小野家方の現存された兄弟は、異母兄の小野古風《こふう》と実弟五人とであったが、其《そ》の中一人は出入を差止められていたので、兄弟六人が顔を合わせた。

古風さんは、若い頃には師匠を相当虐待したものだが、晩年は歌道にも達し、至極おとなしくて、弟である師匠を「先生、先生」と呼んでいた。これには師匠も仕方なしに苦笑いをしていたが、其の時には師匠と向い合いで座を占められ私が（此稿桑原氏の手記による）中間で給仕をしていた。すると師匠は微醺《びくん》に顔を染めさせて、

「兄さん、平素は心にもない失礼ばかりして相済みません。勘弁して下さい。其の代り兄さんが百年の後は、私が立派な葬式を出してお供させて貰いますよ」

其の落着いた情景が今でも目に浮ぶが、其の師匠が翌年薨去されようとは思わなかった。

と双眼を湿《うるお》して失意の古風さんを慰めて居た。古風さんも泪《なみだ》をたたえて悦んで居た。

鉄舟と失業者

一

師匠は「玄関払い」と云うことを一度もしたことがなかった。人物の如何、用件の如何にかかわらず必ず引見された。時に玄関番が自分考えで断ることがあると、大変これを叱って遠く迄追いかけさせて呼び戻したものだ。

又人と会う時には、相手がどんな青二才であろうとも、其額が畳に着く位丁寧に挨拶を交されたものだ。

「未知の人に会うのが一番こわい。相手の学識も抱負も知らずに下手に飲んでかかると、却ってこっちの襤褸が忽ち見すかされてしまうものだ」

「然し最初心配してかかった程の大物にはなかなかぶっつからぬものだね。一礼を交わして互に整座する間に大抵向うの人物や、考えていることは忖度《そんたく》出来るものだ。言論を俟《ま》つ迄もなく、容姿を一瞥すると大凡《おおよそ》人の価値はわかるものだ」

と常々言っていた。

師匠は晩年は午前五時起床、六時から九時迄撃剣指南、午後零時から四時迄揮毫、夜分は修禅若くは写経であったが、来訪者は朝から晩迄絶えぬので揮毫しながらも軽い冗談等かわしながら応待していた。

なにしろ師匠に会っていると、英雄の霊気に打たれると云うか、ボッとしたよい気持になって訪問者が帰らぬので、給仕をするおれ達の寝るのは、よく二時三時になったものだ。

二

各省の首班が大臣制となった頃、官吏の老朽淘汰が行われ師匠の知人某も首になり、頻《しき》りに不平を訴えて来た。

師匠は揮毫しながら黙って聞いていたが、やがて傍の唐紙へ片仮名で狂歌をしたためて、

「これで無情が慰められますかな」

と与えた。のぞいて見ると、

クソヲオキ、ウジヲハラウハナニゴトゾ、クソヨリイデシ、ウジトシラズヤ

其の頃師匠に就職口をたのみに来る者は毎日のようにあったが、一々「よしよし」と承知されて夫々《それぞれ》処分して居られた。此数も容易なものではあるまい。然し時によって

「凧を張ったらどうか」

と依頼者に言うこともある。凧張りは此の頃一日七、八銭の収益はあって、一人の生活には不自由がなく、貧乏をしぬいた師匠は別に相手を愚弄したわけではなく、全く本心を言うのだが、

「御冗談を……」

と真に受けて飛び込む者は無かったようだ。

三

或る時田舎出の若者が面会を求めて来た。越前国三国港の者で内田宗太郎《そうたろう》と云うのだ。希望をきいてみると、元土地の素封家だったが落ちぶれたので、官吏となって家を再興しようと思って先生を頼って来たと云うことである。

師匠はしみじみ宗太郎の顔貌を見ていたが、これは名利を盛る器ではないと察して、

「よし、よし、然《しか》し官吏となるには多少学問を要するが、君には其《その》素養があるか」

と訊かれた。

「少しも御座いません」

「それでは官吏は六ケ敷《むつかし》い。いっそ商人か職人になったらよろしかろう。それなら今日でも世話をしてあげるが……」

すると宗太郎は落涙して

「私は立派に官吏になって家を再興すると、誓って郷里を出てまいりました。今更商人や

職人にはなれません。どのような艱難もいといませぬからどうぞ官吏にして下さい」

と歎願に及ぶ。

「成程それも尤《もっと》もだ。そんな次第なら今から悠々と官吏の稽古をする訳にもいかぬだろう。君は今どんな艱難もいとわぬと言ったが、どうだ、骨は折れるが極手ッ取り早く官吏になれる秘訣を稽古するか。これさえ会得すれば、大臣参議も糸瓜《へちま》の皮だ……。なに十日か二十日頑張ればよいのだが」

宗太郎は喜び勇んで、「どんな苦労でもしますからどうぞ御伝授願います」と云うことなので、師匠は、「一つこれを手に入れなさい」と趙州無字《じょうしゅうむじ》の公案を授けた。

宗太郎は官吏になりたさの一心から、遮二無二《しゃにむに》猛進し、遂に二旬余《にじゅんよ》で無字に撞着して、師匠に参見した。師匠は、

「どうだ、未だ官吏になりたいか」

と問うと
「宗太郎最早《もはや》、大臣参議になりました」

と答えたので、師匠は喜んで酒を振舞い、懇々《こんこん》と彼の将来を訓戒した。宗太郎はこれより名利の念を全く離れ、熱心に参究して立派な人物になった。師匠はこれに鉄針居士《てっしんこじ》と云う安名《あんみょう》を与えた。

然し内田鉄針のように直莫《じきまく》に己事を究明する底の者ばかりではない。中には師匠が禅が

好きなことを承知して、此《こ》の近道で一身の栄達に資しようとする不心得者もあった。

「なかなかあの男は骨を折りますね」

と或る時修禅に精励する一人を賞めると、

「あれも鼻の下ばかりが可愛いと見える」

と評されていた。君子は欺《あざむ》くべし、陥《おとしい》る可《べ》からずと、しみじみ思った。

四

師匠はよく人の世話をした。人が失職して困って居ると傍観して居られないのが師匠の気質であるから、誰れ彼れの差別を設けないで親身になって就職に斡旋したものだ。

顔が広いので夫々《それぞれ》大方それ相応のところへ世話も出来たが、一度職を与えると全く各自の手腕に俟つのみで、殊更に後盾となって、乾分《こぶん》を養成すると云《い》ったケチな了見は勿論ない。然しそれ等が皆師匠の為には死んでもいいと云う気になるんだから妙だ。

普通一寸した地位に居る連中は、じきにきれる部下を四方に配置して自己の勢力を扶殖《ふしょく》しようなんて作為を施して、一属吏の就職にも、碁石を各所に配置するような苦労をして才能のない者等てんで相手とせぬ。然し切角そうして集めてもそれ等は素より利に集るケチな連中なのだから一朝利害相反すれば忽ちに離叛する。

「飼犬に手を嚙まれた」等と云って泣き顔をする不見識な連中が世の中には多いが、初めから飼犬と思って扱うからいけないのだ。

鉄舟の断片

一

師匠の全貌を仰げば、秀麗無比《しゅうれいむひ》の富岳《ふがく》とも評すべきで、朝に夕に親炙して随分いじめられながらも、愈々尊敬愛慕の念が募って来るのは、全く妙だ。男惚れのする男とは師匠のような人を云うのだろうか。

此処《ここ》に話し洩らしたことを幾つか拾って見よう。

二、「これがおれの自由だ」

自由党の新井章吾《しょうご》が宮内省へ来て、山岡に面会を求め、「自由党設立について建白書を持って来たから陛下へよろしく取次いで貰いたい」とのことであった。

陛下への建白書だというから、開けて見る訳には行かない。然し「大体どういう意見なのか、聞こう」と云ったら、新井が何か滔々《とうとう》と党是に就て述べ出し、一時間余りも喋舌《しゃべ》り続けた。そして最後に、

「そういう次第なのだから、どうか陛下へこの建白書を取次いでもらいたい」

という。

だまって聞いていた山岡は、建白書には手も触れず、身仕度してさっさと帰ろうとした。

「山岡さん、どうするんですか、お帰りになるのですか。陛下に一つこの書類を……」

と追い縋る。

「いや、もう退庁時間だから俺は帰って、これから一杯やるんだ。これが俺の自由だ」

と云って、新井を置きっぱなしにして、さっさと帰ってしまった。

「山岡というやつはひどい奴だ。おれにさんざん喋舌らせてばかり居て、ちっとも口をきかぬ。変な奴だ」

と、あとで新井がひとに話をした。

人間も段が違うと、話にならぬのだ。

三、面のこわさが違う

森有礼《もりありのり》という男は、どんな人物か知らぬが山岡は大嫌であった。

ある時御前会議で、席が森と山岡と隣同志であった。

多くの人の議論を、山岡は黙々として聞いていた。すると森が、山岡を見て、

「おまえは人形なのか」

といった。

山岡は顔を上げてひょいと森を見たが、何とも云わず、持ってた白扇で、森の顎をぐっと押した。

森は狼狽《あわ》てて、扇子を払い除けようとしたが、山岡が力があるものだからそのまま押さ

れて危く椅子から仰向けに倒れそうにした。

森は真赤になって、いやな顔して、山岡を睨めていた。然し山岡はそ知らぬ様子で、

「おれは人形だ」といわぬばかりに相変らず黙々を続けていた。

これも何かの賜餞《しせん》の時で、今度は森と山岡と卓を隔てて差向って座った。

森は前に山岡からひどい目に逢ったのが癪で堪らないので、いやな眼つきをして山岡を睨んでいた。之を見て山岡が、

「なんだ、そんなこわい面をして……」

というと、直ぐ森が、

「おまえこそ何だ、そんなこわい顔をして……」

とやり返した。

「おまえの面のこわさと俺の面のこわさと、こわさが違う。この野郎！　ぐずぐず云うのは免倒だ、つまみ出してしまえ！」

と立ちかけた。すると井上（馨）さんが山岡のところへ飛んで来て
「山岡、御前だ！　山岡、御前だ！」

と、抑えた。

「御前は承知だ。この野郎！　御前へ出せる奴じゃねー」

と、山岡が承知しない。外の人達も寄ってたかって山岡を抑えると、その間に森は御前をさがって姿を匿してしまった。

どこが山岡の気に喰わなかったか知らぬが、森が大廟を汚したのを、西野が憤って森を殺してしまったところを見ると、何処《どこ》か平素、森に不謹慎なところがあって、山岡の眼に余っていたのかも知れない。森は当時文部大臣であったのだ。

噂には森は伊勢大廟に泥靴のまま上って、しかも持っていたステッキで御廟の御簾をあげ、御廟の中を覗いたまま頭も下げなかったそうである。おれの友人の田村の兄が当時警部で森の護衛に附添って行ったのだが、森の此《こ》の不敬極まる態度に腹を据えかねて、覚えず佩剣《はいけん》の柄を握った。けれども大廟の神前を血に汚すのを惧《おそ》れて、じっと我慢してしまった。とおれに話したことがある。西野は森を刺す前、伊勢まで行って、実況を調べて来たのであった。

森が刺された時の話を聞くと、西野から受けた傷は薄手であったのだ。それを森が狼狽《あわ》てて自ら致命的な重傷にしてしまったのだ。

おれと親友の大炊御門《おおいのみかど》(師前《もろさき》。一条実孝《さねたか》公の実父)が森の刺された時の実況を知っていて、その話に拠ると、西野は森に面会を求めて応接室で待って居た。森は憲法発布の式場へ出るため、大礼服に着換え、二階から下りて来ると、応接間から西野が現われ出て、いきなり森の脾腹《ひばら》へ出刃庖丁を突きかけた。森は驚いて西野の出刃を摑まえて西野からそれを捥《も》ぎ取ろうとした。するとあいにく出刃の身が柄からすぽっと抜けたものだから、その余勢で森は我手で脾腹をぐんと刺してしまった。若《も》し出刃の身が抜けなかったなら森の傷は極く薄手であったのだが矢張り天罰だとの話であった。大炊御門は当時警部で森の護衛に行っていたのだが、突嗟《とっさ》の出来事に手を下す暇がなかったのだ。

兎《と》に角《かく》森は修養のない男だと見えて、息を引き取るまで西野を罵っていたそうだ。それを思うと終を全うした大隈さんの方が、爆弾を投げた来島恒喜《くるしまつねき》の死を惜しんで、香奠まで持たせてやっただけ余程人間が上だ。

其《そ》の頃の川流に

　廃刀の首称者出刃を腰にさし

と云うのがあった。森が廃刀令の首称者だったのを諷したのだ。

森は当時なかなかのやりてだったが、人を喰った傲岸非礼《ごうがんひれい》のところが師匠の気に入らなかったように思われる。

森は山岡に嫌われていたから森が殺された時、山岡が西野をそそのかしたのではないかなど云う噂があった。然《しか》し山岡は当時全く隠退して森とも会うこともなく、其の上臨終に近い病床にあったのだし、又山岡がなんで人を殺させるものか。殺すなら自分で殺して仕舞う。

山岡のような明鏡止水の心境に不快に映じた森なのだから、どこかに人物に不謹慎なところがあって、あの最期をとげさせたものと見るが正しかろう。

森の死で思い出したが、森が生前文部省へ招聘した独逸人《ドイツ》が三人、時も時、森が殺された日に横浜へ着いた。ちょうど憲法発布で横浜も大騒ぎで、鎧冑で身を固めた仮装行列の一団が、鎗や大刀を引きさげて往来を練って行くのに、ばったり独逸人が出会した。三人の独逸人は之を見ると、何だか物騒に思って汽車へも乗らず、人力車を傭《やと》って横浜から東京へ着き、森を訪ねると、森が今朝殺されたと聞き、こりゃ愈々《いよいよ》以て物騒な土地だと、青い眼を一層青くしたという滑稽話がある。

話はちがうが師匠が壮年時代、たんねんに書写した『日本外史』が今では全生庵《ぜんしょうあん》の宝物になっている。或る時

「頼山陽はどんな人物でしたか」

と質問をしたら、師匠は言下に

「彼は大人物ではないね」
と答えられた。山陽も畢竟口頭の雄で、其の日常には随分粗放な、なって居ないところがあった。

師匠はこうした独りを慎まぬ不謹慎な人を好まなかった。

四、人を殺すこと

刺客の話が出たが、これには師匠のにがい思い出話がある。

明治十一年三月、山岡邸へ無名の斬奸《ざんかん》状が舞込んだ。其《そ》の意味は、天子の輔導を謬り故西郷南洲翁の明《めい》を傷《やぶ》る山岡鉄太郎を誅すと云うのである。師匠はこれを披見して一笑に附して居ると、数日後、島田一郎・長連豪《ちょうつらひで》の二人が忽然《こつぜん》玄関に現れた。「ハハア此奴等の仕事だな」と心に肯いたが、座敷に通して酒盃を呼び、隔意なく談笑を交えて、その日は和気靄々裡《あいあいり》に辞し去った。

それから時々師匠を訪ねて来るようになっては時局を憤慨し当局者を罵倒をするので、其の都度、師匠は懇々《こんこん》と大西郷の真意を説いて、当局者に対する彼等の確執を取り除こうと努められていた。

或る日島田一郎が来邸して、直記《なおき》(師匠の嗣子)さんを連れ出して四谷の大通りで玩具等を買ってやり、帰ってから師匠と対談して居た。

撃剣の話や真剣勝負の話等をしているとき

「人を殺すことは六ヶ敷《むつかし》いことでしょうか」

と突然島田が質問した。

「別段六ヶ敷いことではない。人だけ殺して自分が生きようとするから六ケ敷くなるので、命を捨てる覚悟ならなんでもない」

と師匠が答えると、大変感心して島田は帰っていった。あとで師匠は

「今日は島田にうっかり悪いことを教えてしまったが、何か間違いがなければよいが……」

と非常に心配して居られた。

すると其の翌日、四谷の喰違い見附で、彼は長連豪と共に大久保利道を刺し殺して仕舞った。

師匠は幾度か長嘆息して

「嗚呼《ああ》馬鹿野郎共が、徒らに地下の西郷を困らせるのみだ」

と嘆かれていた。

五、迷信

師匠は易《えき》や占《うらない》等一切とりあげなかった。或る時斯道《しどう》で有名な高島嘉右衛門《かえもん》の知人某が来て、「春風館の通路になっている山岡邸の裏門は家相上よくないから位置を変更するようにと、高島さんが言っていたが……」と注意があったが、「馬鹿を言ってはいけない」

とてんで問題にしなかった。

「骨相はあたるものだね」と言われたのを覚えている。或る時

「人を殺す者の人相は大概訳る」

と言い出された。

「どんな人ですか」

と質問したら、手近な例を引かれて、

「伊庭《いば》想太郎《そうたろう》や誰某(名を秘す)の如き者だ」

と答えられた。

伊庭想太郎は幕末下谷御徒町に道場をもった名剣士伊庭八郎の血縁で、当時春風館門弟に席を列し、相当の人格者を以て目されて居たので、奇異の感にうたれたが、後年星亨《ほしとおる》を市会で刺したので、地下の師匠の明察に今更驚いた次第であった。

六、毛唐しっかり！

三条さん(実美公)へ何か用事で師匠が行ったとき伴をしておれも行った。用事が済んで帰りに平河天神前を通ると、境内に大角力がかかっている。

「どうだ、角力《すもう》を一つ見て行こうか」

と、境内へ這入って木戸口からぬっと黙って通ると、どうしたのか、木戸番が木戸銭もとらずにそのまま通してしまった。どうして木戸銭を払わずに通ったのか、又木戸番がなぜ

金をとらなかったか、今だに解らないが、屹《きっ》と木戸番はフロックコートの大男がぬっと現われたので、煙に捲かれたのではなかったかと思う。

師匠が中へはいると、ちょうど一番済んだところだ。

ずかずか師匠が土俵の傍へ行って、靴を脱いで、土俵の上へあがり、フロックに高帽のまま突立って、

「さァ誰でも出て来い！」

と手を拡げて力士溜りを見渡した。

「やァ毛唐だ。毛唐人が出た。おもしろいぞ、しっかりやれ！」

と一面に観客から拍手が起った。師匠は身なりの大きい所へ口髭顎鬚がふさふさ生えていたから洋服に帽子のままじゃ遠方から西洋人と見られたのも無理はない。

誰も相手が出て来ないので、師匠がきょろきょろ見廻していると、やがて強そうな力士が一人、溜りから立ち現われた。

師匠は「待った」もせず、むんずと組んで、やっと押してそのまま力士をじりじりと土俵際まで押して行った。

「師匠強いな」と見ていると、組んだ右手を解いて、ぽんと力士の脊中を叩いて、

「さ、よそう」

と云って離れて、土俵を下りて、靴を履いた。

「やァ毛唐毛唐！」「強いぞ、もっとやれ！」と一面また桟敷から拍手が起ったのを、聞き流してすたすた相撲場を出て行った（高砂浦五郎が翌日師匠のところへ礼に来て、「昨日お相手に出た十両がおそろしく腰の強いお方だ。と言っていました」と話していった）。

折々何かあんなふざけたことをしたもんだ。幾つになっても元気があり余っていたのだね。

七、宴会の座敷

師匠の遊び振りは颯爽としていた。ちっともしみったれたところや、きたない振舞はないから女にも好かれたものだ。

酔うにつれ踊り出すこともあったが、勿論《もちろん》稽古したのでもないのに、手振り足振りに自然の調子があって三味線にもよく合い、本当にうまいものであった。

八、小便をかけられる

師匠は、どうも終生人を斬らなかったのじゃないかと思う、維新の志士で、山岡と事を共にしあとまで山岡へ出這入りしていた石坂、松岡、村上、中野始め、誰も山岡が人を斬ったことを知らないと云っていたし、小野飛馬吉《ひめきち》——山岡の弟——などは、「あにきは一生人を斬らなかった」と確く信じていた。松岡などが辻斬するのを、山岡がひどく戒めたことなど考えると、山岡自身が無益の殺生を嫌ったことは明かである。

小野で思い出したが、何でも小野が十二、三歳の頃、山岡と夜更けて、大道で鍋焼うどんを食べていた。その時一人の酔っぱらいが来て、二人の喰べてる後から小便をして、小便が山岡の足へひっかかった。

「ひどいことをする奴だ」と、小野は憤《む》っとしたが、山岡は平気で、うどんを喰べていて、一寸《ちょつと》後ろを振り向きながら「きたねえことをするな、もうおしまいなのか」と、ちっとも怒った様子がなかったということだ。

> 鉄舟遺稿
>
> 題㆓没絃琴㆒
>
> 没絃琴ノ一声。在リテハ㆑天ニ即日月。在リテハ㆑地ニ即チ山川。
> 在リテハ㆑人ニ即チ明徳。明徳何物ゾ即一声。一声何物ゾ即チ没絃琴。
> 没絃琴何物ゾ即一声。是レ此ノ一声真ノ没絃琴ナリ。
>
> 題㆓道本ノ号㆒
>
> 行イテ㆑険ヲ徼幸スル 皆邪路。居テ㆑易キニ守レバ㆑仁ヲ途不㆑窮セ。
> 更ニ有リ㆓乾坤無私ノ句㆒。不生不滅ノ主人公。

鉄舟の臨終

病床の鉄舟

一

明治十九年の春頃から師匠の胃病は次第に重り、二十年の八月になって右脇腹に大きないしこりが出来た。診察した千葉愛石《あいせき》は胃癌と認定し、ベルツ博士は肝臓硬化症とみたてた。

さしも健啖であった師匠も、食物嚥下さえ困難となり、二十一年の二月からは全く流動食になった。

死期をさとった師匠は、二月十一日の紀元節に最後の参内をして明治大帝と永別の御挨拶を申上げたが、それからは日一日と衰弱が増していった。

明治大帝には御親任厚き硬骨誠忠《こうこつせいちゅう》なる鉄舟の病状に、畏くも大御心をなやませられて幾度も御見舞の勅使並びに侍医を差遣わされ、殊に

「これなら山岡ののどに通るかも知れぬ」と、御親《おんみずか》ら御試嘗《ごししょう》になった御清冽な和洋酒を、御盃諸共御下賜されたことが両回に及んでいる。

病床の師匠は聖旨の有り難さに

数ならぬ、身のいたつきを、大君の
　みことうれしく、かしこみにけり

と詠んで答え奉り、唯々感泣するばかりであった。

二

然し生死脱得の師匠自身は大患いとは言いながら何等平生と変るところはなかった。

御医者さん、胃癌胃癌と申せども
　いかん中にも、よいとこもあり

などと戯書《ぎしょ》して笑ったり、見舞客には表座敷で応待して、帰るときには例によって玄関迄送り出し、来客の余暇には揮毫もやられる。殊に写経は薨去《こうきょ》の前日迄一日も廃されなかった。余程悪いときでも、蒲団によりかかって坐り見舞客と談笑して居る。相当苦しいのであろうが、長い病気中、何等えらだったり、癇癪を起したりすることはなかった。

　わたしの病気をえがむ（胃癌）じゃなんてあらおかし
　　えがむにあらず、にこりじゃもの

等と時に冗談を言われる程、温容をくずさなかった。

　二豎何《ニ》因《ツテ》煩《ワス》二此《ノ》躬《ヲ》一。　暴飲暴食害不レ空《シカラ》。
　転《ジテ》レ苦《ヲ》為《ス》レ楽《ト》観自在。　生死任《セテ》レ天《ニ》臥《ス》二褥中《ニ》一。

と述懐されている。こういう悠々たる心境になれば、闘病生活も極楽である。

日夜側を離れずに看護していた英子《ふさこ》夫人が或る日、

「万一の場合、後事につき御話置きの事がございますか」

とお尋ねすると、

「ない」

とぽっつり答えられた。

「それなら、せめて御教訓になることでも御残し置き願い度《と》うございます」
と御願いすると、筆を命じ次の書を書かれた。

積《ミテ》レ金《ヲ》以《テ》遺《スモ》二子孫《ニ》一。　子孫未《ダ》二必《ズシモ》守《ラズ》一。
積《ミテ》レ書《ヲ》以《テ》遺《スモ》二子孫《ニ》一。　子孫未《ダ》二必《ズシモ》読《マズ》一。
不《ズ》レ如《カ》積《ミテ》三陰徳《ヲ》於二冥々《ノ》中《ニ》一。　以為《テサン》二子孫《ニハ》一長久之計
此《レ》先賢之格言《ニシテ》　乃《チ》後人之亀鑑《ナリ》。

墨痕淋漓《ぼくこんりんり》、御病中の書とは思われぬ出来栄で山岡家重宝の一つとなったが、不覚にも後人誤って汚損し、今日見ることが出来ぬのは残念である。

三

七月に這入って病勢は急に衰えたかに見えた。然しこれは外見で、師匠自身は漸《ようや》く末期の近づいたのを自覚し、其《その》八日には撃剣門人全部を春風館道場に集め、一人漏さず最後の指南をした。
それから二、三日の後、ひょっこり松岡万《よろず》氏が見舞に来たので、奥さんが
「彼《あ》の通りの衰弱ですから、最早長くはありますまい」
と告げると

「そりゃ大変だ」

と何故か、あわてて帰っていった。

其晩の深更《しんこう》何処から忍び込んだものか（尤も山岡道場では、鍵をかけて寝たことはない）松岡が窃《ひそか》に師匠の病室に来て、丁度褥上《じょくじょう》に坐禅をして居た師匠にムンズと組付いて来た。すると師匠は突然の事でビックリされたが、倒れもせずにひょいと松岡を抱上げて
「松岡さん如何したんだッ」

と云われた。其処《そこ》へ物音に奥さんがかけつけると、松岡はオイオイ大声で泣きながら
「奥さん、先生はまだ大丈夫だ！　先生はまだ大丈夫だ！」

と叫びながら帰っていったということだ。

純情な松岡らしくって嬉しいではないか。

危篤の鉄舟

一

師匠の病勢が全く危篤に迫ったのは、それから四、五日後、七月十七日（明治二十一年）の夜の八時頃である。

師匠は平素の通りひとりで便所にたち、其《そ》の間におれは日課の写経の仕度をして、墨を

すっていた。すると便所から帰って来た師匠が
「今夜の痛みは少しちがっている」

とつぶやかれた。

「少しの変化でも油断をするな」と常々千葉が言っていたので、直ぐに奥方に知らせ、門人一同にも知らせ、「さわがんでもよい」と師匠の止めるのもきかずに主治医に急報した。然《しか》し交通機関が不便な当時のことで、千葉医師が倉皇《そうこう》と馳けつけたのが十時過ぎだった。そのうちに主治医の岩佐さんも見えて、診断の結果は胃《い》穿孔《せんこう》の為急性腹膜炎を併発し最早施すべき手段がないとの事だ。

此《こ》の突然の重態に驚愕して四方から馳けつける見舞客は翌十八日は邸内を雲霞《うんか》の如く埋め尽し戸障子は取はずされ、或者は大声に神に平癒を祈願し、或者は看護に当らんと師匠の病床を囲繞して身動きも出来ぬ有様となった。

其処へ勝安房さんが、見舞に来たが此の有様なので足をふみ入れることが出来ぬ。思わず激昂して、

「お前達は病人を責め殺すつもりかッ！」

と怒号されたので、漸く一脈の通路がひらかれた。

勝さんは病床に近よられて
「君は俺を残して先にゆくのか、独りで味をやるではないか」

としんみり申されると
「最早《もはや》用事も済んだから御先に御免蒙る」

と師匠は別れの言葉をかわされる。

「誰か話し相手になる坊さんでも召んだらどうか」

と勝さんが云うと
「いま遠方にいっていて留守だ」

と師匠は答えられた。師匠が遠方にいっていると言ったのは滴水《てきすい》和尚を指したので、当時滴水さんは出雲の雲樹寺の法会に趣いて居られたのだ。

しばらく訣別の辞を交えていた勝さんはやがて紙筆をとり、

横二行《ス》塵世一《ニ》。磅礴《タル》精気。残月如《ク》レ弦《ノ》。光芒照《ス》レ地《ヲ》。

と書いて師匠に示されると、師匠は
「ウン」
と微笑されたのみだった。
勝さんは有《う》象《ぞう》無《む》象《ぞう》を病室に入れてはならぬと堅く家人をいましめて帰ったが、勝さんの姿が見えなくなると忽《たちま》ち師匠の病床は元のように足のふみ場もない程門人や見舞客が集ってしまう。

何分にも肝腎の病人御自身が、ちっとも喧騒を意とされないで褥《しとね》にもたれて談笑常に変りがない有様なので、病室の人達も一刻も長く英雄の最期に傅《かしず》かんと真剣に集って居るので、家人も徒《いたず》らに気をもむばかりでどうすることも出来なかった。

三

其時《そのとき》徳川家達《いえさと》公が見舞に見えられたので、病室の人達はやっと遠去かった。

家達公は師匠の枕辺に立たれるがいなや、ハラハラと双眼から涙をおとされ、静かに正座された。師匠は側に固くなっていたおれを顧みて、

「夜来の経過を申上げよ」

と言われたので、おれは一生懸命有りの儘を縷述した。

それから静かに余談に移って居られたが、家達公に随伴して来た溝口勝如《かつゆき》氏は師匠に向い

「家達公も御覧の通り成人なされて、独り歩きがお出来になりますから、もう御心配はありません」

と暗に師匠の安心を求められた。大家の家令職として機宜《きぎ》を得た言葉に感心した。それから公と師匠との間に水盃があげられた。師匠の胸中や如何に！　やがて公は辞去された

（一旦辞去された公は心配のあまり再び見舞に見えられたと他書にあるがおれは気がつかなかっ

た)。

　間も無く勅命により侍医頭池田謙斎《けんさい》氏が診察に見えられた。此処《ここ》に特筆を要すべきことは勅使のお求めにより、余命幾何もなき師匠を残して奥方はじめ全部が病室を退去したことである。

　其の後、御聖旨《ごせいし》を受けた謙斎氏は、師匠と密談数刻に及ばれて居る。御下問や如何に！　御奉答や如何に！　此間の消息は絶対に窺知《きち》するを許されず。おれ達は徒らに室外で気をもむばかりであった。

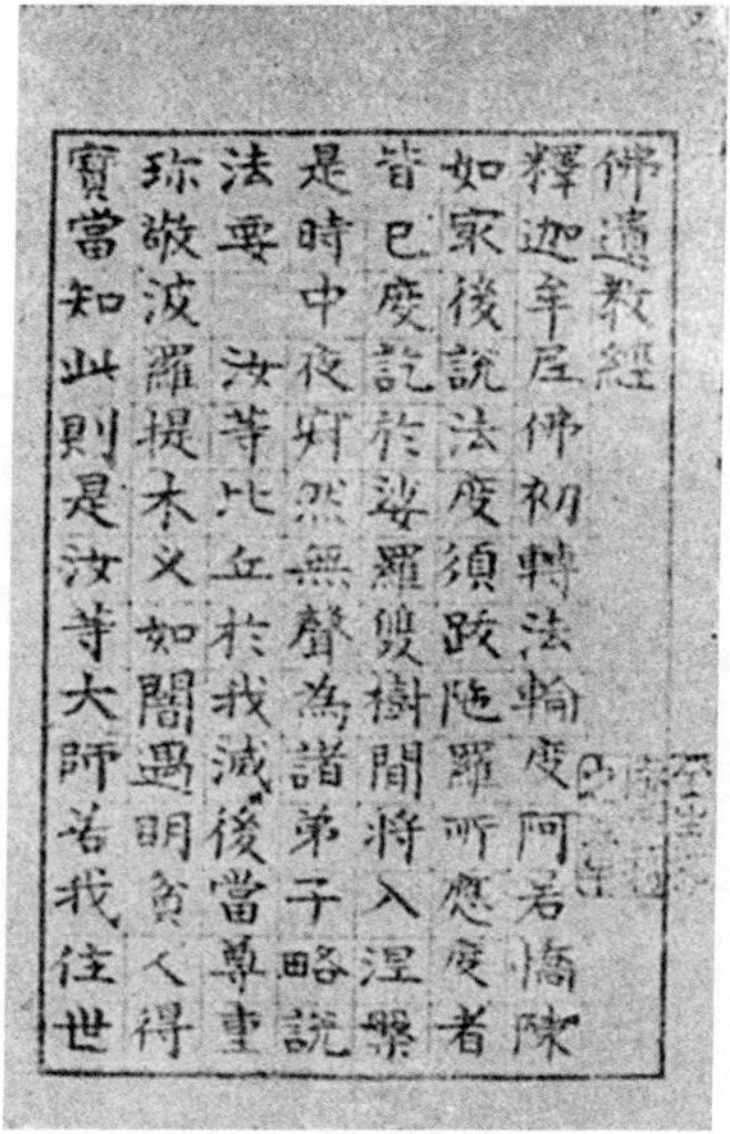
佛遺教經
釋迦牟尼佛初轉法輪度阿若憍陳
如最後説法度須跋陀羅所應度者
皆已度訖於娑羅雙樹間將入涅槃
是時中夜寂然無聲為諸弟子略説
法要　汝等比丘於我滅後當尊重
珍敬波羅提木叉如闇遇明貧人得
寶當知此則是汝等大師若我住世

鉄舟居士、日課の写経

　明治大帝が山岡を一方ならず御親任遊ばされていたことは兼て、うかがい知るところであったが、如此《かくのごとく》古来群臣に超越した破格の光栄を賜わる様に、家人門人共に感泣した次第であった。

　其後《そのご》師匠に最後まで兄事《けいじ》した関口隆吉《たかよし》さんによって

もう一度人払されたが、これは関口さんの親切に出た家事向きのことであった。

三

此日門人一同は朝稽古を休んだ。すると平素のように竹刀の響がないのを訝って

「今日は稽古はどうしたか」

と尋ねられる。

「一大事に際し、休みました」

と答えると、

「そんな馬鹿な事があるか。いつもの通りにしなさい」

と叱られたので、子供達は学校に出し、門人は涙ながらに道場に出て夢中に打ち合ったが、兎もすれば師匠の病状に気がとられて、お互いに茫然と立ちすくみちっとも身が這入らなかった。

其《そ》の後千葉立造さんの介錯で日課の『大蔵経』を半枚書写されたが、筆勢に少しの衰えもなかった。

師匠が少しねむられた模様なので、みんな静かにして居ると、やがてぱっちり目をひらかれて側に居た俺に

「見舞品の中に金包があったようだが、あの中から誰某にやったらどうか」

と突然言い出された。俺は何の事やら咄嗟《とつさ》にはわからなかったが、やがて次の事を思い出

し、まずかったが、師匠を安心させる為に
「最早間に合って無事出発されたそうでございます」
と思わず虚言を答えて、いつに変らぬ師匠の温情になかされてしまった。
次の事とは、名は忘れたが熊本の人で兄弟してよく師匠のところへ出入りした者があった。或る時弟が徴兵検査で郷里へ帰る為の旅費二十円を借りに師匠のところへ来た。其日《そのひ》折悪しく誰の手元にも無くて断ったことがある。俺達はとうに忘れて居たが、師匠はこれを気にしていたのだ。
おれは其後其の人に会う機会がなく、最期の日の師匠の御言葉を告げられないので残念だ。
身体を動かしては悪いので、用便は襤褸《ぼろ》でなさるようにと医者の強《た》っての勧めに試みられたがやがて微笑されて
「遣《や》る積《つも》りだけれど思うように行かぬ。こればかりは御免蒙りたい」
流石の豪傑もこれには弱音をはかれて、おれに
「手をひっぱって静かに起せ」
といいつけられた。師匠の目方は病中でも二十三貫、それを十四貫の俺が御病気にさわらぬよう静かに起そうと云うのだから容易な事ではない。全力をこめて両足を踏張り、将に師匠の立上がらんとする刹那

「ほれッ其処《そこ》で気合を出してッ……」

と師匠が力をつけられる。側に居た兄弟子の斎藤熊彦が見兼ねて手伝って呉れる。何のことはない、師匠の稽古を受けているようなものだ。然《しか》し自分の非力が師匠の病状に障りはしなかったろうかと気になってならなかった。

用便の帰りの廊下は、奥方が右、おれが左で師匠をはさんで歩いて来た。おれが心配して師匠の袖のあたりを堅く持って居たら、じろり一瞥されたが
「なにをするっ離せ。俺の目の黒い間は独り歩きに世話はいらん」

と叱られた。師匠は医者の言うことはよく聞いたが他の者に対しては平常と少しも変りなかった。

其《その》夜師匠の腹部に氷嚢をあてながら、其儘《そのまま》師匠にもたれ前夜来のつかれで不覚にもねむってしまった。周囲の人達はこれを見つけて
「此の馬鹿野郎を部屋から出せ！」

と激怒して、不覚にねむって居るおれを引き出そうとしたそうである。すると師匠は
「疲れているんだ。ねむらせて置け」

と手を着けさせなかったそうであるが、間もなく目覚めて此事《このこと》を知り、俺は穴あれば這入《はいり》度《た》い気持であった。

三遊亭円朝も凡ど病褥を離れずに居た。師匠は円朝を見て、

「一同退窟で困るだろう、おれも聞き度《た》いから何か面白い落語を一席語って呉れ」とたのまれた。一世の大家も、職分柄とは申せこれには大弱りだった。円朝にして見れば親にも増して敬愛した師匠の臨終の間近に、まったく落語どころではなかった。然《しか》しあまりに師匠がすすめるので、最期のおたのみをお断りすることも出来ず、目にいっぱい涙をためたまま無我夢中で一席を語り終った。聞いていたものも笑うどころではなく、みんな泣きじゃくるばかりで、下題すら覚えていたものはないだろう。

師匠ばかり、にこりにこりと楽しそうに聞いて居られた。

話が済むと謹直な中條金之助さんは、円朝を別室に呼んで

「いくら先生のお頼みだからといって、君の行為は何事だ。御最期も近いと云うに、あまり不謹慎ではないか」

と大いに詰問した。円朝は滂沱たる涙に咽びながら

「私の身にもなって考えて下さい。今日ばかりは火事場で講釈するよりも苦しかった」

と陳謝するので、中條さんも共に涙にむせんで追及が出来なかったそうである。

鉄舟の大往生

一

むんむん暑い夜も段々更けて来た。師匠は褥に背をもたせて静かに坐って居られる。其《その》時よく出入していた梶金八さんが団扇《うちわ》をとって静かに背後から風を送っていた。するとこれに気がついた師匠は

「後から煽ぐのは梶さんではないか。止めて呉れ」

と止められた。

追々時刻も移り十九日の払暁《ふつぎよう》になって、明烏の啼声を聞かれると師匠は

腹張りて　苦しき中に　明烏

と一句辞世を吟じられた。此の辞世は門人一同に物議をおこした。先生程の大物の辞世に「苦しい」なんて言葉のあるのは訝《いぶ》かしいものだ。又事実はあの通り悠々とされているのだからこれは却って世に出さぬ方がよいと一決されて其儘しまってしまった。

其後天竜寺の俄山《がざん》和尚が来錫《らいしやく》されたとき、中條さんが応接すると

「鉄舟居士御臨終の際、何か遺偈《ゆいげ》等ありませんでしたか」

と質問されたので、元来虚言《うそ》のつけぬ中條さんは渋々ながら、「明烏」の一句を示された。

俄山さんはこれを見て大いに感心し、

「流石は鉄舟居士の遺偈だ。実に傑作だ」

と深く嘆賞されて其の解説をされたので、家人及門下一同はじめて安心したものだった
（嘗て某大政治家が不慮の変にあったとき、苦しい息の下から「男子の本懐だ」ともらされたと云う新聞記事を見て小倉老人、「如何ですか」ときかれたら「どうもいたんで困る」位の返事が何故出ないのだろうね、あれだけ正直な大政治家でも、これが本当とすればまだ至らぬものと見えると漏らされていた）。

二

午前七時半師匠は浴室に趣かれ、身体を清めてから兼て用意の白衣と着換えた。

九時頃一度病床に正座したが、すぐ立って四尺ばかり前方に進み、宮城に向って結跏趺《けっかふ》坐《ざ》された。入定《にゅうじょう》の御用意だ。気息は大分切迫の体である。

奥方は流石に堪えがたき有様で師匠の背後にまわり、右肩に軽く手と顔を当てて歔欷《きょき》するばかりであった。師匠はこれに気付かれて、静かに右方を振り向かれ
「いつまで何を愚図愚図《ぐずぐず》していますか」

と微笑まれて再び正面に向きなおられた。すると嗣子《しし》の直記《なおき》さんが進み出て、

「御父上、後事は何卒御気に召されず大往生をお願い致し升《ます》」

と申上げると
「フフン……、よく申した」

と軽くうなずかれたが
「衣食には心配のないようになっている。おとなしゅうして居れ」

と遺言された。

其処《そこ》へ土方《ひじかた》宮内大臣が勅命を奉じて勲二等の勲記並に勲章を捧持して来邸、関口隆吉さんと松平定教《さだのり》さんが応待、直紀さんの介添で拝受された（従三位に昇位は六月二十一日の官報で発表されている定期のもので同時ではない）。然《しか》し其《そ》の時は師匠の言語は最早不調で、かすかに双眼を開かれて、黙礼されたように見えたばかりある。此の御臨終には、「静かに昼寝がしたいから」と云う師匠の言葉で近親者や親しい人達の外は皆隣室に遠慮していたが、それでもかなり大勢の人だった。寂《せき》として水を打ったような中に何処ともなく歔欷の音が洩れて来る。

森厳《しんげん》な、はりさけるような空気の中に師匠は全く静かに瞑目大往生をとげられた。午前九時十五分である。享年五十三歳。

前日来二階につめきって居た勝さんは

凡俗頻《リニ》煩《ワス》レ君《ヲ》。看破《ス》塵世群。弁《テ》レ我何《ノ》処《ニカ》去。精霊入《ル》二紫雲《ニ》一。

と云う詩をささげて自邸に帰り、連日被《ひ》を覆《おお》うて哀悼《あいとう》されたと云うことである。

薨去《こうきょ》後の師匠は心なしか面に微笑を含まれ、手に団扇を握り、端然として趺坐して居られるので弔問者は皆其の薨去を疑った程であった。

此の大往生の有様に、中にはなるべく入棺を延して広く衆人に礼拝させようと希望する者も多かったが、盛夏の折柄であるからと云う意見も出て翌二十日の夜納棺した。

此の座脱《ざだつ》の相は門人中田誠実が筆をとって写生したが、よく出来ている（五頁参照）。

南禅寺の毒湛《どくたん》和尚は之に次のように賛をした。

　作二仏法《ノ》金湯《ト》一。　称《セラル》二家国《ノ》柱礎《ト》一。

　要居士真識。　鉄舟浮《ブ》二水上《ニ》一。

此像、山岡鉄舟居士入定之日、門人某、面二見居士座脱之相一、以写二其真一者也。後附二与居士四女祖真禅尼一。禅尼持来請三予作二賛字一。因聊綴二拙語一以添二蛇足一而已。

南禅寺毒湛拝賛

鉄舟の葬儀

一

師匠の交際面は全く広く、上は王侯より下乞食非人に至る、あらゆる階級に渉っていたので、一度薨去《こうきょ》の報が伝わると、種々雑多の弔問者が肩摩《けんま》轂撃《こくげき》し、殊に宗教界に因縁が深かったから、仏教各派の僧侶は勿論《もちろん》、神官牧師等が混合連続して各様各式の弔祭を行う状況は真に奇観であった。

出棺は二十二日午後一時、当日は篠突《しのつ》くばかりの大雨であったが、会葬者は無慮五千人に及んだ。

四谷仲町の邸を出棺し、御内命により御所の前を過ぎ十分間葬列をとどめた。畏《かしこ》くも明治大帝には高殿に登御遊ばされ遥かに目送あらせられた由に承わる。

三時全生庵《ぜんしょうあん》へ着棺、仏事を以て葬儀を執行し、大導師は全生庵主席南隠老師《なんいんろうし》、脇導師は円覚寺管長洪川老師《こうぜんろうし》、妙心寺管長無学老師《むがくろうし》、国泰寺《こくたいじ》貫主雪門老師《せつもんろうし》と南天棒鄧州老師《とうしゅうろうし》とであった。

南隠老師の掩土《えんど》香語《こうご》は会葬者一同断腸の思いを新にした。

濁《ラセドモ》レ之《ヲ》不レ濁《ラ》清《マセドモ》不レ清《マ》。　蕩々巍々不レ可レ名《ヅク》。
縦《イ》レ令大機《ノ》似《ルモ》二黄蘗《ニ》一。　還《エセ》レ吾《ニ》全死復《タ》全生。
雖《ドモ》二然《モ》恁麼《ナリト》一　山僧家有《リ》二仏祖不伝底之秘曲一。
未《ダ》二曽《テ》容易《ニ》為《メニ》レ人《ノ》弾《ゼ》一。　今日遭二居士《ノ》之大帰一。
聊《カ》撫《シテ》二一曲《ヲ》一以《テ》充《ツ》二送行《ニ》一。鑁ヲ抛棄シテ云ウ
　明皇辛《ス》レ蜀《ニ》　三郎々当。喝。

葬儀後、全生庵墓地内深さ二丈の壙穴へ埋棺し終ったのが同七時であった。師匠の法諡《ほうし》は全生庵殿鉄舟高歩大居士《ぜんしょうあんでんてつしゅうこうほだいこじ》である。

二

此日は色々な事故があった。就中《なかんずく》鉄門四天王の一人村上俊五郎政忠は殉死のおそれがあるので終日四谷警察署にあずけられていた。

門人粟津清秀は全生庵内八幡山で窃《ひそか》に追腹せんとしたが発見されて事なきを得た。粟津は小兵だが真面目な男で、江戸城開城前慶喜公が海路水戸に移られようとした時東京湾に怪しき船が見えるから出発を中止せよと注意するものがあった。何分にも一日を争う切迫した時勢であったから、鉄舟は一方ならず苦慮した。当日は風があって波浪が高かったが、粟津は命を棄てて小舟に乗じて怪船をしらべ、普通の漁船であることがわかって、無事慶

喜は出発することが出来た。酒が好きで少し酒乱の気味があったが、師匠は可愛がって親子共引とっていた。

門人鈴木雄蔵は落髪して寛長《かんちょう》と号し、棺後に随って師匠の死後三年間墓前を去らなかった。

師匠の死後、後を追うようにして幾人も死んでいった。一ヶ月後の八月十一日には長女松子さん（全生庵に現存す）の養子宗之助さん（石坂周造先妻の子）が死んでいる。温和な人で明治六年渡米しペンシルバニヤ州で石油製造を研究して明治九年帰国した。洋行後、実業家となり明治十四年には南葛飾郡隅田村字関屋《あざせきや》に石油会社を創立し、横浜の灯台局にだけでも月千円からの石油を納入する程になっていたが、実父周造が石油で失敗して、宗之助さんの収入を皆持っていって仕舞うのでいつも苦労していた。法諡は慈眼院殿物外遊初居士である。

九月に這入ってから相ついで二人師匠の後を追った。一人は山梨県産《けんさん》、門人三神文弥《ぶんや》である。九月十五日の朝、寛長が墓掃除にいくと、見事に腹をきって殉死して居た。師匠の墓碑の左後方に葬られ、天徳院鉄牛祖印居士《てんとくいんてつぎゅうそいんこじ》と諡号《しごう》された。

それから二、三日たった九月十八日、師匠に飛驒の高山時代から傅《かし》ずいて守をした爺やの内田三郎兵衛が山岡家にやって来た。病中だったとの事で、痩せ衰いていたが、「大先生がなくなられてから世の中がつまらなくっていけません。今日はお墓の水でも飲ませていただいて早くお迎えに来て下さるよう御願いして参りましょう」と蹌踉《そうろう》として出て行った。いつまでも帰らぬので心配していると、師匠墓前に額ずいたまま死んで居たという報告があった。戒名は高山雲月居士《たかやまうんげつこじ》で、今も猶《なお》忠実に師匠を守って墓側にねむっている。

此の他、師匠の墓を取りまくようにして小野古風（師匠の兄、明治二十四年十二月三日卒、高堅院殿温喬古風居士）、東条（大正七年二月十八日卒、練武院治山玄鉄居士）、中村余所吉《よそきち》（大正十四年三月一日歿堅剛院鉄翁真牛居士）、桑原知末太《ちまた》（昭和八年歿）、村上政忠（明治三十四年六月二十一日没）、三遊亭円朝（明治三十三年八月十一日没三遊亭円朝無舌居士）、千葉立造（大正十五年二月二十四日没金瓶斉道本無一居士）、松岡万《よろず》（明治二十四年三月十七日没）、鈴木寛長・車夫忠兵衛等をはじめ、後に門人小田信樹氏と師匠夫人英子さんの尽力で併せ葬られた、師匠門下依田雄太郎・鈴木常太郎《つねたろう》・同豊次郎・笠原八雲・木村久之丞・清水武二郎（桑原知末太の伯父）等の墓が、静かに眠っている。

此等の人々の一人一人について痛快な物語りも多いが、此処には省略する。

鉄舟居士追悼集

撃剣揮毫絶二正偏一　忠肝義胆気衝レ天　嗚呼五十三年夢　馥郁清香火裏蓮　天竜寺　滴水

在家菩薩武門傑　意気堂々応二衆縁一　莫レ道色身曽敗壊　虚空切レ歯挙二瞋拳一　天竜寺　俄山

一剣磨来五十年　誠忠不レ動奉二皇天一　風流更有二安心術一　参徹山林老祖禅　相国寺　独園

公去忽然死耶生　満空面目露堂々　自レ今誰弄縦横筆　老涙不レ乾千万行　円覚寺　洪川

世出世間唯一誠　推称八万衆中英　高風徳化長堪レ仰　雪裏梅花薫レ月清　永平寺　悟由

生前未了旧公案　今日全提君識那　雨灌二満天一高歩趣　鉄舟翻レ浪影婆娑　総持寺　梅仙

堂々示現宰官身　説法臨機書剣新　不三独誠忠貫二日月一　大悲心溢刹塵々　建長寺　貫道

山岡鉄舟先生年譜並其時代

年号　年齢　事蹟

天保七年　一歳

⊙六月十日、御蔵奉行小野朝右衛門高福の五男として、本所大川端通四軒屋敷官邸に生る。

⊙当時勝海舟は十三歳にして大いに洋学を修め、西郷南洲は未だ八歳也。

⊙天保四年よりはじまる天保の大飢饉最大化する。

天保八年　二歳

⊙四月将軍家斉（第十一代）職を子家慶（第十二代）に譲る（家斉は八代将軍吉宗の曽孫にして、将軍となるに及び吉宗の孫松平定信を老中に用い、天下大いに治る。然れども此頃高山彦九郎・本居宣長・蒲生君平等相ついで出で、定信退隠後は幕府の威力次第に縮み。皇室復興の機勃然としてここに兆す。蓋し、第百二十代仁考天皇の御宇なり）。

⊙飢饉は愈々深刻となり、十月江戸の餓死者百五十余人を出す。地方はあげて数うべからず。
⊙大阪与力大塩平八郎飢民の窮乏を嘆きて乱をおこす。
天保九年　三歳
⊙開港論の先駆者渡辺崋山慎機論を著わし、高野長英夢物語を著わす。
天保十年　四歳
⊙十一月渡辺崋山・高野長英ともに世を惑わすものとして幕府より罰せらる。
天保十一年　五歳
⊙十一月十八日光格上皇崩御遊ばさる。御聖寿六十九歳。此頃国学者輩出して、大義名分を称うる者多く、就中平田篤胤の主張急激にして幕府の忌憚に触れ、此歳『大扶桑国考』の著は絶版を命ぜられ、更に追われて翌十二年郷里秋田に還る。
天保十二年　六歳
⊙閏正月家斉薨去。年六十九。
⊙十月渡辺崋山自刃す。
⊙天保八年家慶将軍となるに及び老中となりし水野越前守忠邦（浜松城主）風俗を匡し、奢侈を戒め、大いに幕政を改革せしが、其の改革峻厳を極め、却って世の怨嗟を招くに至る（銭湯に男湯、女湯の別が出来、府下の私娼が禁止されて新吉原一ヶ所にあつめられ、芝居小屋が浅草に集められたのは水越の改革によってである）。

天保十三年　七歳
⊙六月高島秋帆に砲術教授を許可す。
⊙文政八年に定めし外国船にして沿岸に近づくものは事情の如何に拘らず打払えとの令をゆるめ、漂泊難船の食料を乞うものに対しては之を与うることを許す。
天保十四年　八歳
⊙香川景樹・平田篤胤等相ついで没す。
弘化元年　九歳
⊙米国大統領、和蘭政府を介して我が国に開港をすすむ。幕府拒絶す。此頃より辺海益々不穏、海防の議、攘夷の論囂然として起る。
⊙水戸徳川斉昭国防に熱心にして領内の梵鐘を収めて巨砲を造り、又追鳥狩と称して武を練らしめたることが幕府の忌憚に触れ、五月駒籠《こまごめ》邸に隠居を命ぜらる（十一月解慎。但し政治に与ること不許）。
⊙鉄舟久須美閑適斎に就いて剣法を学ぶ。
弘化二年　十歳
⊙正月浦賀に新砲台を築造す。
⊙四月八日、飛驒郡代豊田藤之進友直、二丸御留守居に転役を命ぜられ、七月一日鉄舟の父小野朝右衛門、江戸御蔵奉行より飛驒郡代に任ぜられた。かくて八月二十四日高山に着任陣屋に入る。鉄舟も両親に随う。鉄舟の母磯の父塚原秀平（元鹿島神宮社人石見）も同行す。

弘化三年　十一歳

⊙正月二十六日　仁孝天皇崩御せられ、孝明天皇御即位あらせらる。孝明天皇外交の事に関し深く宸襟を悩ませ給い、失体無きよう幕府に詔を下さる。これより後万般の事、一々之を奏上して勅允を得る例となる。

⊙此頃より鉄舟岩佐一亭につき書法を学ぶ。一亭は当時既に六十八歳の老人也。

⊙又此頃より鉄舟の父に招請されし、北辰一刀流井上清虎について剣を学ぶ。

弘化四年　十二歳

⊙二月、幕府は相模・安房・上総等の沿海守備を命ず。

嘉永元年　十三歳

⊙二月、外船対馬北海に出没す。

⊙五月、米船蝦夷に漂着す。

⊙十一月、滝沢馬琴八十二歳にて没す。

嘉永二年　十四歳

⊙英船、浦賀・下田諸港を彷徨して去り、米船又長崎に来る。幕府禁する能わず。

⊙此の年蘭人初めて牛痘を伝う。

嘉永三年　　　　十五歳
⊙十月、高野長英没す。

⊙十一月、海防厳飭の勅諭再び幕府に下る。

⊙此年鉄舟異母兄に従い父の代参として伊勢大廟に詣で、足代弘訓と相識る。

⊙十月、鉄舟、岩佐一亭（書道の師）より入木道五十二世の伝統を承け一楽斎と号す。

嘉永四年　　　　十六歳
⊙三月、和気清麻呂に護王大明神の号を賜わる。

⊙九月二十五日鉄舟の生母磯女、高山陣屋に病没す。行年四十一歳。

嘉永五年　　　　十七歳
⊙二月、水戸慶篤、大日本史紀伝剞劂成りて朝廷及幕府に献ず。

⊙五月、大森に砲台を築く
⊙二月二十七日、鉄舟の父朝右衛門高福、脳溢血にて高山陣屋に没す。六月五日発喪。

六月十五日美濃郡代岩田鍬三郎が飛驒国臨時郡代になり、八月二十九日には、福王三郎兵衛忠篤が飛驒郡代に命ぜらる。鉄舟は後任の着任前弟五人を連れて飛驒を引上げ、七月二十九日無事江戸に帰着し、小野古風のもとに身をよす。

⊙此歳明治大帝御生誕遊ばさる。

⊙加賀の商人銭屋五兵衛密貿易の罪により、藩庁之を磔にす。

嘉永六年　十八歳
⊙四月、米船琉球に来り、尋《つい》で江戸に赴く。

⊙六月、米使ペリー浦賀に来りて互市を求む。幕府翌年回答することを約し、外国来航を上奏す。

⊙十二代将軍俄かに薨じ、其子家定将軍となる。

⊙八月、砲台を品川湾に築く。

嘉永七年　十九歳
⊙正月、米使再び浦賀に来る。三月、米国と和親条約を締結す。吉田松陰捕えられ、翌月佐久間象山も亦捕えらる。

⊙七月、日章旗を日本惣船印と定む。

⊙七月、英船長崎に来り、翌月英と和親条約を締結す。

⊙鉄舟此頃は狂気の如く剣道に精進す。

安政二年　二十歳
⊙将軍家定幕府の諸士の治平になれて優堕なるを憂え大いに武術を奨励し、此年正月講武所を神田・麻布・市ケ谷・巣鴨の四ヶ所に設け、剣術・砲術・槍術・水泳等を学ばしむ。ここに於て鉄舟進んで講武所に入り剣を学ぶ。当時の師範は千葉周作なれども、同門の士の多くは遊蕩放逸なるを慨し、屢々諸士啓迪《けいてき》の方策を師範に献言している。

然して此処にて鉄舟の得たるものは少き様子なり。

⊙十月、江戸大地震。大小邸舎倒れ又は焼け、死者二万五千人を出す。藤田東湖等も亦圧死す。

⊙十二月、蘭と和親条約締結。露とも締結す。

⊙鉄舟、山岡静山につきて槍術を学ぶ。殊に其の人格に推服す。静山、其の水練の師の難に赴き隅田川に死す。

⊙鉄舟望まれて山岡家の養子となり、静山の妹英子《ふさこ》と結婚す。当時正式の媒介に立ちしは剣の師井上八郎清虎なり。

安政三年　　二十一歳
⊙七月、大坂両川口に砲台を築く。米国総領事ハリス来る。

⊙十月、二宮尊徳没す。

⊙此年鉄舟剣術の技倆抜群に依り講武所世話役となる。鉄舟の健脚同輩を驚嘆せしめしも此の頃なり。

安政四年　　二十二歳
⊙十月、ハリス、将軍に謁す。翌月日米条約の可否を諸大名に諮詢す。

⊙鉄舟剣禅二道に愈々精進す。

安政五年　　二十三歳

⊙三月、朝廷日米条約調印の不可を指令す。

⊙四月、井伊直弼大老に任ぜらる。

⊙六月、幕府五港を開きて自由貿易を許し、米・魯・英・仏・蘭の五国と仮条約を結ぶ。

勅准を待たずして約を決せしため、諸国の議論紛然たり。

⊙七月、将軍家定俄かに薨去す。事局多難に加え後嗣の問題もあり、直弼等処置に苦しみ、喪を秘す。十月、紀伊家より迎えて家茂《いえもち》将軍宣下。

⊙鉄舟の剣愈々精妙を加え、憂国の志亦勃然たり。宇宙と人間の一篇を作りて国体を論じ、自己の進むべき方針を立つ。

安政六年　　二十四歳

⊙所謂安政の大獄起り、直弼異議者五十人を捕え、死流禁錮に処す。吉田松陰等は此の時殺され、徳川斉昭等はおしこめらる。

⊙此の年鉄舟は天下の大勢を観望して、尊皇攘夷党を起し、清河八郎等と結ぶ。

⊙白地に旭日を国旗と定む。

万延元年　　二十五歳

⊙三月、水戸藩士佐野竹之介等十七人、直弼を桜田門外に刺す。

⊙八月、水戸斉昭薨ず。

⊙九月、慶喜・容堂等謹慎を免ぜらる。

文久元年　　　　二十六歳

⊙十一月、孝明天皇皇妹和宮内親王将軍家茂に降嫁さる。斉昭の子一橋慶喜後見となる。

⊙直弼の死後幕勢は急激に衰え、尊王攘夷論盛となる。

文久二年　　　　二十七歳

⊙三月、島津久光兵を率え上京の途につき、四月京都に入る。八月久光の従者英人を生麦に斬る。

⊙十一月、三条実美東下登城して攘夷の詔を伝う。

⊙浪士等品川御殿山の外国公使館を焼く。

文久三年　　　　二十八歳

⊙「攘夷の挙は軽忽に手を下すべきに非ず、冀わくば入朝して勅裁を請けん」とて許を受け、正月、慶喜・慶永《よしなが》等先上京し、三月家茂入朝す。勤王の浪士等公武合体が討幕に不便なるを以て之が分離を策し、暴行甚だしく、足利尊氏の塑像を刎ねたり等す。鉄舟脱藩浪士尊攘有志三百余名の取締役を幕府より申付けられ、将軍家茂の先供として上京す。間もなく浪士一同を召連れ江戸表へ帰府す。此の間、勤王の素志と、徳川家存続の為に鉄舟は心魂を傾注して尽力す。

⊙四月、清河八郎刺客に斃さる。

⊙五月及六月、長藩外船を下関に砲撃する等天下物情騒然たり。

⊙鉄舟、浅利又七郎につきて益々剣を学ぶ。

元治元年　二十九歳

⊙七月、佐久間象山害死、年五十四。蛤御門の変。

⊙八月、長州征伐の令下る。英米仏の聯合艦隊下関を侵す。

⊙十一月、横須賀に造船所を設く。

元治二年　三十歳

⊙正月、長藩恭順の為進撃の命を停む。

⊙二月、武田耕雲斎を斬る。

慶応二年　三十一歳

⊙正月、高島秋帆没す。年六十九。

⊙七月、将軍家茂《いえもち》薨じ、十二月慶喜将軍となる。

⊙同月二十五日、孝明天皇御聖寿三十六をもって崩御あらせらる。

⊙此の年六月、幕府再び兵を出して長州に逼りしが連戦不利。九月、征長軍を停む。

慶応三年　三十二歳

⊙正月九日、明治大帝践祚し給う。

⊙四月、高杉晋作没す。年二十九。

⊙十月、益満休之助隆盛の秘策を受け出府。此の月山内豊信幕府に大政奉還を勧告す。

討幕の密勅下る。慶喜遂に大政を奉還す。

⊙十二月九日、王政復古の大号令煥発せらる。慶喜二条城より大坂城に移る。

明治元年（慶応四年）　三十三歳
⊙正月、鳥羽・伏見の戦に敗れ、六日夜慶喜軍艦に乗り大坂湾を発し、十二日江戸に帰る。仏公使再挙を勧むるも之を却く。十日慶喜以下の官爵を削り、追討の詔発す。外国とは和親する方針を立つ。

⊙鉄舟精鋭隊頭歩兵頭格被二申付一。次で作事奉行格大目附被二申付一（閏四月七日公私雑報に記事あり）。

⊙二月十二日、慶喜江戸城を出でて、上野大慈院に籠る。

⊙三月、鉄舟慶喜の旨を稟け、駿府大総督宮参謀へ罷越、朝命四箇条拝受候事。此月天皇五箇条の御誓文を宣し給う。

⊙四月十一日、江戸城明渡し、慶喜水戸に退隠す。鉄舟に大総督宮参謀より内命有レ之、東叡山へ彰義隊解散説諭に罷越候事。

⊙同月、大総督宮参謀より内命有レ之、相州箱根へ脱兵鎮撫に罷越候事。

⊙閏四月二十九日を以て徳川家名相続を田安亀之助へ仰せ出され、越えて五月二十四日に至り、駿河国府中の城主として領地高七十万石下賜の御沙汰あり。

⊙五月二十日付、鉄舟若年寄格幹事役被二申付一。

⊙七月、慶喜水戸より静岡へ移る。此月江戸は東京と改称。

⊙八月即位の大礼あり。

⊙九月八日、改元一世一元、初めて天長節を行う。此月若松陥り会津平定す。

⊙十月、榎本武揚箱館に拠る。此月天皇はじめて東京に行幸したまう。

明治二年　　三十四歳
⊙正月、薩長土肥四藩主版籍奉還奏請。

⊙三月、明治大帝再び東京に行幸したまう。

⊙六月、天皇版籍奉還を許し給う。此月鉄舟静岡藩藩政輔翼に任ぜらる。

明治三年　　三十五歳
⊙鉄舟静岡に在り不眠不休にて家達を輔け、徳川旧旗本の善後処置に尽力す。

明治四年　　三十六歳
⊙七月、廃藩置県、鉄舟過渡期に於ける跡仕末の一として新政府に出仕し、十一月、茨城県参事に任ぜられ、翌十二月、伊万里県権令に任ぜられ、統治の手腕を発揮す。

⊙十一月、岩倉具視等の大使を欧米に発す。

明治五年　　三十七歳
⊙二月、品川・横浜間の鉄道なる。

⊙六月、鉄舟侍従に任ぜられ、明治大帝の側近に奉仕することとなる。

⊙八月、学制頒布。

⊙十月、侍従番長に任ぜらる。

⊙十一月、暦制の改正、神武天皇即位年を紀元とす。

⊙此頃鉄舟は三島竜沢寺星定和尚につき坐禅す。

明治六年　三十八歳

⊙一月、太陽暦を実施す。徴兵令を発す。

⊙五月五日午前第一時、皇居炎上、皇城一円を焼き、第六時鎮火。鉄舟供奉して、両陛下赤坂離宮に御遷座あらせらる。此月鉄舟宮内少丞に任ぜらる。

⊙九月、外国視察の具視一行帰朝。

⊙十月、征韓論破れ参議西郷隆盛等辞職帰郷す。

明治七年　三十九歳

⊙正月、暴徒岩倉具視を喰違門外に傷つく。

⊙二月、江藤新平兵を佐賀に挙ぐ。

⊙三月、西郷説得の内勅を奉じ、鉄舟九州へ差遣さる。

⊙四月、台湾討伐。

⊙十二月、宮内省庶務課長被仰付。

明治八年　四十歳

⊙四月、鉄舟宮内大丞に任ぜらる。

⊙六月、御用有之奈良県へ被二差遣一候事。同月、地方長官会議を開く。

⊙五月、露国と千島樺太を交換す。

明治九年　四十一歳

⊙二月、朝鮮との修交条約成る。

⊙三月、士民の帯刀を禁ず。

⊙六月、明治大帝東北御巡幸御発輦。此月三品内親王御葬式御用掛被二仰付一候事。

⊙八月、皇后宮相州宮之下行啓供奉被二仰付一候事。此時夢窓国師の古碑を発見す。

⊙十月、熊本神風連の乱起る。前原一誠、萩に兵を挙ぐ。此年、大阪・京都間に鉄道成る。

明治十年　四十二歳

⊙行幸中宮内卿代理被二仰付一候事。

⊙二月、西南の役起る。此月孝明天皇十年祭期に当るをもって車駕京都に幸す。

⊙六月、当分出納課長兼勤被二仰付一候事。

⊙七月、万里小路宮内大輔忌服中宮内卿代理被二仰付一候事。

⊙八月、任二宮内大書記官一。同月、庶務内廷両課長被二仰付一候事。同月静寛院宮華頂宮家政取締役被二仰付一候事。

⊙九月、西郷隆盛敗死して乱平ぐ。

明治十一年　四十三歳

⊙五月、大久保利通赤坂の紀尾井坂にて殺さる。

⊙六月、春秋二季皇霊祭日を設く。

⊙八月二十三日夜半、竹橋騒動あり、鉄舟御座所を守護す。

⊙八月三十日、北陸・東海御巡幸の為聖駕赤坂仮皇居御発輦。十一月九日、仮皇居御還幸。此月、御巡幸御用掛被㆓仰付㆒候事。鉄舟扈従して九月末越中に着し、国泰寺越叟と相識る。

⊙十二月、兼㆓任皇后宮亮㆒（太政官記事十二月二十四日）。

明治十二年　四十四歳

⊙三月、初めて府県会を開く。

⊙九月、御用有㆑之堺県奈良表へ被㆓差遣㆒候事。

⊙八月三十一日大正天皇御降誕。

⊙九月、内廷課長兼勤被㆓仰付㆒候事。

⊙此歳より国泰寺の再興に尽力す。

明治十三年　四十五歳

⊙二月、横浜正金銀行創立。

⊙三月三十日払暁、鉄舟大悟徹底し、遂に滴水和尚の印可を受く。これより剣も無敵の極処を得、一刀流正伝をつぎ、更に無刀流の一派を開く。

⊙六月十六日、山梨・三重・京都地方御巡幸の為、明治大帝仮皇居御発輦。鉄舟は四月御巡幸御用掛被㆓仰付㆒候事。同月、御巡幸供奉御先発被㆓仰付㆒候事。五月、御用有㆑之愛知県へ被㆓差遣㆒候事。七月二十三日御還幸。

⊙六月、植物御苑掛兼勤被㆓仰付㆒候事。

明治十四年　四十六歳

⊙二月、神奈川県下武州八王子駅行幸供奉被㆓仰付㆒候事。

⊙五月十四日、宮内大書記官兼皇后宮亮従五位山岡鉄太郎、任宮内少輔。

⊙十月、明治二十三年より国会を開設すべき詔下る。

⊙此の年、勲功調査あり、鉄舟功を海舟に譲る。

明治十五年　四十七歳

⊙三月、戊辰の際に於ける西郷との応接の記をつくる。

⊙六月十七日、宮内少輔正五位山岡鉄太郎、元老院議官拝命。

⊙同月、宮内省を辞す。再び恩命を受けて宮内省御用掛被㆓仰付㆒候事（一等官）。

⊙七月、朝鮮暴徒我公使館を襲撃す。

⊙八月、朝鮮との講和条約成る。

明治十六年　　四十八歳

⊙三月、鉄舟彰義隊解散に関する一文を作る。

⊙七月、岩倉具視公薨去。

⊙此年、鉄舟普門山全生庵を谷中に建立す。

⊙駿河に補陀落山鉄舟寺を建立発願す。

明治十七年　　四十九歳

⊙五月、鉄舟、白隠禅師の国師号宣下に尽力す。

⊙七月、華族令を定め五等爵を設く。

明治十八年　　五十歳

⊙十二月初めて内閣を組織し、伊藤博文首相に任ぜらる。

明治十九年　　五十一歳

⊙十月より鉄舟大蔵経書写を発願す。

明治二十年　　五十二歳

⊙正月、始めて電気灯を東京に点ず。

⊙五月二十四日、鉄舟特旨を以て華族に列せられ、勲功によって子爵を授けらる。

⊙十二月、島津久光薨ず。保安条例施行され、星亨・林有造・尾崎行雄等五百七十余人東京退去を命ぜらる。

⊙鉄舟健康勝れず胃癌を病む。

明治二十一年　五十三歳

⊙二月より流動食のみとなる。紀元節に最後の参内をなし、明治大帝とおわかれ申上ぐ。

両陛下より屢々御見舞の勅使及侍医を差遣さる。

⊙六月二十一日、正四位子爵山岡鉄太郎叙従三位（定期叙位）。

⊙七月十七日、突如危篤に陥られ、十九日午前九時十五分坐禅されたまま大往生を遂げらる。同日特旨をもって勲二等に叙さる。

⊙七月二十二日葬儀執行され、谷中全生庵に埋葬さる。

以上

解説　ありありと描かれた幕末維新の人間模様

岩下哲典

『江戸無血開城』最大の功労者、鉄舟山岡鉄太郎の人となりを知ることができる『山岡鉄舟先生正伝　おれの師匠』が身近になった。現代の通用文字に置き換えられて出版されたことで、多くの人に読まれることになるのは、実に喜ばしいことである。

おそらく鉄舟居士は、「よけいなことをしやがって、解説なんざ書いている不届き者はどこのどいつだ」と泉下で苦り切っているのではないだろうか。

「へい、あいすみやせん、あたしゃ信州の山の中から出てきたものでして、先生のお仕事にほれやしてね。ぜひとも多くの方々に知っていただきたいと思っているんでやんす」

「へんな江戸弁をつかうじゃねえか。まあ、おれのことは鉄樹に聞いてくれ。みんな話したし、あれがおれの世話をしてくれた時期もあったからな。だけど、おれの世話ばっかりさせちゃあ、あれのためによくないから、京都で修行させていたんだが、あいにくおれの胃がんが進行してあの世にいくことになった。鉄樹に逢えなんだのは、おれもあいつ自身も残念だったが、人の命運は定めがたいから、いたしかたないことだよ。まあいい、なんとでも書いてくれ」

『おれの師匠』は、明治十四年から同十九年までおよそ六年間、山岡鉄舟家に内弟子として居候し、鉄舟に近侍して、身の回りの世話をして、後に禅僧となった小倉鉄樹が語った話を、さらにその弟子石津寛が清書して出版を企画していたものだ。ところが不幸にも石津が亡くなり中途になっていた。それを遺族から託された大学教授牛山栄治が自らの調査研究や見解なども書き加えて出版したのが本書『おれの師匠』なのである。山岡鉄舟の正統派伝記である。

小倉鉄樹は、鎌倉鉄樹庵主で、慶応元年越後国に生まれた人。明治十二年上京し、共立学校で洋学を学び、ついで二松学舎で漢学を修めた。陸軍士官学校進学を希望するがはたせず、明治十四年、鉄舟の春風館道場を訪れ、内弟子となった。六年の内弟子期間を経て、明治十九年、鉄舟の計らいで京都円福寺伽山師に禅を学んでいたが、その途中の明治二十一年七月十九日（鉄舟忌）に鉄舟が亡くなった。鉄樹は鉄舟の死に目には会えなかったのである。その後、禅の道に進み、日清・日露の戦役でも従軍僧を務めた。美濃で修行後、東京中野で一九会道場を設立、青少年の修養の場とした。明治四十一年鎌倉に移ったが、昭和十九年に亡くなった。

石津寛は、鎌倉時代の鉄樹に私淑し、その薫陶を受けた人物だ。石津は、明治十七年千葉県に眼科医師の子として生まれた。第一高等学校、東京大学医学部に進み、医学生の時、人生に迷い、鎌倉にいた鉄樹の門人となった。その後、石津は再び医学の道に進み、軍医となり軍医学校教官もつとめ、後、牛込で眼科医院を開業した。名医として聞こえたが昭和十一年亡くなった。

牛山栄治は明治三十二年に埼玉県に生まれ、十六歳のころから鉄樹の薫陶を受けたという。東京高等師範学校や日本大学で学び、同大教授となった。鉄舟にほれ込み、『山岡鉄舟の一生』『春風館道場の人々』『定本 山岡鉄舟』など鉄舟関係の書籍が多数ある。牛山は鉄樹のみならず石津とも相識であった。

石津が聞いた鉄樹の夜話譚のうち、鉄舟の話以外は『鎌倉夜話』として牛山堂書店から出版され、鉄舟の関係譚が『おれの師匠』として出版が計画された。ところが、それを果たせずに石津が亡くなり計画はとん挫。その後、牛山が石津の妻から託された遺稿が本書『おれの師匠』なのであった。ただし石津の遺稿は完成原稿ではなかったため、牛山じしんの調査研究や見解も反映されている。これらのことは前に述べたが大事なことなので反復した。

牛山は「不備の点はあるが」「一読して颯爽とした鉄舟の全貌を見るのに十分で」「ほかに類書がない」と自負している。

三人の合作であることは、明らかなのであるが、どこからどこまでが鉄樹の話で、石津が書いて、さらに牛山が書き加えているのかが、かならずしも明らかでないところもある。また鉄樹の話も裏付ける史料がないこともあって、歴史学の史料とすることにはためらいもなきにしもあらずである。今後、歴史学研究者としては、本書の鉄舟譚を確実な史料を用いて明らかにしたいと思うし、それを担う人材が育つことを願っている。だから多くの人に読んでいただきたい。

しかし、なるほど、なかなか信ぴょう性がある、という証言もけっこうあるのもまた本書のいいところだ。

その一例として、「江戸無血開城」は鉄樹はこう言っている。

この勝〔海舟——岩下註、以下同じ〕との交渉の話はおれが師匠〔鉄舟〕から直接聞いたのだから確かだ。勝は山岡を抜擢して西郷へ使にやったように云ってるが、大きな間違で、前述べたとおり山岡は勝に逢う前既に慶喜公から大命を受けていたので、順序上幕府の重臣〔海舟〕に相談をかけたのである。のみならず勝は最初山岡を警戒してかかったのだが山岡の精神が解って賛成したので、決して山岡を選んで官軍との折衝に当らせようとしたのではない。勝は才智の長《た》けた偉い男であったが、ひとの功を私した跡の見えるのは惜しいもので、こういう点は山岡がひとに功を譲って退いているのと大分人格の相違がある。

海舟が大総督府への交渉の使者に自身が行くことの中止を大久保忠寛経由で慶喜から知らされたのが、慶応四年三月四日である（慶応四年三月四日付勝海舟宛大久保忠寛書状・同日付大久保宛慶喜直筆書状、出典は大田区立勝海舟記念館編・刊『勝海舟　勝海舟記念館図録』二〇一九年）。

慶喜は悩んだ末、側近の高橋泥舟に行くように命じたが、すぐ心変わりして泥舟に相談。泥舟が義弟鉄舟を推薦したのである（拙著『高邁なる幕臣　高橋泥舟』教育評論社、二〇一二年）。

翌日、鉄舟が、慶喜に謁見して、大総督府との交渉を慶喜から直接依頼された。その足で海舟のもとに行き相談して、西郷隆盛宛の手紙を預かり、その後、家にやってきた薩摩藩士益満休之助と合流し、大総督府がおかれている静岡に出立した。艱難辛苦の末、三月九日、静岡の松崎屋に到達し、西郷に面会することがかなった（拙著『江戸無血開城』吉川弘文館、二〇一八年、以下も同書）。西郷との交渉で、初めて旧幕府側として、降伏条件が書かれた五か条の朝命書を提示された。一つ、江戸城の明け渡し、一つ、江戸城の兵員を向島に移すこと、一つ、江戸城の武器を引き渡すこと、一つ、旧幕府側の軍艦を引き渡すこと、一つ、慶喜を備前池田家に預けることであった。鉄舟は最後の一条は承服できないと保留にして四か条の朝命書をもって帰ってきた。その後、三月十三、十四日の、鉄舟・勝海舟と西郷の薩摩屋敷会談が行われ、慶喜の水戸謹慎が決まったのである。

こうして「江戸無血開城」が、鉄舟の抜群の働きによってなしとげられたことは、慶喜によって認められており、四月十日夜、明日の朝には江戸出発という最後の夜に慶喜は、「これまでたびたび骨を折って、官軍に第一番に到達したのは山岡、おまえだ。そなたが一番槍だ」と感謝の言葉を述べ、手ずから「来国俊」の短刀を下賜したのである。そのあと、海舟も刀を拝受しているが無銘であり、功績は明白である。

ともかく山岡鉄舟が「一番槍」の手柄を立てた。鉄舟は、公には海舟に「功を譲って退いていい」たのである。したがって、西郷と勝しか描かれていない、あの有名な昭和十年制作の聖徳記念絵画館所蔵の、結城素明「江戸開城談判」は鉄舟がいたのに鉄舟が描かれていない。その理由も拙著『江戸無血開城』で触れておいたので、ご高覧いただきたいと思う。

勝が臨終の鉄舟を何度も見舞ったと本書に書かれているが、何かあるのでは、と疑いたくなる。

そのほか、読んでいて思わず笑ってしまい、近くにいた家人にいぶかしがられたのは、文部大臣森有礼とのひとくされだ。

明治天皇の御前での話。

以前から鉄舟が嫌いであった森が、対面に座っている鉄舟をにらみつけていた。それを見た鉄舟が「なんだ、そんなこわい面をして」というと、森がすかさず「おまえこそ何だ、そんなこわい顔をして」とやった。

鉄舟は「おまえの面のこわさと俺の面のこわさと、こわさが違う。この野郎！　ぐずぐず云うのは免倒だ。つまみだしてしまえ！」と立ちかけた。

驚いた井上馨が「山岡、御前だ！　山岡、御前だ！」と抑えにかかった。

鉄舟はすかさず「御前は承知だ。この野郎！　御前へ出せる奴じゃねえ！」

さてどうなったかは、本書を読んでいただいての御楽しみである。

ことばや立ち居振る舞いやその場の雰囲気が、なんとも愉快ではないか。私が幕臣びいきというのを割り引いても、実に面白いエピソードだ。幕臣、薩摩、長州の人間模様もさることながら、明治天皇がいてもお構いなし。おそらく天皇も楽しかったのではないか。ともかく、鉄舟居士も人の子、好き嫌いがあってしかるべき。まるっきり聖人君子というわけでもない。それでも自宅に詰めかける面会者もだれかれ断らず、すべてに対応して、求められるままに書を揮毫し、いずれにも真摯に対応した、鉄舟の姿がありありと描かれていてほんとうにおもしろい。

時として大久保利通の暗殺者とさえ話をした鉄舟の日々、毎日を内弟子や書生になったつもりで読むのがよいと思う。さて、鉄舟はくだんの暗殺者に何を語ったのか。そしてその報を聞いてなんといったか。

気になった方は、本書をご覧いただきたい。

「この野郎！　そんなにもったいぶってんじゃねえや！　おい、つまみだしてしまえ！」

「へい、へい、それじゃあ、あっしは早々に退散いたしやす」

（春風館道場の門を出て）

「でも師匠、ちょっとたのしそうだったな」

（いわした・てつのり　東洋大学文学部教授）

戦後日本漢字史　阿辻哲次

GHQの漢字仮名廃止案、常用漢字制定に至る制度的変遷、ワープロの登場。漢字はどのような議論や試行錯誤を経て、今日の使用へと至ったか。

現代小説作法　大岡昇平

西欧文学史に通暁し、自らの作品においては常に事物を明晰に観じ、描き続けた著者が、小説作法の要諦を論じ尽くした名著を再び。（中条省平）

折口信夫伝　岡野弘彦

古代人との魂の響き合いを悲劇的なまでに追求した人・折口信夫。敗戦後の思想まで、最後の弟子が師の内面を描く。追慕と鎮魂の念に満ちた傑作伝記。

日本文学史序説（上）　加藤周一

日本文学の特徴、その歴史的発展や固有の構造を浮き上がらせて、万葉の時代から源氏・今昔・能・狂言を経て、江戸時代の徂徠や俳諧まで。

日本文学史序説（下）　加藤周一

従来の文壇史やジャンル史などの枠組みを超えて、幅広い視座に立ち、江戸町人の時代から、国学や蘭学を経て、維新・明治、現代の大江まで。

村上春樹の短編を英語で読む 1979～2011（上）　加藤典洋

英訳された作品を糸口に村上春樹の短編世界を読み解き、その全体像を一望する画期的批評。村上の小説家としての「闘い」の様相をあざやかに描き出す。

村上春樹の短編を英語で読む 1979～2011（下）　加藤典洋

デタッチメントからコミットメントへ――。デビュー以来の80編におよぶ短編を丹念にたどることで浮かびあがる、村上の転回の意味とは？（松家仁之）

江戸奇談怪談集　須永朝彦編訳

江戸の書物に遺る夥しい奇談・怪談から選りすぐった百八十余篇を集成。端麗な現代語訳により、古の妖しく美しく怖ろしい世界が現代によみがえる。

江戸の想像力　田中優子

平賀源内と上田秋成という異質な個性を軸に、江戸18世紀の異文化受容の屈折したありようとダイナミックな近世の〈運動〉を描く。（松田修）

日本人の死生観 立川昭二

西行、兼好、芭蕉等代表的古典を読み、「死」の先達から「終(しま)い方」の極意を学ぶ指針の書。日本人の心性の基層とは何かを考える。（島内裕子）

頼山陽とその時代（上） 中村真一郎

江戸後期の歴史家・詩人頼山陽の生涯は、病による異変とともに始まった——。山陽や彼と交流のあった人々を活写し、漢詩文の魅力を伝える傑作評伝。

頼山陽とその時代（下） 中村真一郎

江戸の学者や山陽の弟子たちを眺めた後、畢生の書『日本外史』をはじめ、山陽の学藝を論じて大著は幕を閉じる。芸術選奨文部大臣賞受賞。（揖斐高）

平家物語の読み方 兵藤裕己

琵琶法師の「語り」からテクスト生成への過程を検証し、「盛者必衰」の崩壊感覚の裏側に秘められた王権の目論見を抽出する斬新な入門書。（木村朗子）

定家明月記私抄 堀田善衞

美の使徒・藤原定家の厖大な日記『明月記』を読みとき、大乱世の相貌と詩人の実像を生き生きと描く名著。本篇は定家一九歳から四八歳までの記。

定家明月記私抄　続篇 堀田善衞

壮年期から、承久の乱を経て八〇歳の死まで。乱世を生きぬき宮廷文化最後の花を開いた藤原定家の人と時代を浮彫りにする。（井上ひさし）

都市空間のなかの文学 前田愛

鷗外や漱石などの文学作品と上海・東京などの都市空間——この二つのテクストの相関を鮮やかに捉えた近代文学研究の金字塔。（小森陽一）

増補　文学テクスト入門 前田愛

漱石、鷗外、芥川などのテクストに新たな読みの可能性を発見し、〈読書のユートピア〉へと読者を誘なう、オリジナルな入門書。（小森陽一）

後鳥羽院　第二版 丸谷才一

後鳥羽院は最高の天皇歌人であり、その和歌は藤原定家の上をゆく。「新古今」で偉大な批評家の才も見せる歌人を論じた日本文学論。（湯川豊）

紀貫之　大岡信

子規に「下手な歌よみ」と痛罵された貫之。この評価は正当だったのか。詩人の感性と論理的実証によって新たな貫之像を創出した名著。（堀江敏幸）

現代語訳 信長公記（全）　太田牛一　榊山潤 訳

幼少期から「本能寺の変」まで、織田信長の足跡をつぶさに伝える一代記。作者は信長に仕えた人物で、史料的価値も極めて高い。（金子拓）

現代語訳 三河物語　大久保彦左衛門　小林賢章 訳

三河国松平郷の一豪族が徳川を名乗って天下を治めるまで、主君を裏切ることなく忠勤にはげんだ大久保家。その活躍と武士の生き方を誇らかに語る。

雨月物語　上田秋成　高田衛／稲田篤信 校注

上田秋成の独創的な幻想世界「浅茅が宿」「蛇性の婬」など九篇を、本文、語釈、現代語訳、評を付しておくる〝日本の古典〟シリーズの一冊。

古今和歌集　小町谷照彦 訳注

王朝和歌の原点にして精髄と仰がれてきた第一勅撰集の全歌訳注。歌語の用法をふまえ、より豊かな読みへと誘う索引類や参考文献を大幅改稿。

枕草子（上）　清少納言　島内裕子 校訂・訳

芭蕉や蕪村が好み与謝野晶子が愛した、北村季吟の注釈書『枕草子春曙抄』の本文を採用。江戸、明治と読みつがれてきた名著に流麗な現代語訳を付す。

枕草子（下）　清少納言　島内裕子 校訂・訳

『枕草子』の名文は、散文のもつ自由な表現を全開させ、優雅で辛辣な世界の扉を開いた。随筆文学屈指の名品は、また成熟した文明批評の顔をもつ。

徒然草　兼好　島内裕子 校訂・訳

後悔せずに生きるには、毎日をどう過ごせばよいか。人生の達人による不朽の名著。全二四四段の校訂原文と、文学として味読できる流麗な現代語訳。

方丈記　鴨長明　浅見和彦 校訂・訳

天災、人災、有為転変。そこで人はどう生きるべきか。この永遠の古典を、混迷する時代に生きる現代人ゆえに共鳴できる作品として訳解した決定版。

梁塵秘抄 植木朝子編訳

平安時代末の流行歌、今様。みずみずしく、時にユーモラス、また時に悲惨でさえある、生き生きとした今様から、代表歌を選び懇切な解説で鑑賞する。

藤原定家全歌集（上） 藤原定家 久保田淳校訂・訳

『新古今和歌集』の撰者としても有名な藤原定家自作の和歌約四千二百首を収録。上巻には私家集『拾遺愚草』を収め、全歌に現代語訳と注を付す。

藤原定家全歌集（下） 藤原定家 久保田淳校訂・訳

下巻には『拾遺愚草員外』『同員外之外』および「初句索引」等の資料を収録。最新の研究を踏まえ、現在知られている定家の和歌を網羅した決定版。

定本 葉隠〔全訳注〕（上）（全3巻） 山本常朝／田代陣基 佐藤正英校訂 吉田真樹監訳注

武士の心得として、一切の「私」を「公」に奉る覚悟を語り、日本人の倫理思想に巨大な影響を与えた名著。上巻はその根幹「教訓」を収録。決定版新訳。

定本 葉隠〔全訳注〕（中） 山本常朝／田代陣基 佐藤正英校訂 吉田真樹監訳注

常朝の強烈な教えに心を衝き動かされた陣基は、武士のあるべき姿の実像を求める。中巻では、治世と乱世という時代認識に基づく新たな行動規範を模索。

定本 葉隠〔全訳注〕（下） 山本常朝／田代陣基 佐藤正英校訂 吉田真樹監訳注

躍動する鍋島武士たちを活写した聞書八・九と、信玄・家康などの戦国武将を縦横無尽に論評した聞書十、補遺篇の聞書十一を下巻には収録。全三巻完結。

現代語訳 応仁記 志村有弘訳

応仁の乱――美しい京の町が廃墟と化すほどのこの大乱はなぜ起こり、いかに展開したのか。室町時代に書かれた軍記物語を平易な現代語訳で。

現代語訳 藤氏家伝 沖森卓也／佐藤信／矢嶋泉訳

藤原氏初期の歴史が記された奈良時代後半の書。藤原鎌足とその子貞慧、そして藤原不比等の長男武智麻呂の事績を、明快な現代語訳によって伝える。

古事記注釈 第四巻 西郷信綱

高天の原より天孫たる王が降り来り、天照大神は伊勢に鎮まる。王と山の神・海の神との聖婚から神武天皇が誕生し、かくて神代は終りを告げる。

風姿花伝　世阿弥／佐藤正英校注・訳

秘すれば花なり——。神・仏に出会う「花」(感動)をもたらすべく能を論じ、日本文化史上稀有な、奥行きの深い幽玄な思想を展開。世阿弥畢生の書。

万葉の秀歌　中西進

万葉研究の第一人者が、珠玉の名歌を精選。宮廷の貴族から防人まで、あらゆる地域・階層の万葉人の心に寄り添いながら、味わい深く解説する。

日本神話の世界　中西進

記紀や風土記から出色の逸話をとりあげ、かつて息づいていた世界の捉え方、それを語る言葉を縦横に考察。神話を通して日本人の心の源にわけいる。

解説 徒然草　橋本武

『銀の匙』の授業で知られる伝説の国語教師が、「徒然草」より珠玉の断章を精選して解説。その授業実践が凝縮された大定番の古文入門書。(齋藤孝)

解説 百人一首　橋本武

灘校を東大合格者数一に導いた橋本武メソッドの源流と実践がすべてわかる！　名文を味わいつつ、語彙や歴史も学べる名参考書文庫化の第二弾！

江戸料理読本　松下幸子

江戸時代に刊行された二百余冊の料理書の内容と特徴、レシピを紹介。素材を生かし小技をきかせた江戸料理の世界をこの一冊で味わい尽くす。(福田浩)

萬葉集に歴史を読む　森浩一

古の人びとの愛や憎しみ、執念や悲哀。萬葉集には、数々の人間ドラマと歴史の激動が刻まれている。考古学者が大胆に読む、躍動感あふれる萬葉の世界。

ヴェニスの商人の資本論　岩井克人

〈資本主義〉のシステムやその根底にある〈貨幣〉の逆説とは何か。その怪物めいた謎をめぐって、明晰な論理と軽妙な洒脱さで展開する諸考察。

現代思想の教科書　石田英敬

今日我々を取りまく〈知〉は、4つの「ポスト状況」から発生した。言語、メディア、国家等、最重要論点のすべてを一から読む！　決定版入門書。

列島の歴史を語る　網野善彦／藤沢・網野さんを囲む会編

日本は決して「一つ」ではなかった！　中世史に新次元を開いた著者が、日本の地理的・歴史的な多様性と豊かさを平明に語った講演録。（五味文彦）

列島文化再考　網野善彦／塚本学／坪井洋文／宮田登

近代国家の枠組みに縛られた歴史観をくつがえし、列島に生きた人々の真の姿を描き出す、歴史学・民俗学の幸福なコラボレーション。（新谷尚紀）

日本社会再考　網野善彦

歴史の虚像の数々を根底から覆してきた網野史学。漁業から交易まで多彩な活躍を繰り広げた海民に光をあて、知られざる日本像を鮮烈に甦らせた名著。

図説　和菓子の歴史　青木直己

饅頭、羊羹、金平糖にカステラ、その時々の外国文化の影響を受けながら多種多様に発展した和菓子。その歴史を多数の図版とともに平易に解説。

今昔東海道独案内　東篇　今井金吾

いにしえから庶民が辿ってきた幹線道路・東海道。日本人の歴史を、著者が自分の足で辿りなおした名著。東篇は日本橋より浜松まで。（今尾恵介）

物語による日本の歴史　石母田正／武者小路穣

古事記から平家物語まで代表的古典文学を通して、国生みからはじまる日本の歴史を子ども向けにやさしく語り直す。網野善彦編集の名著。（中沢新一）

増補　学校と工場　猪木武徳

経済発展に必要とされる知識と技能は、どこで、どのように修得されたのか。学校、会社、軍隊など、人的資源の形成と配分のシステムを探る日本近代史。

居酒屋の誕生　飯野亮一

寛延年間の江戸に誕生しすぐに大発展を遂げた居酒屋。しかしなぜ他の都市ではなく江戸だったのか。一次資料を丹念にひもとき、その誕生の謎にせまる。

すし　天ぷら　蕎麦　うなぎ　飯野亮一

二八蕎麦の二八とは？　握りずしの元祖は？　なぜうなぎに山椒？　膨大な一次史料を渉猟しそんな疑問を徹底解明。これを読まずに食文化は語れない！

天丼 かつ丼 牛丼 うな丼 親子丼　飯野亮一

身分制の廃止で作ることが可能になった親子丼、関東大震災が広めた牛丼等々、どんぶり物二百年の歴史をさかのぼり、驚きの誕生ドラマをひもとく！

増補 アジア主義を問いなおす　井上寿一

侵略を正当化するレトリックか、それとも真の共存共栄をめざした理想か。アジア主義を外交史的観点から再考し、その今日的意義を問う。増補決定版。

十五年戦争小史　江口圭一

満州事変、日中戦争、アジア太平洋戦争を一連の「十五年戦争」と捉え、戦争拡大に向かう曲折にみちた過程を克明に描いた画期的通史。（加藤陽子）

たべもの起源事典 日本編　岡田哲

駅蕎麦・豚カツにやや珍しい郷土料理、レトルト食品・デパート食堂まで。広義の〈和〉のたべものと食文化事象一三〇〇項目収録。小腹のすく事典！

ラーメンの誕生　岡田哲

中国のめんは、いかにして「中華風の和食めん料理」へと発達を遂げたか。外来文化を吸収する日本人の情熱と知恵。丼の中の壮大なドラマに迫る。

士（サムライ）の思想　笠谷和比古

中世に発する武家社会の展開とともに形成された日本型組織。「家（イエ）」を核にした組織特性と派生する諸問題について、日本近世史家が鋭く迫る。

三八式歩兵銃　加登川幸太郎

旅順の堅塁を白襷隊が突撃した時、特攻兵が敵艦に突入した時、日本陸軍は何をしたのであったか。元陸軍将校による渾身の興亡全史。（一ノ瀬俊也）

わたしの城下町　木下直之

攻防の要である城は、明治以降、新たな価値を担い、日本人の心の拠り所として生き延びる。城と城のようなものを歩く著者の主著、ついに文庫に！

東京の下層社会　紀田順一郎

性急な近代化の陰で生みだされた都市の下層民。落伍者として捨て去られた彼らの実態に迫り、日本人の人間観の歪みを焙りだす。（長山靖生）

土方歳三日記(上)　菊地明編著

幕末を疾走したその生涯を、綿密な考証で明らかに。上巻は元治元年まで。新選組結成、芹沢鴨斬殺、池田屋事件……時代はいよいよ風雲急を告げる。

土方歳三日記(下)　菊地明編著

鳥羽伏見の戦に敗れ東走する新選組。近藤亡き後、敗軍の将・土方は会津、そして北海道へ。下巻は慶応元年から明治二年、函館で戦死するまでを追う。

独立自尊　北岡伸一

国家の発展に必要なものとは何か——。福沢諭吉は生涯をかけてこの課題に挑んだ。今こそ振り返るべき思想を明らかにした画期的福沢伝。(細谷雄一)

賤民とは何か　喜田貞吉

非人、河原者、乞胸、奴婢、声聞師……。差別と被差別の根源的構造を歴史的に考察する賤民研究の決定版。『賤民概説』他六篇収録。(塩見鮮一郎)

増補 絵画史料で歴史を読む　黒田日出男

歴史学は文献研究だけではない。絵巻・曼荼羅・肖像画など過去の絵画を史料として読み解き、斬新な手法で日本史を掘り下げた一冊。(三浦篤)

滞日十年(上)　ジョセフ・C・グルー　石川欣一訳

日米開戦にいたるまでの激動の十年、どのような外交交渉が行われたのか。駐日アメリカ大使による貴重な記録。上巻は1932年から1939年まで。

滞日十年(下)　ジョセフ・C・グルー　石川欣一訳

知日派の駐日大使グルーは日米開戦の回避に奔走。下巻は、ついに日米が戦端を開き、1942年、戦時交換船で帰国するまでの迫真の記録。(保阪正康)

東京裁判 幻の弁護側資料　小堀桂一郎編

我々は東京裁判の真実を知っているのか？　準備されたものの未提出に終わった膨大な裁判資料から18篇を精選。緻密な解説とともに裁判の虚構に迫る。

一揆の原理　呉座勇一

虐げられた民衆たちの決死の抵抗として語られてきた一揆。だがそれは戦後歴史学が生んだ幻想にすぎない。これまでの通俗的理解を覆す痛快な一揆論！

甲陽軍鑑 佐藤正英校訂・訳

武田信玄と甲州武士団の思想と行動の集大成。大部から、山本勘助の物語や川中島の合戦など、その白眉を収録。新校訂の原文に現代語訳を付す。

機関銃下の首相官邸 迫水久常

二・二六事件では叛乱軍を欺いて岡田首相を救出し、終戦時には鈴木首相を支えた著者が明かす、天皇・軍部・内閣をめぐる迫真の秘話記録。（井上寿一）

増補 八月十五日の神話 佐藤卓己

ポツダム宣言を受諾した「八月十四日」や降伏文書に調印した「九月二日」でなく、「終戦」はなぜ「八月十五日」なのか。「戦後」の起点の謎を解く。

考古学と古代史のあいだ 白石太一郎

巨大古墳、倭国、卑弥呼。多くの謎につつまれた日本の古代。考古学と古代史学の交差する視点からその謎を解明するスリリングな論考。（森下章司）

江戸はこうして造られた 鈴木理生

家康江戸入り後の百年間は謎に包まれている。海岸部へ進出し、河川や自然地形をたくみに生かした都市の草創期を復原する。（野口武彦）

増補 革命的な、あまりに革命的な 絓《すが》秀実

「一九六八年の革命は「勝利」し続けている」とは何を意味するのか。ニューレフトの諸潮流を丹念に跡づけた批評家の主著、増補文庫化！（王寺賢太）

考古学はどんな学問か 鈴木公雄

物的証拠から過去の行為を復元する考古学は時に歴史的通説をも覆す。犯罪捜査さながらにスリリングな学問の魅力を味わう最高の入門書。（櫻井準也）

戦国の城を歩く 千田嘉博

室町時代の館から戦国の山城へ、そして信長の安土城へ。城跡を歩いて、その形の変化を読み、新しい中世の歴史像に迫る。（小島道裕）

性愛の日本中世 田中貴子

稚児を愛した僧侶、「愛法」を求めて稲荷山にもうでる貴族の姫君。中世の性愛信仰・説話を介して、日本のエロスの歴史を覗く。（川村邦光）

琉球の時代　高良倉吉

いまだ多くの謎に包まれた古琉球王国。成立の秘密や、壮大な交易ルートにより花開いた独特の文化を探り、悲劇と栄光の歴史ドラマに迫る。（与那原恵）

博徒の幕末維新　高橋敏

黒船来航の動乱期、アウトローたちが歴史の表舞台に躍り出てくる。虚実を腑分けし、稗史を歴史の中に位置付けなおした記念碑的労作。（鹿島茂）

朝鮮銀行　多田井喜生

植民地政策のもと設立された朝鮮銀行。その銀行券等の発行により、日本は内地経済破綻を防ぎつつ軍費調達ができた。隠れた実態を描く。（板谷敏彦）

近代日本とアジア　坂野潤治

近代日本外交は、脱亜論とアジア主義の対立構図により描かれてきた。そうした理解が虚像であることを精緻な史料読解で暴いた記念碑的論考。（苅部直）

増補 モスクが語るイスラム史　羽田正

モスクの変容――そこには宗教、政治、経済、美術、人々の生活をはじめ、イスラム世界の全歴史が刻み込まれている。その軌跡を色鮮やかに描き出す。

日本大空襲　原田良次

帝都防衛を担った兵士がひそかに綴った日記。各地の空爆被害、斃れゆく戦友への思い、そして国への疑念……空襲の実像を示す第一級資料。（吉田裕）

餓死《うえじに》した英霊たち　藤原彰

第二次大戦で死没した日本兵の大半は飢餓や栄養失調によるものだった。彼らのあまりに悲惨な最期を詳述し、その責任を問う告発の書。（一ノ瀬俊也）

城と隠物の戦国誌　藤木久志

村に戦争がくる！　そのとき村人たちはどのような対策をとっていたか。命と財産を守るため知恵を結集した戦国時代のサバイバル術に迫る。（千田嘉博）

裏社会の日本史　フィリップ・ポンス　安永愛訳

中世における賤民から現代社会の経済的弱者まで、また江戸の博徒や義賊から近代以降のやくざまで――フランス知識人が描いた貧困と犯罪の裏日本史。

古代の朱　松田壽男

古代の赤色顔料、丹砂。地名から産地を探ると同時に古代史が浮き彫りにされる。標題論考に、「即身佛の秘密」、自叙伝「学問と私」を併録。

横井小楠　松浦玲

欧米近代の外圧に対して、儒学的理想である仁政を基に、内外の政治的状況を考察し、政策を立案し遂行しようとした幕末最大の思想家を描いた名著。

古代の鉄と神々　真弓常忠

弥生時代の稲作にはすでに鉄が使われていた！　原型を遺さないその鉄文化の痕跡を神話・祭祀に求め、古代史の謎を解き明かす。（上垣外憲一）

増補 海洋国家日本の戦後史　宮城大蔵

戦後アジアの巨大な変貌の背後には、開発と経済成長という日本の「非政治」的な戦略があった。海域アジアの戦後史に果たした日本の軌跡をたどる。

日本の外交　添谷芳秀

憲法九条と日米安保条約に根差した戦後外交。それがもたらした国家像の決定的な分裂をどう乗り越えるか。戦後史を読みなおし、その実像と展望を示す。

世界史のなかの戦国日本　村井章介

世界史の文脈の中で日本列島を眺めてみるとそこには意外な発見が！　戦国時代の日本はそうとうにグローバルだった！（橋本雄）

増補 中世日本の内と外　村井章介

国家間の争いなんておかまいなし。中世の東アジア人は海を自由に行き交い生計を立てていた。私たちの「内と外」の認識を歴史からたどる。（榎本渉）

武家文化と同朋衆　村井康彦

足利将軍家に仕え、茶や花、香、室礼等を担ったクリエイター集団「同朋衆」。日本らしさの源流を生んだ彼らの実像をはじめて明らかにする。（橋本雄）

古代史おさらい帖　森浩一

考古学・古代史の重鎮が、「土地」「年代」「人」の基本概念を徹底的に再検証。「古代史」をめぐる諸問題の見取り図がわかる名著。

ちくま学芸文庫

山岡鉄舟先生正伝《やまおかてつしゅうせんせいせいでん》 おれの師匠《ししょう》

二〇二一年六月 十日 第一刷発行
二〇二四年八月三十日 第二刷発行

炉 話 小倉鉄樹（おぐら・てつじゅ）
手 記 石津 寛（いしづ・ひろし）
手 記 牛山栄治（うしやま・えいじ）

発行者 増田健史
発行所 株式会社 筑摩書房
東京都台東区蔵前二―五―三 〒一一一―八七五五
電話番号 〇三―五六八七―二六〇一（代表）

装幀者 安野光雅
印刷所 株式会社精興社
製本所 加藤製本株式会社

ISBN978-4-480-51057-0 C0123